普通高等教育"十一五"国家级规划教材
高等学校交通运输与工程类专业教材建设委员会规划教材
2011年陕西普通高等学校优秀教材一等奖

Hydrology and Hydraulics for Bridge Engineering

桥涵水文

|第6版|

高冬光 王亚玲 编著
刘新生 冯卫兵 主审

人民交通出版社股份有限公司
北 京

内 容 提 要

本书为普通高等教育"十一五"国家级规划教材、高等学校交通运输与工程类专业教材建设委员会规划教材。全书共分为十章,包括:绪论、河流、水文统计原理、设计洪水流量、大中桥孔径计算、桥墩和桥台冲刷、调治构造物、跨海桥梁和海洋环境、桥位勘测和桥位选择、小桥和涵洞孔径计算。修订后的教材将从可持续发展、低碳、生态环境保护和以人为本的科学发展观出发,对内容进行全面阐述,反映最新的设计理念。

本教材可作为高等学校土木工程、道路桥梁与渡河工程、机场工程、港口航道工程等专业的桥涵水文课程教材,亦可供从事公路、机场道路建设及交通行业相关工程技术人员学习参考。

图书在版编目(CIP)数据

桥涵水文 / 高冬光,王亚玲编著. — 6 版. — 北京:
人民交通出版社股份有限公司,2022.6(2025.4重印)
ISBN 978-7-114-17971-6

Ⅰ.①桥… Ⅱ.①高…②王… Ⅲ.①桥涵工程—工程水文学—高等学校—教材 Ⅳ.①U442.3

中国版本图书馆 CIP 数据核字(2022)第 084004 号

审图号:GS 京(2022)0563 号

普通高等教育"十一五"国家级规划教材
高等学校交通运输与工程类专业教材建设委员会规划教材
Qiaohan Shuiwen

书　　名:	桥涵水文(第6版)
著 作 者:	高冬光　王亚玲
责任编辑:	卢俊丽
责任校对:	孙国靖　卢　弦
责任印制:	张　凯
出版发行:	人民交通出版社股份有限公司
地　　址:	(100011)北京市朝阳区安定门外外馆斜街3号
网　　址:	http://www.ccpcl.com.cn
销售电话:	(010)85285911
总 经 销:	人民交通出版社股份有限公司发行部
经　　销:	各地新华书店
印　　刷:	北京印匠彩色印刷有限公司
开　　本:	787×1092　1/16
印　　张:	17.75
插　　页:	4
字　　数:	433千
版　　次:	1980年7月　第1版　1985年3月　第2版 2003年8月　第3版　2008年12月　第4版 2016年8月　第5版　2022年6月　第6版
印　　次:	2025年4月　第6版　第4次印刷　总第39次印刷
书　　号:	ISBN 978-7-114-17971-6
定　　价:	55.00元

(有印刷、装订质量问题的图书由本公司负责调换)

第6版前言

桥涵水文是一门道路桥梁与渡河工程与水利工程相交叉的学科,从可持续发展的角度处理道路桥梁与河流、海洋、水利工程的关系,进行相关的环境设计。《桥涵水文》(第6版)将从可持续发展、低碳、生态环境保护和以人为本的观点出发,对内容进行全面阐述,反映最新的设计理念。

修订后的教材将充分考虑学生认知特点,对接国际先进教育理念,注重以真实生产项目、典型工程等为载体,以激发学生学习兴趣和创新潜能。本教材充分反映行业发展最新进展,对接科技发展趋势和市场需求,及时将行业发展的新技术、新工艺、新规范纳入教材内容,以提高学生将来的职业能力。

《桥涵水文》(第6版)在总结、吸收第5版使用期间各方面反馈的基础上,对相应内容进行了调整、补充和删减。例如,补充了桥位断面设计流量与设计水位推算内容;补充了桥台最大冲刷深度计算方法;对海轮航道标准及内容进行了更新;新增了平原低洼(河网)地区、倒灌河段、潮汐河段桥位选择内容。

本教材第一章、第八章、第九章和附录由高冬光教授编写修订,其余各章修订由王亚玲教授完成,全书由王亚玲教授统稿。

感谢河北省交通规划设计院原总工刘新生教授级高级工程师、河海大学冯卫兵教授作为主审对本书的肯定,并提出了具体的修改建议,作者在文字上都作了相应修改。

作者水平有限,书中不妥之处,期盼读者指正、交流,衷心感谢。

作者信箱:gaodongguang@163.com;wyl417@163.com

高冬光　王亚玲
2022年1月26日

第5版前言

我国作为海洋大国,沿海及近海岛屿地区的经济、交通和国防建设迅速发展,远海岛屿开发方兴未艾。我国跨海桥梁及滨海公路的建设正在蓬勃发展中。

自1980年《桥涵水文》第1版出版以来,伴随我国交通建设快速发展,教材内容也在相应地进行着更新和完善,前4版的教材内容,都以跨河桥梁及洪水分析为主。《桥涵水文》第5版,将第4版中的"海洋水文"一章,扩展为"跨海桥梁和海洋环境",形成了以跨河桥梁为主,兼有跨海桥梁的《桥涵水文》教材体系,更加全面完整。

本书主要讲述桥梁全寿命过程(设计、施工、运营)中,河流和海洋的水文环境对桥梁工程的作用和相应对策。特别是桥梁设计中关于桥位、桥梁孔径、桥墩及桥台、导流及防护工程等方面,应用水文学、水力学基本原理,进行分析和计算的方法。这是教材的核心内容。

"桥梁与环境"的关系是桥涵水文的基础,是学生必须认识和理解的基本概念,作为教材的绪论。

"桥梁水工模型试验"是研究本学科有关桥梁水力学、公路及桥梁水毁防护等课题最基本、最常用的方法,仅供教学、科研和工程设计参考,作为附录。

第5版对上述内容的调整,既突出了教学的核心内容和新发展,又保持了教材体系的完整性。

各章设计计算示例,以人工计算为基础;同时,根据现今设计技术发展需要,引用了作者高冬光主持开发,并已在多家省部级交通设计院应用的《桥位设计计算系统(QW2.0)》进行电算,作为参考。

本书绪论、第五章、第七章、第八章和附录由高冬光教授编写修订,其余各章修订由王亚玲教授完成,全书由高冬光教授统稿。

感谢河北省交通规划设计院原总工刘新生教授级高级工程师、河海大学冯卫兵教授作为主审对本书的肯定,并提出了具体的修改建议,作者在文字上都作了相应修改。

作者水平有限,书中不妥之处,期盼读者指正、交流,衷心感谢。

作者信箱:gaodongguang@163.com

高冬光　王亚玲
2016 年 6 月 23 日

第4版前言

在科学发展观的指导下,我国公路建设正在力求实现"安全、环保、以人为本、可持续发展"的指导思想和建设理念。桥梁作为跨越河流、海域和山涧峡谷的重要构造物,桥梁及其附属设施(引道、导流堤、防护工程等)与相连的河流、海域和山涧峡谷等自然环境形成了一个相互影响、相互制约的整体。此外,大型桥梁往往成为一座地标性的建筑,它与当地的自然风貌、原有建筑及人文背景形成和谐的景观。

21世纪的桥梁,不仅是具有交通功能的工程实体;同时,应是保护环境的重要设施,是一件与环境景观协调的空间艺术创作作品。

当今,生态环境保护和桥梁全寿命设计、全寿命成本分析的设计理念和设计方法,已引起普遍重视,而且我国正在研究和逐步实施过程中。一方面,从以完成桥梁施工图设计为目标,延伸为桥梁的全寿命周期(建设施工、管理、养护、更新、加固直到寿命终止)设计理念;另一方面,从以考虑桥梁结构设计为主,扩展为同时考虑环境、景观等综合设计的新理念。目前,正在经历着这一桥梁设计理念的新飞跃。

桥涵水文是根据河流和海洋水文环境各项因素进行桥梁设计的学科,为桥位环境设计的一个重要组成部分。从考虑桥梁与周围河、海及山区等自然环境的相互影响出发,选定桥位、拟定桥长和桥型、布设孔径、计算桥面高程和墩台冲刷深度等,提出初步设计方案;同时,根据"顺应水势,因势利导"的原则,拟定相应桥位河段或海域的桥梁引道、导流堤、护岸、丁坝等附属设施的布设方案,进行桥梁与河流、海域及山区环境友好共处的环境设计;根据近年来我国大跨度跨海桥梁建设的需要,并应尽量提供气象、水文等有关的环境因素资料,供桥梁防腐蚀、防风振等设计及施工、养护各方面参考。这些应该是桥涵水文学科在新世纪的任务。

普通高等教育"十一五"国家级规划教材《桥涵水文》(第4版)的编写就是在上述桥梁设计新理念的指导下,作为桥位环境设计的重要组成部分来完成的,此版较以前各版在观念和内容上有了新发展。

"重基础、宽专业、新技术、讲实用"是本书追求的风格。本书针对桥梁及道路工程,以讲清水文学、水力学及泥沙运动基本原理,及其在桥梁、道路工程中应用方法为重点。进而,有的放矢导出计算方法及公式,采取相应的工程措施,实现工程与自然的和谐,避免工程风险。

为了使读者能应用计算复杂的水力水文分析计算和桥梁、涵洞勘测设计,各章设计实例在人工计算说明的基础上,引用了作者主持开发,已在多家部、省级交通设计院应用的《桥位设计计算系统(QW2.0)》。

本书第一章、第五章、第六章和第十一章由高冬光教授编写,其余各章修订及补充由王亚玲教授完成,全书由高冬光教授统稿。

衷心感谢刘新生教授级高级工程师、冯卫兵教授作为主审对作者的鼓励和对本书的肯定,并提出了具体的修改建议,作者在文字上都作了相应修改。

特别要感谢我的老师、中国工程院院士范立础教授,在百忙中为本书提出建议,对学科发展提出了宝贵意见,并对青年读者寄予殷切期望。

作者水平所限,书中不妥之处,期盼读者指正、交流,衷心感谢。

作者信箱:gaodongguang@163.com。

高冬光
2008年6月20日

目　录

第一章　绪论 ··· 1
　　第一节　本课程的主要内容和任务 ··· 1
　　第二节　千年古桥的启示 ··· 2
　　第三节　桥梁环境 ·· 4
　　习题 ·· 8
第二章　河流 ··· 9
　　第一节　河流和流域 ··· 10
　　第二节　河川径流的形成 ··· 15
　　第三节　水文测验 ·· 19
　　第四节　水文资料的搜集和整理 ·· 24
　　习题 ·· 31
第三章　水文统计原理 ··· 32
　　第一节　水文现象的特性和分析方法 ··· 32
　　第二节　概率和频率 ··· 34
　　第三节　频率分布 ·· 36
　　第四节　经验频率曲线 ·· 39
　　第五节　统计参数 ·· 40
　　第六节　理论频率曲线 ·· 46
　　第七节　相关分析 ·· 61
　　习题 ·· 70

第四章	设计洪水流量	72
第一节	根据流量观测资料推算设计流量	73
第二节	应用地区经验公式推算设计流量	78
第三节	推理公式和经验公式	93
第四节	桥位断面设计流量与设计水位的推算	103
习题		105

第五章	大中桥孔径计算	106
第一节	桥位河段水流图式和桥孔布设	107
第二节	桥孔长度	114
第三节	桥面高程	118
第四节	计算实例	128
习题		133

第六章	桥墩和桥台冲刷	134
第一节	泥沙运动	135
第二节	河床演变和河相关系	140
第三节	桥下河床断面的一般冲刷	144
第四节	桥墩局部冲刷	150
第五节	桥台冲刷	159
第六节	墩台基底最小埋置深度和计算实例	163
习题		169

第七章	调治构造物	170
第一节	导流堤	171
第二节	丁坝	175
第三节	计算实例	177
习题		178

第八章	跨海桥梁和海洋环境	179
第一节	海岸带环境对桥梁的作用	180
第二节	海岸带不同位置的桥梁	188
第三节	潮汐和潮流	195
第四节	风和波浪	199
第五节	波浪对桥梁墩台的作用力	205
第六节	跨海桥梁的墩台冲刷	211
第七节	海轮航道通航标准	220

习题 ·· 222

第九章　桥位勘测和桥位选择 ·· 223
第一节　桥位勘测设计的内容 ·· 223
第二节　桥位选择 ·· 226
第三节　桥位方案实例 ·· 229
习题 ·· 232

第十章　小桥和涵洞孔径计算 ·· 233
第一节　小桥和涵洞勘测 ·· 234
第二节　小桥孔径计算 ·· 235
第三节　涵洞孔径计算 ·· 240
第四节　小桥和涵洞的进出口处理 ·· 247
第五节　山区小桥和涵洞进出口的水力计算 ·· 251
第六节　计算实例 ·· 254
习题 ·· 258

附录　桥梁水工模型试验 ·· 259
一、桥梁水工模型试验的种类和意义 ··· 259
二、相似理论和模型设计 ·· 260
三、桥梁水工模型试验实例 ··· 264

参考文献 ·· 269

第一章 绪论

【学习目的与要求】

通过本章学习,学生能够了解桥涵水文课程的主要内容和特点。通过千年古桥的启示,了解桥梁环境的概念以及桥梁与桥梁环境的关系,充分认识桥梁与桥位处河流环境的协调、和谐共处的重要性,以确保桥梁全寿命过程内的安全运营。

第一节 本课程的主要内容和任务

桥涵水文是根据河流和海洋水文环境各项因素进行桥梁设计的学科,也是桥梁环境设计的一个重要组成部分。首先,从考虑桥梁与周围河、海及山区等自然环境的相互影响出发,通过选定桥位、拟定桥长和桥型、布设孔径、计算桥面高程和墩台冲刷深度等,提出初步设计方案。同时,根据"顺应水势,因势利导"的原则,拟定相应桥位河段或海域的桥梁引道、导流堤、护岸、丁坝等附属设施的布设方案,进行桥梁与河流、海域及山区环境友好共处的环境设计。另外,我国作为海洋大国,沿海及近海岛屿地区的经济、交通和国防建设迅速发展。根据近年来我国大跨度跨海桥梁建设的需要,还应尽量提供气象、水文等有关的海洋环境因素资料,供桥梁防腐蚀、防风振等设计、施工及养护各方面参考。

本课程的主要内容包括:绪论、河流、水文统计原理、设计洪水流量、大中桥孔径计算、桥墩和桥台冲刷、调治构造物、跨海桥梁和海洋环境、桥位勘测和桥位选择、小桥和涵洞孔径计算。

作为跨越河流、海域和山涧峡谷的重要构造物,桥梁及其附属设施(引道、导流堤、防护工程等)与相连的自然环境形成了一个相互影响、相互制约的整体。当今,桥梁总体设计应坚持"以人为本、安全至上,自然和谐、生态环保,因地制宜、节约资源,技术合理、服务提升"的总目标,实现桥梁建设健康可持续发展。生态环境保护和桥梁全寿命设计、全寿命成本分析的设计理念和设计方法,将是桥梁设计理念的新飞跃。

"重基础、宽专业、新技术、讲实用"是本课程追求的风格。对桥梁设计中与桥位、桥梁孔径、桥梁墩台、导流及防护工程等相关的方面,应用水文学、水力学及泥沙运动基本原理,进行水文分析与计算。具体的要求是:掌握水文调查、河段形态调查与勘测的具体方法;掌握设计洪水分析与计算方法;了解各类河段上以及特殊地区的桥位选择的原则;掌握桥孔设计的主要任务,根据设计洪水,结合河段特性、河床断面形态和地质资料、桥头引线设计,确定桥孔最小净长度、桥孔设计长度和桥面高程;重点掌握桥梁墩台冲刷的分析计算方法,确定桥梁墩台的最大冲刷深度,据此确定墩台基础埋置深度;掌握桥位调治构造物(导流堤、丁坝)布设及冲刷计算;了解海洋水文要素的特点及海岸带环境对桥梁的作用;掌握小桥和涵洞水文调查与勘测、小桥和涵洞孔径的计算方法。

第二节 千年古桥的启示

一、赵州桥

赵州桥,又名安济桥,位于河北省赵县城南,跨越洨河,建于公元595～605年,隋朝李春主持修建。桥梁全长64.40m,净跨径37.02m,拱顶宽9m,拱脚宽9.6m,为世界首创空腹式(敞肩式)拱桥(图1-2-1)。

赵州桥拱圈两肩各设有两个跨度不等的腹拱,可减轻自重、节省材料,使桥型轻巧美观,在景观上与两岸一望无际的大平原十分协调,同时增大泄洪断面,增强了抗洪能力和抗震性能。它是我国古代桥梁保留至今,未被洪水、地震摧毁(河北燕山地带为地震多发区),幸存于世的杰出代表。赵州桥凭借其精美的设计构思和施工工艺,被誉为"国际土木工程里程碑建筑",1991年美国土木工程师协会在桥头建纪念碑,称其为"国际土木工程历史古迹",是中华民族的骄傲。

赵州桥桥位选在平原顺直稳定型河段,河槽宽约50m,为较深的单式断面,河床稳定。桥梁中心线与河床正交,桥孔长度基本与河床等宽。拱矢较高,达7.23m,主拱两肩为敞开式,使桥下过水面积增大,泄洪能力增强。地处黄河、海河冲积平原,此处为细粒沙质河床,因桥孔自重较轻,桥台基础直接砌筑在天然轻亚黏土地层上,基础埋深虽仅有2～2.5m,却较稳固。可见,1400多年前古人建桥时,已全面考虑了当地的水文、地质、地形、景观等自然地理环境要素,才创造了桥梁与自然环境和谐共处千年安然无恙的奇迹。

二、长安灞河桥

灞河,发源于秦岭北麓的蓝田山区,流经长安(西安)东郊汇入渭河。灞河两岸是中华文明的发源地,蓝田猿人遗址,新石器时期半坡遗址,周、秦、汉、唐等朝代的京都长安,都在这里。

长安灞河桥是我国著名古桥,是古都长安到中原的必经之路。始建于秦朝,历经汉、隋、唐、宋、元、明、清等八个朝代和"中华民国"、中华人民共和国,1 800多年,命运坎坷,因无力承受洪水冲刷,曾遭受十几次水毁,进行过多次重建和桥位变动。

1833年(道光十三年)重建的灞河古桥,较完整地保存到2004年。原桥墩由圆柱形石碾垒砌而成,木质桥面,宽7m,每孔6m,共67孔(图1-2-2)。一个多世纪以后,经1957年、1978年加固改建,将原石墩外包裹钢筋混凝土加固,又将桥墩加高,再将原木桥面换成钢筋混凝土桥面,成为西安市的城市桥。1981年对桥下河床进行了整体防护,上游5m、下游10m范围内,做垂直潜墙防护。

图1-2-1 赵州桥(又名安济桥,高冬光,2000年摄)

图1-2-2 灞河古桥改建加固前(梁思成,1944年)

灞河古桥桥位河段为山前变迁型、不稳定河段,河床宽达400多米,水深很浅,洪水涨落迅猛,主流摆动不定,河床变形剧烈。古代建桥材料只有石料和木材,限于当时技术条件,在水流宽浅、泥沙松软的河床上,无法修建多孔连续的石拱桥,只能修建跨度很小、石墩、木面的梁桥,众多较宽的桥墩和很低的桥面,堵塞河道,使洪水严重受阻,因而屡建屡遭洪水冲毁。

本桥虽然曾安全通过1 800m³/s的历史洪水流量,但是,1980年以后,由于人为无序采砂,桥梁下游河床面严重下切,导致本桥下游的陇海铁路西安灞河桥(1934年建)于2002年6月9日水毁(图1-2-3,水毁桥上游桥墩很密集的桥梁就是灞河古桥,即图1-2-4所示的桥梁)。

图1-2-3 陇海铁路西安灞河桥(1934年建)水毁(2002年6月9日洪水过后,高冬光摄)

图1-2-4 多次加固改建后的西安灞河古桥(2002年6月9日洪水过后,高冬光摄)

陇海铁路西安灞河桥水毁后,虽经西安市精心保护,作为文物保护的灞河古桥,也已难以维持。经反复研讨,2004年终于决定将老桥拆除,重建新桥。

灞河古桥的桥型及结构,受古代技术条件所限,无法实现桥梁与桥位河流环境(洪水、河床变形)的协调和谐共处,屡次受到大自然惩罚,最终无法逃脱被拆除的命运。

陇海铁路西安灞河桥水毁以后,西安市浐河、灞河、渭河沿岸地区生态环境建设迅速发展,生态环境面貌大大改观,已建成生态湿地保护区、生态湿地公园多处,灞河桥的命运也随之改变。

古桥原桥位新建的灞河城市道路桥如图1-2-5所示。新建的跨越浐灞湿地公园的铁路桥如图1-2-6所示。

图1-2-5 在古桥原桥位新建成的灞河城市道路桥
(高冬光,2014年4月摄)

图1-2-6 跨越西安浐灞湿地公园的铁路桥
(高冬光,2014年4月摄)

近两千年来,灞河古桥坎坷的命运告诉人们,工程建筑只有适应自然环境变化,和大自然和谐相处,实现天人合一,才是唯一的正确选择;否则,最终将无法逃脱被大自然淘汰的命运。

第三节 桥梁环境

一、桥梁环境的概念

1. 环境

环境,是相对于主体而言的。围绕着主体、占一定空间、构成主体存在条件的各种物质实体、社会因素及它们之间的相互作用,就是该主体事物的环境。

国际标准化组织的标准ISO 14001和ISO 14004给环境的定义是:"一切环绕在主体周围运作的事物(包括空气、水、土地、自然资源、植物、动物和人类等)以及它们之间的相互作用。"

以桥梁为主体,桥梁跨越的河流、海域、山涧峡谷等的地形、地貌、地质等,桥位所在地区的气象、水文、地表植被、生物群落等,形成了桥梁的自然环境。桥梁和桥位周围的河流、海洋及湖泊等水域、山涧峡谷等自然环境,形成了一个相互影响、相互制约的系统。在建桥过程中,力求做到桥梁与桥位环境和谐共存、友好相处,才能使桥梁免遭或减轻自然灾害的侵袭;同时,也不会因桥梁的存在而引起自然环境发生不利的变化,从而达到可持续发展的目的。

对桥梁工程来说,直接面对的环境问题主要是自然环境(如河流环境、海洋环境等水环境及地质环境和生态环境)问题。桥梁的桥位选择、桥型总体方案、结构及墩台设计、桥位河段导流防护设计等,应力求实现桥梁和自然环境协调和谐。桥梁在施工或运营过程中,可能造成环境污染,产生噪声、污染空气或水流,应力求保护好环境。桥梁施工及建成后可能对河流或海洋鱼类、水生物生存条件产生影响,要求桥梁建设妥善处理桥位水域生态环境的保护问题。

桥梁作为大型建筑物,往往可成为地标性建筑,它的建筑形式及结构,应反映当地政治、文化、历史、技术等社会因素。当地政治、文化、历史等因素,形成了桥梁的社会人文环境。

2. 桥梁与河流环境及海洋环境

20世纪50年代初期,苏联逐渐形成了研究及处理桥梁与河流环境相互关系的学科,称作桥位设计(铁路系统译为桥渡设计)。同时,第二次世界大战后,美国、加拿大、英国、新西兰等国在桥梁壅水、桥梁冲刷、桥梁水文等方面,也都作了大量研究。

1958年起,桥位设计的科研活动在我国公路和铁路系统广泛开展,并迅速发展起来。1964年中国土木工程协会全国桥渡冲刷学术会议,在全国科研成果的基础上制订了我国建桥河段分类、桥墩冲刷公式等。直到20世纪末,通过总结40多年来我国公路、铁路桥梁的桥位(桥渡)勘测设计技术成果,对河段分类、冲刷公式、桥孔设计、防护工程等成果进行修订和完善,我国的桥位(桥渡)设计体系逐步形成。

进入21世纪,随着我国交通建设事业和环境科学的迅速发展,桥位设计被赋予了更为广泛的桥梁与环境的相关内容,包括桥梁与河流、海洋等水域环境,桥梁与各种不同自然地理环境(山涧急流、峡谷、黄土高原、戈壁滩等),桥梁与景观等内容;同时,在技术领域,桥梁工程从传统的结构工程实体,逐渐扩展为桥梁结构物与环境的共同系统。

桥梁建设者不仅要设计好桥梁工程实体,还必须处理好桥梁与河、海、高原、山岭等自然环境的关系。桥梁修建不应阻挡洪水、潮汐,不应引起河床、海床的不利变形。桥梁洪水水毁、地震破坏及大跨度悬索桥、斜拉桥被风致振动摧毁等,都是桥梁结构无力承受自然环境因素的作用,导致桥梁结构强度或稳定性失去平衡的结果。

二、人类活动对桥梁环境的影响

大河两岸及其冲积平原具有良好的气候、肥沃的土壤、丰富的物产,为人类生存和人类文明的发展提供了良好的自然条件。河流孕育和哺育了人类和人类文明,同时,河流环境也受人类活动的影响,而且,河流受人类活动的影响较其他地区是最早的、最直接的,河流因人类活动影响被改变也最明显。

在我国,人类活动对河流环境及桥梁安全产生的严重影响,通过进入21世纪以来的几个典型事例,说明如下:

1. 河床采砂导致桥梁破坏及河床泄洪能力下降

近年来,我国因河床采砂人为改变天然河道形态,造成局部河段河床畸形下切、斜流股流集中冲刷等不利变形,导致大桥、特大桥水毁的现象在全国各地时有发生,应当引起政府等有关部门高度关注。

仅举近年影响较大的三个实例:

1)陇海铁路西安灞河桥水毁(2002年)

陇海铁路西安灞河桥,桥长400余米,1934年建成后历经几次大洪水考验,曾通过1 800m³/s洪水流量未被水毁。2002年6月9日,却在一次较小(约500m³/s)的洪水过程中,全桥被毁(图1-2-4)。原因是下游河道无序采砂,造成河床畸形,严重下切,致使自20世纪70年代以来到水毁时的30年中,床面下降11.79m;新建在上游邻近的、西安到安康的铁路桥桩基承台的底面被冲出(图1-3-1)。再上游的灞河古桥(图1-2-2、图1-2-3),因下游铁路桥水毁,河床突然下切,该桥下游河床混凝土护坦冲毁,受到水毁的威胁,2004年被迫拆除。

2)福州市闽江南港洪塘公路大桥成为危桥(2004年)

2004年,福州市闽江南港洪塘公路大桥,因桥上游河床大量采砂,引起深水河槽摆动,原河滩床面下切,变成深槽,使灌注桩基础露出水面,变成一座桥长1 800m,上、下部结构还相当完好的、被迫限制交通的危桥(图1-3-2、图1-3-3)。

图1-3-1　水毁桥梁上游邻近的西安至安康铁路桥河床下切(2002年6月9日)

图1-3-2　福州市闽江南港洪塘大桥上游河床挖砂(高冬光,2004年11月摄)

3)广东九江大桥被运砂船撞断(2007年)

广东九江大桥是325国道上的一座特大型桥梁,位于广东省佛山市南海区九江镇与江门市鹤山市杰洲村之间,跨越珠江水系西江主干流。桥梁全长1 675.2m,桥面宽16m。其中,主跨为2×160m独塔斜拉桥,采用塔、梁、墩固结体系,塔高80m(自桥面起)。1988年6月正式建成通车。2007年6月15日,一条长70m左右的运砂船满载2 000t左右河砂行至九江大桥河面时,偏离主航道,试图从九江大桥主航道旁一个桥孔穿行。运砂船随即撞向九江大桥桥墩,激烈碰撞使九江大桥上的百米桥面瞬间坍塌,桥面上数十米长的一块块水泥路面相继落入河中,激起巨大水浪。大桥坍塌后的箱梁压在肇事砂船上,船上10名船员遇险(图1-3-4)。

图1-3-3　福州市闽江南港洪塘大桥河床下降,灌注桩基础外露(高冬光,2004年11月摄)

图1-3-4　广东九江大桥被运砂船撞断(2007年6月5日)

因桥位河段采砂,河槽形态及水流流势发生严重变化,1988年九江大桥桥位河段水深约20m,而据航道局监测,发生事故时水深已达35~50m。

2. 山岭隧道的弃渣和生活区改河影响生态环境和桥梁安全

近年来,高速公路建设进入山区,山区河槽狭窄、水流湍急,修建隧道和桥梁很多,隧道弃渣填埋河道、淤塞河床,严重影响河道行洪;另外,有的高速公路管理区、生活区,把仅有的一点崇山峻岭中的开阔河谷占用,将水流挤压、改道,人为改变天然排水系统过多过大。这些工程设施设计时,必须要对河道阻塞的后果进行评估,必须进行改河的平、纵、横断面设计及过渡段的设计,才能确保设计洪水泄洪畅通。否则,山洪暴发将会引起洪水灾害,既破坏当地生态环境,又将引起公路和桥梁水毁。因此,必须处理好弃渣场地的选择和污水的排放,做好生态环境保护。

3. 山区的纵向桥或高架桥影响山区急流河槽水流

近年来,在我国山区高速公路建设中,修建纵向桥较多。修建纵向桥(或称顺水桥)避免山体大填大挖和减少路基对水流的压缩,对于山区高速公路是一种合理的选择。桥梁设计者为设计方便,多取斜桥正做,致使在狭窄的急流峡谷中,密集的桥墩交叉错落,阻水严重。这是近年来山区高速公路设计中出现的新问题,不能不引起人们重视。

特别应指出的是,这些路线通过的峡谷地带,地形陡峻、河道狭窄,山洪暴发时水流多为急流流态(弗劳德数Fr大于1.0,图1-3-5),水流受阻反应激烈,破坏力极大。水流受到众多桥墩挤压及干扰,反应很敏感。应尽量采用单柱圆形墩,减小桥墩阻水。

另外,这些山区河流大都是大江大河的河源,河源环境的改变将影响下游河流及其流域的变化。河源是生态最敏感和最脆弱的地区,进行生态环境保护具有重要意义。

图1-3-5　山区急流桥墩的水流冲击高度(溅水高度)很大(阿尔卑斯山,瑞士)

一般跨越山区峡谷的桥梁,孔径设计的原则是尽量一孔跨过,不可压缩水流,必要时尽量在峡谷中少建桥墩,这些早已成为共识。近年来,高速公路进入山区,选线困难,不得已选用纵向桥方案时,应尽量采用较大跨径和单柱圆形墩,斜桥斜做,提高桥面高程,必须考虑纵向桥盖梁阻水等问题。如有可能,尽量将纵向桥设置为通过山坡坡脚,避开水面。

三、桥梁与环境关系处理较好的实例

第二次世界大战结束后,20世纪50~60年代欧洲、北美各国高速公路建设全面展开,十分重视生态环境保护,桥梁设计和自然地理环境保护方面的一些经验,值得借鉴。

图1-3-6　奥地利Brenner桥(《桥梁美学》,樊凡)

(1)地处阿尔卑斯山区的瑞士和奥地利高速公路Brenner桥(图1-3-6),为沿陡坡的曲线形高架桥,全长1804m,桥面宽21m,跨度36m,上部结构为预应力箱形梁,墩宽7m。车行在陡峻山坡之上,郁郁葱葱林木之中,使人心旷神怡。同时,与建

纵向桥相比,该桥避免了过多桥墩堵塞河道,做到了人与环境的和谐与协调。

(2)瑞士日内瓦湖畔上沿山脚修建的高速公路桥(图1-3-7),为两条平行曲线上的高架桥,细长弯曲的主梁和轻巧高耸的桥墩,隐藏在山脚的绿树林中,与湖光山色融汇一体,实现了景观协调,又保护了当地的生态环境。

(3)我国湖北省兴山县是昭君故里。2015年8月9日,古(夫)昭(君桥)公路正式通车,它是宜(昌)巴(东)高速公路连接兴山县城的重要通道,全长10.9km。为避免开山毁林,在河道中兴建了香溪河特大桥和古夫河特大桥,两桥总长达4.4km,两岸风景宜人,人们称其为"最美水上公路"。河湾河段的香溪河特大桥设计在河道凸岸一侧,避免桥梁冲刷和妨碍泄洪,如图1-3-8所示。

图1-3-7　瑞士日内瓦湖畔高架桥
(《桥梁美学》,樊凡)

图1-3-8　古(夫)昭(君桥)公路香溪河特大桥

公路及桥梁建设项目已不仅是一个工程实体的设计和施工项目,它必须技术先进、经济合理、交通畅通,具有高效的经济潜力;还必须在建设中及建成后保持高水平的生态稳定,尽量不干扰或少干扰自然地理环境要素,如地貌、河流、植被等的自然状态;针对已破坏的自然地理要素应修建保护及恢复自然环境的工程设施,保持该地区物种的稳定;力求公路及桥梁的形式在外观上与自然景观相协调,符合美学原理并给人以美的感受。

上述要求只有在桥位选择,桥型结构方案比选,孔径布设,桥面高程确定,墩台冲刷预测,桥梁引道及导流、防护设施布设等环节都得到落实,与生态环境和谐的、安全的、高质量的桥梁才能建成。

总之,21世纪的桥梁建设者面临新时代的要求,应更新观念,建设绿色桥梁。

习　题

1. 千年古桥给了人们哪些启示?
2. 桥梁与环境有何关系?人们应如何处理好这些关系?
3. 21世纪的公路和桥梁工程面临哪些新形势?出现了哪些新理念?

第二章 河流

【学习目的与要求】

通过本章学习,学生能够掌握河流的形成和基本特性;了解山区河流与平原区河流的特性;掌握河川径流形成过程及影响因素,并了解我国河流的补给类型;了解水位、流速等水文因素的观测方法;掌握水文资料的搜集、整理与分析方法。

地球上的大小河流,河水涨落、河床冲淤,都在日夜不停地变化着。河流水情、河床变形和人类的生活及生产活动,有十分密切的关系。

海洋和地面上的水在太阳辐射的作用下,蒸发变成水汽,进入大气层,水汽在大气层中上升和随气流运动,遇冷凝结,再以降水(雨、雪、霜、露等)的形式,降落到海洋或地面,地面的水又汇流到河流,流入海洋。如此,周而复始,形成自然界的水循环。

研究自然界中水的循环、运行变化规律的学科,称为水文学。

研究河川径流中水流的形成、运行规律,是水文学的重要组成部分,与道路、桥梁等工程建设紧密相关。

公路和铁路跨越河流、山涧溪谷及沟渠,需要修建桥梁及涵洞。桥梁及涵洞是通过车辆行人的交通建筑物,同时,又是宣泄河流洪水的水工建筑物。桥梁及涵洞应根据水流的洪水情势和河床变形等河流特性,进行桥涵位置的选定和孔径、桥面高程、基础埋置深度以及调治构造物等的设计。

第一节 河流和流域

一、河流

1. 河流的形成和分段

降落到地面上的水,除掉损失一部分以外,在重力作用下沿着一定的方向和路径流动,称为地面径流。地面径流长期侵蚀地面,冲成沟壑,形成溪流,最后汇集而成河流。河流流经的谷地称为河谷,河谷底部(谷底)有水流流动的部分称为河床。受重力作用沿河床流动的水流,称为河川径流。

这些脉络相通的大小河流所构成的系统,称为水系(或河系)。图 2-1-1 为黄河水系略图。水系中直接流入海洋、湖泊的河流称为干流,流入干流的河流称为支流。

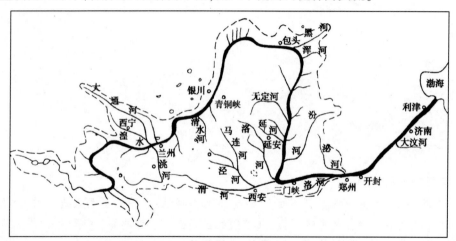

图 2-1-1 黄河水系略图

河流的干流上,开始具有表面水流的地方称为河源,它可能是溪涧、泉水、冰川、湖泊或沼泽等。河流流入海洋或湖泊的地方称为河口。一般的天然河流,从河源到河口可以按河段的不同特性,划分为上游、中游和下游三个部分。

上游是河流的最上段,紧接河源,多处于深山峡谷中,坡陡流急,河谷下切强烈,流量小而水位变化大,常有急滩或瀑布,河底纵断面多呈阶梯形。中游是河流的中间段,两岸多为丘陵,河床比降较平缓,两岸常有滩地,冲淤变化不明显,河床较稳定。下游是河流的最下段,一般多处于平原区,河槽宽阔,流量较大,流速和底坡都较小,淤积作用明显,浅滩和河湾较多。

2. 河流的基本特征

河流的基本特征,一般用河流断面、河流长度及河流比降来表示。

(1)河流断面。河流断面有横断面和纵断面。垂直于水流流动方向的断面称为河流横断面,一般形状如图 2-1-2 所示。横断面内,自由水面高出某一水准基面的高程(m),称为水位。

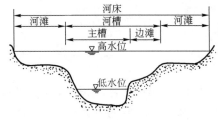

图2-1-2 河流横断面的一般形状

高水位以下的河床,由河槽与河滩两部分组成。河槽是河流宣泄洪水和输送泥沙的主要通道,往往是常年流水,底沙处于运动状态,植物不易生长;河槽中沿两岸较高的、可移动的泥沙堆,称为边滩,河槽中边滩以外的部分称为主槽。河滩只在汛期才有水流,无明显的底沙运动,通常生有草、小树等植物,有的还种植农作物。

只有河槽而无河滩的横断面称为单式断面,有河槽又有河滩的横断面称为复式断面。河流横断面能表明河床的横向变化。横断面内通过水流的部分称为过水断面,过水断面面积的大小,随断面形状和水位而变化。

河流中沿水流方向,各横断面最大水深点的连线,称为深泓线;沿河流深泓线的断面称为河流纵断面。河流纵断面能表明河床的沿程变化。

河流断面(横断面和纵断面)可以用来表示河床的形态特征。由于水流与河床的相互作用,断面形状在时刻不停地发展变化着。

(2)河流长度。一般天然河流,从河源到河口的距离,称为河流长度。近似的河流长度,可用曲线计、两脚规或其他方法直接在地形图上沿河流的深泓线量得,但图上量出的长度往往因误差而较实际长度偏小,需要进行修正。

(3)河流比降。河段两端(水面或河底)的高差称为落差,深泓线上单位长度内的平均落差称为比降。河流比降有水面比降及河底比降。某一河段的比降,可按下式计算:

$$i = \frac{H_2 - H_1}{l} = \frac{\Delta H}{l} \tag{2-1-1}$$

式中:i——河段的比降,可用小数、百分数或千分数表示;

H_1、H_2——河段下游端和上游端的高程(水面或河底的高程,m);

l——河段长度(m);

ΔH——水面或河底的落差(m),以水面落差计算的 i 为水面比降,以河底落差计算的 i 为河底比降。

河流比降受很多因素的影响,变化很大。河口附近的比降受泥沙淤积、潮汐倒灌或大河顶托的影响,变化更大。河底比降相对水面比降来说比较稳定,水面比降还随不同的水位而变化。河流比降一般自河源向河口逐渐减小,沿程各河段的比降都不相同。河流纵断面图如图2-1-3所示,其任意断面间的平均比降 $\bar{i}$ 可按下式计算:

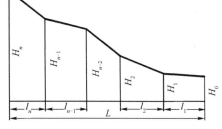

图2-1-3 河流纵断面图

$$\bar{i} = \frac{(H_0+H_1)l_1 + (H_1+H_2)l_2 + \cdots + (H_{n-1}+H_n)l_n - 2H_0 L}{L^2} \tag{2-1-2}$$

式中:H_0、H_1、$\cdots$、H_n——自出口断面起沿程各特征点的河底高程(m);

l_1、l_2、$\cdots$、l_n——各特征点之间沿深泓线的距离(km);

L——河流长度(km),$L = l_1 + l_2 + \cdots + l_n$。

二、流域

降落到地面上的水,被高地、山岭分隔而汇集到不同的河流中,这些汇集水流的区域,称为河流的流域(或汇水区)。分隔水流的高地、山岭的山脊线,就是相邻流域的分界线,称为分水线(或分水岭)。流域分水线所包围的平面面积,称为流域面积,单位为 km^2。汇入河流的地面水和地下水往往具有不同的分水线,但地下水的分水线不易确定,一般都以地面水的分水线为准。

流域是河水补给的源地,流域的特征直接影响河川径流的形成和变化过程。流域的特征一般可分为两类。

1. 几何特征

流域的几何特征主要是流域面积和流域形状。流域面积的大小,直接影响汇集的水量多少和径流的形成过程。在相同的自然地理条件下,流域面积越大,径流量(径流量是指一定时间内通过河流出口断面的径流总体积,常以 m^3 计)就越大,但是,流域对径流变化的调节作用也越大,因而洪水涨落比较平缓;流域面积越小,则径流量越小,但洪水涨落较为急剧。流域形状则主要影响流域内径流汇集的时间长短,也影响径流的形成过程。若流域形状狭长而呈羽形[图 2-1-4a)],则出口断面流量就小,径流过程的变化较小而历时较长;若流域形状宽阔而呈扇形[图 2-1-4b)],则出口断面流量较大,而径流过程的历时较短。

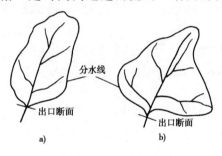

图 2-1-4 流域形状示意图

2. 自然地理特征

流域的自然地理特征主要是流域的地理位置和地形。流域的地理位置一般以流域中心和流域边界的经纬度来表示。由于降雨、蒸发等各种气象因素都随地理位置而变化,因此,一切水文特征也都与地理位置有密切关系。流域的地形一般以流域平均高程和流域平均坡度来表示。流域平均高程对降雨和蒸发都有影响。流域平均坡度是确定径流汇流速度和汇流时间的重要因素,坡度陡则汇流快,土壤入渗减少,使径流量增大。

另外,流域内的地质、土壤、森林植被、湖泊等,也都是流域的自然地理特征,与径流的形成过程都有密切关系。

三、山区河流和平原河流

河流的分类方法很多,由于分类的依据和目的不同,河流的分类也各不相同。根据河流流域的地形特点,一般将河流分为山区河流和平原河流两大类。对于较大的河流,上游段多为山区河流,下游段则为平原河流,而中游段常兼有两类河流的特性,是过渡性河段,称为山前区、半山区河流。对于较小的河流,则上、中、下游河段可能都属于山区河流,也可能都属于平原河流。

1. 山区河流

山区河流流经海拔较高、地势陡峻、地形复杂的山区。在漫长的历史过程中,水流不断地纵向切割和横向拓宽,逐渐形成了河谷。河谷断面为发育不完全的"V"形或"U"形(图2-1-5),坡面呈直线形或曲线形,断面狭窄。

山区河流沿程多为峡谷段与开阔段相间,平面形态极为复杂,两岸与河心常有巨石突出,急弯、卡口比比皆是;纵断面陡峻,急滩、深潭上下交错,常呈台阶状。

山区河流的特点是:流域内坡面陡峻,岩石裸露,汇流时间短,而且降雨强度大,以致洪水暴涨暴落,水位和流量的变幅极大,往往一昼夜间水位可上涨10m之多,但洪水持续时间不长。

山区河流的比降大,多在1‰以上,而且沿程变化较大,但落差多集中在局部河段。河流流速也很大,某些河段可高达6~8m/s。水流流态紊乱,存在回流、旋涡、跌水和水跃。

山区河流的河床多由基岩、乱石或卵石组成,冲刷变形缓慢,河床比较稳定,但易受地震、山崩、滑坡、泥石流等的影响,可能造成河道突然堵塞发生剧烈变化。

2. 平原河流

平原河流流经地势平坦的平原地区。河流形成过程主要表现为水流的堆积作用,形成深厚的冲积层,可深达数十米至数百米。冲积层最深处多为卵石,其上为砂夹卵石,再上为粗砂、中砂以至细砂。枯水位以上的河滩表层,则为黏土、黏壤土。这些泥沙的分层现象与河流的发育过程有关。

平原河流的河谷多为发育完全的形态,如图2-1-6所示。其特点是具有广阔的河滩,洪水时河滩被淹没,中、枯水时则露出水面。洪水漫滩后,在河滩与河槽连接的部分,因断面突然扩大,流速骤然降低,泥沙集中在河滩边缘落淤,往往在靠近河槽处形成地势较高的自然堤,在远离河槽的滩地上则形成洼地、湖泊。此外,河滩通常具有明显的横比降。

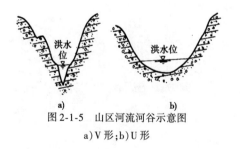

图2-1-5 山区河流河谷示意图
a) V形;b) U形

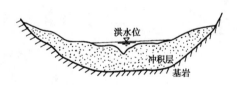

图2-1-6 平原河流河谷示意图

平原河流的河槽土质松软,往往一侧被水流冲刷侵蚀,而另一侧淤积成为边滩(图2-1-2),并能逐步发展形成新的河滩,使河槽左右摆动。河槽中,由于水流与河床的相互作用,常形成一系列泥沙冲积体(边滩、江心滩等),并在水流的作用下不断变化,因而整个河床也处于不断的发展变化之中。

平原河流的流域面积一般较大,而流域平均坡度较为平坦,汇流时间长,河床开阔,调蓄作用大,洪水涨落较山区河流缓慢,洪水持续时间较长。水面与河床比降都较小,多为0.1‰~1‰,流速也较小,一般为2~3m/s,水流较为平顺。

平原河流按平面形态及演变过程,分为四种类型的河段:

(1)顺直微弯型(边滩平移型)河段:河槽顺直,边滩呈犬牙状交错分布,并在洪水期向下游平移,如图 2-1-7 所示。

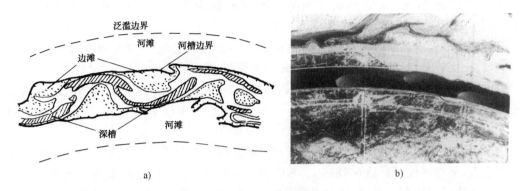

图 2-1-7 顺直微弯型河段
a)边滩交错,缓慢下移,横断面上水深交替变化;b)Colorado River, U.S.(Howard H. Chang)

(2)弯曲型(蜿蜒型)河段:河槽具有弯曲外形,深槽紧靠凹岸,边滩依附凸岸,凹岸冲刷,凸岸淤积,河槽向下游蜿蜒蛇行,如图 2-1-8 所示。

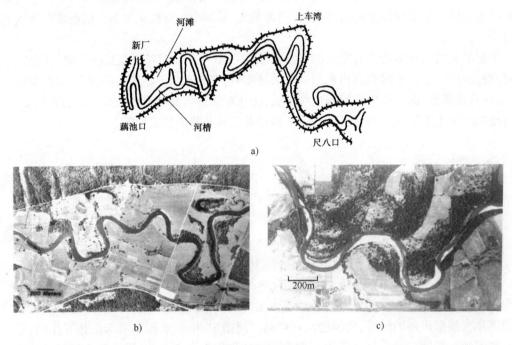

图 2-1-8 蜿蜒型河段
a)长江荆江蜿蜒型河段;b)Snoqualimie River, U.S.(Howard H. Chang);c)Iowo River, U.S.(Howard H. Chang)

(3)分汊型(交替消长型)河段:河槽分汊,两股汊道周期性地交替消长,如图 2-1-9 所示。

(4)散乱型(游荡型)河段:河槽宽浅,沙滩密布,河床变化急剧,主流摆动频繁,如图 2-1-10所示。

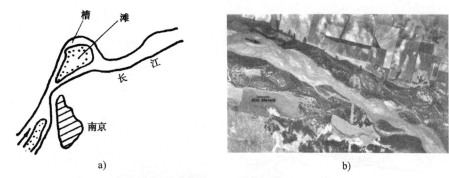

图 2-1-9 分汊型河段
a) 长江南京附近八卦洲分汊型河段；b) Niobrara River, U.S.（Howard H. Chang）

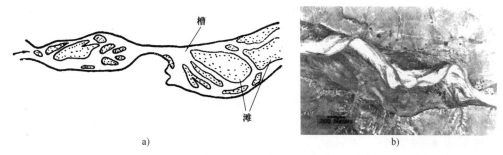

图 2-1-10 游荡型河段
a) 黄河花园口游荡型河段；b) North Canadian River（Howard H. Chang）

第二节　河川径流的形成

流域内的降水，一部分形成地面径流，一部分渗入地表土壤，在含水层内形成地下径流，地面径流和地下径流汇集到河槽中形成河川径流。暴雨洪水主要来源于地面径流，而地下径流仅对大河枯水期的水量补给具有重要意义。

一、径流形成过程

流域内，自降水开始到水流流过出口断面为止的整个物理过程，称为径流形成过程。它是大气降水和流域自然地理条件综合作用的过程，影响因素很多，十分复杂。为了便于研究，可将径流形成的物理过程概括为四个阶段。图 2-2-1 为径流形成过程的示意图。

1. 降雨过程

降雨是形成地面径流的主要因素，降雨的多少决定了径流量的大小。降雨量以降雨厚度（mm）表示，单位时间内的降雨量称为降雨强度（mm/min 或 mm/h）。每次降雨，降雨量大小及其在空间和时间上的分布及变化都不相同。降雨可能笼罩全流域，也可能只分布在流域的局部地区；流域内的降雨强度有时均匀，有时不均匀，有时还在局部地区形成暴雨中心，并向某一方向移动。降雨的变化过程直接决定径流过程的趋势，降雨过程是径流形成过程的重要环节。

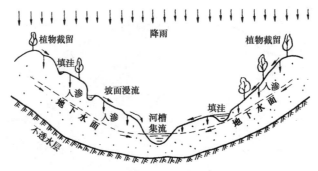

图 2-2-1　径流形成过程示意图

2. 流域蓄渗过程

降雨开始时并不立即形成径流。首先，雨水被流域内的树木、杂草，以及农作物的茎叶截留一部分，不能直接落到地面，称为植物截留。然后，落到地面上的雨水，部分渗入土壤，称为入渗；单位时间内的入渗量(mm)，称为入渗强度(mm/min 或 mm/h)。降雨开始时入渗较快，随着降雨量的不断增加，土壤含水逐渐趋于饱和，入渗速度减缓，达到一个稳定值，称为稳定入渗。另外，还有一部分雨水被蓄留在坡面的坑洼里，称为填洼。植物截留、入渗和填洼的整个过程，称为流域蓄渗过程。这部分雨水不产生地面径流，对降雨径流而言，称为损失，扣除损失后剩余的雨量，称为净雨。

3. 坡面漫流过程

流域蓄渗过程完成以后，剩余雨水沿着坡面流动，称为坡面漫流。流域内各处坡面漫流开始的时间是不一致的，某些区域可能最先完成蓄渗过程，而出现坡面漫流，但只是局部区域的坡面漫流；然后，完成蓄渗过程的区域逐渐增多，出现坡面漫流的范围也随之扩大，最后才能形成全流域的坡面漫流。

4. 河槽集流过程

坡面漫流的雨水汇入河槽后，顺着河道由小沟到支流，由支流到干流，最后到达流域出口断面，这个过程称为河槽集流。汇入河槽的水流，一方面继续沿河槽迅速向下游流动，另一方面也使河槽内的水量增大，水位随之上升；河槽容蓄的这部分水量，在降雨结束后才缓慢地流向下游，最后通过流域出口，使流域出口断面的流量增长过程变得平缓，历时延长，从而起到对洪水的调蓄作用。

总之，地面径流的形成过程，就其水体的运动性质来看，可分为产流过程和汇流过程；就其发生的区域来看，则可分为流域面上进行的过程和河槽内进行的过程，如图 2-2-2 所示。

$$\text{径流形成过程}\begin{cases}\text{产流过程(蓄渗过程)}\\ \text{汇流过程}\begin{cases}\text{坡面漫流}\\ \text{河槽集流}\end{cases}\end{cases}\text{流域面上进行的过程}\\ \text{河槽内进行的过程}$$

图 2-2-2　径流形成过程

降雨、蓄渗、坡面漫流和河槽集流，是从降雨开始到出口断面产生径流所经历的全过程，它们在时间上并无明显的分界，而是同时交错进行的。

河川径流的大小和变化，通常用流量和水位来表示。河流的流量和水位都是随时间不断变化的,流量和水位随时间变化的关系曲线,分别称为流量过程线和水位过程线(图2-2-3)。曲线的上升部分为涨水段,下降部分为退水段,曲线最高峰处的流量和水位,分别称为洪峰流量和洪峰水位;一涨一落,形成一次洪水过程。由于洪水波的影响,在河流的同一断面上,同一次洪峰的最高水位往往稍迟于最大流量,两者并非同时出现。一年内的最大洪峰流量,称为年最大流量。一次洪水过程可用历时、峰值(流量、水位)和径流量三个水文因素反映其特征。

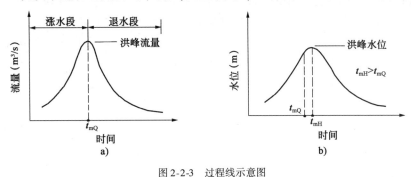

图 2-2-3 过程线示意图
a)流量过程线;b)水位过程线

二、影响径流的主要因素

从径流形成过程来看,影响径流变化的自然因素,可分为气候因素和下垫面因素两类。

1. 气候因素

(1)降雨。空气中的水汽随气流上升时,因冷却而凝结成水滴降落到地面上,形成降雨。降雨是径流形成的主要因素,降雨强度、降雨历时和降雨面积对径流量及其变化过程都有很大影响。降雨强度大,雨水来不及入渗而流走,使径流量大;降雨强度小,则雨水大部分渗入土壤而使径流量小。降雨历时长,降雨面积大,产生的径流量必然也大,反之则小。大流域内的降雨,在地区上的分布是很不均匀的,流域内一次降雨强度最大的地方,称为暴雨中心。暴雨中心在流域下游时,出口断面的洪峰流量就大些;暴雨中心在流域上游时,则出口断面的洪峰流量就小些。一次降雨的暴雨中心是不断移动的,当暴雨中心从流域上游向下游移动时,出口断面的洪峰流量就增大些,反之则洪峰流量就减小些。

(2)蒸发。流域内的蒸发是指水面蒸发、陆面蒸发、植物散发等各种蒸发的总和。在一次降雨过程中对径流影响不大,但对降雨前期的流域蓄水量却影响很大。如蒸发强度大,则雨前土壤含水量就小,降雨的入渗损失量就大,而径流量则相应减小。因此,蒸发也是影响径流的重要因素。

降雨和蒸发在地区分布上呈现一定的规律性,因而径流也具有一定的地区性规律。

2. 下垫面因素

流域的地形、土壤、地质、植被、湖泊等自然地理因素,相对于气候因素而言,称为下垫面因素。流域的地理位置直接影响降雨量的多少,流域的地形对降雨、蒸发以及蓄渗和汇流过程都有影响,面积流域的大小、形状又与径流量有直接关系。土壤和地质因素决定入渗和地下径流的状况。植物茎叶截留部分降雨,植物根系又能储藏大量水分,可改造土壤和气候。湖泊也有储存水分、调节径流的作用。

3. 人类活动因素

人类活动对河川径流也有重要影响。封山育林和水土保持将增加降雨的截留和入渗,减少汛期水量和洪峰流量,同时增大地下径流流量,补充枯水期的水量。修建水库对河流能起蓄洪调节的作用,并使流域内的蒸发面积增大,从而加大蒸发量。

比较黄河与闽江的水量,可清楚地说明上述各种因素对河川径流的影响。黄河的流域面积仅次于长江而居我国第二位,但流域的大部分处于我国西北部干旱、半干旱地带,降雨量小(年平均降雨量约400mm),地表蒸发量大,又有将近一半地区为渗水性很强的黄土层。因而,黄河流域产生的径流量极为贫乏,年径流量仅为长江的1/20,还不及流域面积小得多的闽江。闽江的流域面积仅为黄河的1/13,但流域位于武夷山脉迎风面一侧的福建省,为亚热带气候,降雨量大(年降雨量达1 000~2 300mm),尤其夏秋季节台风频繁,降雨强度极大;而且湿度大,蒸发不强烈,地形多山,坡度大,入渗小,汇流快。闽江流域的气候因素和下垫面因素恰好与黄河相反,因而闽江是我国水量充沛的河流之一。

三、我国河流的水量补给

流入海洋的河流,称为外流河;流入内陆湖泊或消失于沙漠之中的河流,称为内流河。我国河流除西北地区的内流河以高山积雪为水源外,其他地区的河流主要靠雨水补给。水量补给的来源基本可分为雨源、雨雪源和冰雪源三类。

1. 雨源类

我国秦岭—淮河以南直到台湾岛、海南岛、云南广大地区的河流,都属于雨源类。其特点是,一年内径流量的变化与降雨变化完全一致:夏天雨季来临,河水开始上涨,入秋以后,雨季结束,河水开始退落,汛期较长,水量丰沛。西部和北部地区的河流以秋汛为主,东南沿海地区常因台风影响而发生大洪水,多出现夏汛,年流量过程线呈双峰或多峰形。图2-2-4是长江中游汉口水文站1954年和1955年的流量过程线,图中

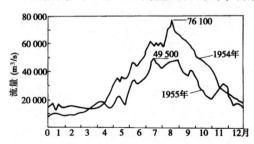

图2-2-4 长江汉口水文站1954年和1955年的流量过程线

两条流量过程线是多峰肥胖型的曲线,表明汛期长,水量大,但水情变化平缓,这是由于该水文站上游的长江流域面积十分广阔,对水情变化有很大的调节作用而形成的。

2. 雨雪源类

华北、东北地区的河流,每年有两次汛期,年流量过程线呈双峰形。图2-2-5是黄河花园口水文站某年的流量过程线,三、四月间由于融雪形成春汛,水量虽然不大,但下游常出现冰塞,对沿河桥梁和水工建筑物安全威胁很大。春汛以后有一段枯水期,入夏以后随着降雨的增多,在六至九月间形成夏汛或秋汛。

3. 冰雪源类

西北地区新疆、青海等地的河流,水量补给以融雪和冰川融水为主。每年四、五月间气温上升,河水开始上涨,六、七月间达到最高峰,以后气温下降,河水也随着退落。额尔齐斯河某水文站某年的流量过程线呈单峰形,如图2-2-6所示。此外,有的地区如天山北部,夏季降雨

量可达50~350mm,也能补给一部分水量,但仍以融冰雪为主要水源。

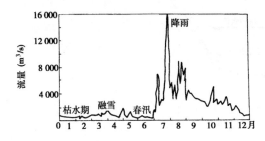
图 2-2-5 黄河花园口水文站某年的流量过程线

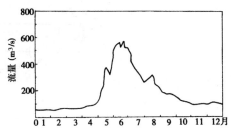
图 2-2-6 额尔齐斯河某水文站某年的流量过程线

我国幅员辽阔,江河众多,各地区的自然条件相差很大,因而各地区的河流也具有不同的特性。秦岭以北的河流水量适中,但年内分布不均匀,随季节的变化很大,夏季水量充沛,冬季水量较少,有冰期,输沙量较大,上游冲刷严重,下游经常淤积。秦岭—淮河以南的河流,水量充沛,支流众多,常年不冻,表土冲刷较轻,泥沙较少。西南横断山脉地区的河流,发源于青藏高原,奔流于山岭峡谷之间,水量大,水流急,经冬不冻。北部和西北部的内流河,一般在高山融冰雪季节水量较大,而平时往往干涸无水。

第三节 水文测验

河流水情的变化,可由河流水文因素的观测资料来反映。进行各项水文因素的观测,称为水文测验。水文站是进行水文测验的观测站,在测流断面(水文站固定观测的河流横断面)上,按国家水文测验规范的要求,定时进行水位、流速、流向、流量、比降、降雨、蒸发、泥沙、地下水位等各项水文因素的观测和资料整编工作。

为了能正确搜集和应用水文站的观测资料,公路及桥梁工程技术人员,学习一般的水文观测知识是必要的。现简要介绍水位观测、流速测验和流量计算的基本知识。

1. 水位观测

水文站观测的水位,是指某一时刻该水文站测流断面的水面高程,其水面高程所依据的水准基面,一般由水文站按实际情况选定,并有可能变动。使用水文站的水位资料时,必须注意它所依据的水准基面及其换算关系,必要时可进行换算。一般以黄海平均海平面(又称青岛零点)作为我国大地高程的起算面,即基准面。

水位是河流最基本的水文因素,河流的水位变化能反映河道中水量的增减,是工程建设中不可缺少的水文资料,并可用以推算流量。

目前,广泛应用水尺和自记水位计进行水位观测,水尺读数加水尺零点高程就是水位。常用的水尺有直立式、倾斜式和矮桩式三种,如图 2-3-1 所示。自记水位计如图 2-3-2 所示。

水位观测必须连续进行,以便掌握水位变化的规律。用水尺观测时,应按要求的次数和时间,定时观测;用自记水位计观测时,应定时校测和检查。平时应测得完整的水位变化过程,以满足日平均水位计算的要求;洪水期应能观测到洪峰水位和洪水水位变化过程。另外,还需要设立比降水尺,观测两个测流断面之间的水面落差,用以计算两断面之间的水面比降。水文站测流断面和水尺的布设情况,如图 2-3-3 所示。

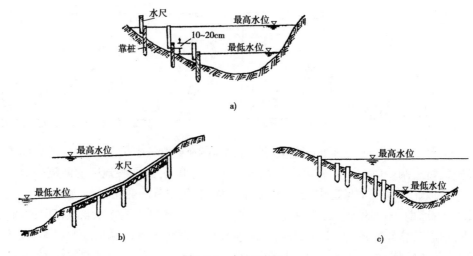

图 2-3-1 水尺示意图
a)直立式水尺;b)倾斜式水尺;c)矮桩式水尺

图 2-3-2 自记水位计

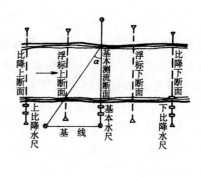

图 2-3-3 测流断面和水尺布设示意图

通过水位观测,能够得到各种特征水位、平均水位、水位过程线、水面比降等资料。

2.流速测验

天然河流过水断面内的流速分布,一般是由河岸向河心逐渐增大,由河底向水面逐渐增大,最大流速一般出现在最大水深处的水面附近。流速分布如图 2-3-4 所示。

流速测验的目的就是通过实际的流速测量,描述过水断面内的流速分布情况,并用以推算该断面的流量。流速测验常用的方法,有流速仪法和浮标法两种。

(1)流速仪测流。流速仪一般分为旋杯式和旋桨式两种,如图 2-3-5 和图 2-3-6所示。流速仪只能测得断面中某一点的流速,测流时可将流速仪放到需要测速的位置(测点),水流冲击旋杯(或旋桨)使其转动,根据每秒转数与流速的关系推算该测点的流速。仪器出厂时均通过检定,附有检定公式,可用以计算流速。

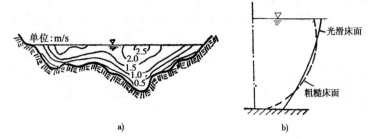

图 2-3-4 天然河流断面流速分布
a)过水断面的等流速线;b)垂线流速分布

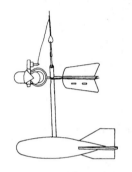

图 2-3-5 旋杯式流速仪

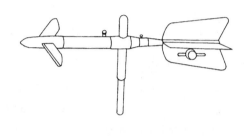

图 2-3-6 旋桨式流速仪

进行流速测验时,首先要在测流断面上布设适当数量的垂线,测出各条垂线的水深和起点距(各垂线到测流断面起点桩的水平距离),以便绘制测流断面图,这些垂线称为测深垂线。用流速仪测流时,需要在测流断面上选择若干有代表性的垂线施测流速,称为测速垂线。多数测深垂线与测速垂线相重合,但测深垂线一般较测速垂线多。对于每一条测速垂线,也要测出水深和起点距,并按不同水深在垂线上布置若干个测点,用流速仪逐点测出流速。但是,测速垂线的水深测量,应与流速测量同时进行,水位变化较大时,还应同时观测水位。流速仪测流开始和结束时,均需观测水位和比降,必要时还应增加观测次数。测深垂线、测速垂线、测点的布设原则和数量,均应根据测流断面的实际情况,按有关规范确定。

(2)浮标测流。浮标测流方法简便,但不如流速仪测流精确,常在没有条件进行流速仪测流时采用。浮标是观测标志,凡是能在水中漂浮之物,都可做成浮标,最常用的是水面浮标。

水面浮标测流,可在测流河段上沿河宽均匀投放浮标,测出浮标通过上下游两断面间的时间和上下游两断面间的距离,就可以计算浮标的漂行速度,作为水面流速。连续观测每个浮标的平面位置,还可以绘制河流表面水流的流向图。浮标测流的断面布置,如图 2-3-3 所示。

3.流量计算

河流的流量是过水断面面积与断面平均流速的乘积。过水断面内的流速分布是不均匀的,而上述流速测验的方法,只能测得某点的流速或水面流速,不能直接量测断面平均流速,也不能直接利用实测流速计算断面平均流速。因此,流量计算需采用间接的分块计算方法:将过水面积划分成许多较小的面积(称为部分面积),利用实测流速计算各个部分面积的断面平均流速和流量,再把各个部分面积的流量总和作为全断面的流量。

1)流速仪测流

流量计算可按下列步骤进行:

(1) 以测速垂线将测流断面划分成若干部分(n部分),如图2-3-7(图中$n=7$)所示。计算各部分的过水面积,即部分面积$A_i(i=1\sim n)$;岸边部分可按三角形面积计算,中间部分可按梯形面积计算。

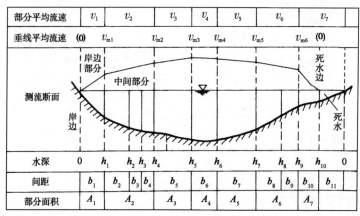

图2-3-7 测流断面

(2) 根据各测点的实测流速,计算各测速垂线的垂线平均流速v_m。v_m可按各测速垂线上测点的数目,分别采用下列公式计算:

$$\left.\begin{array}{ll} \text{五点法} & v_m = \dfrac{1}{10}(v_{0.0} + 3v_{0.2} + 3v_{0.6} + 2v_{0.8} + v_{1.0}) \\[4pt] \text{三点法} & v_m = \dfrac{1}{3}(v_{0.2} + v_{0.6} + v_{0.8}) \\[4pt] \text{二点法} & v_m = \dfrac{1}{2}(v_{0.2} + v_{0.8}) \\[4pt] \text{一点法} & v_m = v_{0.6} \\[4pt] \text{或} & v_m = Kv_{0.5} \end{array}\right\} \qquad (2\text{-}3\text{-}1)$$

式中:v_m——垂线平均流速(m/s);

$v_{0.0}$、$v_{1.0}$——水面及河底测点的实测流速(m/s);

$v_{0.2}$、$v_{0.5}$——0.2及0.5垂线水深测点的实测流速(m/s),其余脚注的意义相同,水深均由水面垂直向下计算;

K——半深流速系数,可利用多点法实测资料分析确定,无实测资料时,可采用0.90~0.95。

(3) 计算各个部分面积的断面平均流速v_i(称为部分平均流速)。岸边或死水边的部分平均流速,等于自岸边或死水边起第一条测速垂线的垂线平均流速乘以系数α,例如图2-3-7中的$v_1 = \alpha v_{m1}$,$v_7 = \alpha v_{m6}$;系数α值,死水边取0.6,斜坡岸边取0.7,陡岸边取0.8(粗糙的)或0.9(光滑的)。断面中间的部分平均流速,等于相邻两垂线平均流速的算术平均值,例如图2-3-7中的$v_2 = 1/2(v_{m1} + v_{m2})$。

(4) 计算各个部分面积的流量Q_i(称为部分流量)。部分流量等于部分面积A_i与部分平均流速v_i的乘积。

$$Q_i = A_i v_i \qquad (2\text{-}3\text{-}2)$$

(5) 计算全断面的流量Q。

$$Q = \sum_{i=1}^{n} Q_i \qquad (2\text{-}3\text{-}3)$$

则全断面的过水面积 A 和断面平均流速 v 应为：

$$A = \sum_{i=1}^{n} A_i \tag{2-3-4}$$

$$v = \frac{Q}{A} \tag{2-3-5}$$

2）水面浮标测流

流量计算可按下列步骤进行：

（1）以测深垂线将测流断面划分为若干部分，如图 2-3-8（图中为 6 部分，即 $n=6$）所示，并分别计算各部分面积 $A_i(i=1 \sim n)$。

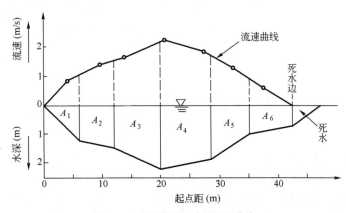

图 2-3-8　测流断面和水面流速曲线

（2）根据各浮标的漂行速度和起点距，在测流断面图上绘出水面流速分布曲线（见图 2-3-8 中流速曲线），并从该曲线上读出各测深垂线处的水面流速。

（3）把各个测深垂线的水面流速直接作为垂线平均流速，按上述流速仪测流时流量计算的同样方法，计算部分平均流速、部分流量和全断面流量。但这样计算的全断面流量并不是全断面的实际流量，称为全断面虚流量 Q_f，而全断面实际流量 Q 应为：

$$Q = K_f Q_f \tag{2-3-6}$$

式中：K_f——浮标系数，可用浮标与流速仪同时测流对比求得；一般水较深的大河为 0.85～0.90，而小河为 0.75～0.85。

4. 相应水位的计算

测流过程中，水位在不断变化，观测各条垂线的流速时，水位也各不相同。全断面流量所对应的水位（即相应水位），需通过计算确定。可按下列方法进行：

1）算术平均法

测流过程中，由水位变化引起的过水断面面积的变化，不超过 5%～10%（平均水深大于 1m 时）或 10%～20%（平均水深小于 1m 时），一般可取测流开始和终止时，两次观测水位的算术平均值作为相应水位。

2）加权平均法

测流过程中，水位变化引起的过水断面面积的变化超过上述限度时，可按下式计算相应水位：

$$H = \frac{\sum_{i=1}^{n} B_i v_{mi} H_i}{\sum_{i=1}^{n} B_i v_{mi}} \tag{2-3-7}$$

式中：B_i——第 i 条测速垂线所代表的水面宽(m)，对于断面中间部分的垂线，应为该垂线至两侧相邻垂线间距的平均值，例如图2-3-7中的第3条测速垂线，$B_3 = 1/2(b_5 + b_6)$；对于岸边垂线，则为水边至该垂线的间距加该垂线至相邻垂线间距的一半，例如图2-3-7中的第1条测速垂线，$B_1 = b_1 + 1/2(b_2 + b_3 + b_4)$；图2-3-7中的 b_i($i = 1 \sim 11$)为测深垂线的间距(m)；

v_{mi}——第 i 条测速垂线的垂线平均流速(m/s)；

H_i——第 i 条测速垂线上测速时观测的水位(m)。

水文站除进行水文测验工作外，还进行水文调查(包括汇水区概况调查、河段调查、洪水调查、冰凌调查和涉河工程调查)，以获得全面的水文资料。并通过对观测和调查资料的分析计算，整编成系统的水文资料。水利部门每年把各水文站的整编资料汇编为《水文年鉴》出版。1990年以后，各地水利部门开始建立水文资料计算机数据库，为工程建设提供服务。

第四节 水文资料的搜集和整理

水文资料是河流水情变化的记录，是进行水文分析和计算的基本数据，应按我国《公路工程水文勘测设计规范》(JTG C30—2015)的要求，认真细致地进行搜集和整理。

水文资料的来源主要有三方面，即水文站观测资料、洪水调查资料和文献考证资料。水文站观测资料是在一定时期内连续实测的资料，能较为真实地反映客观实际。洪水调查是搜集水文资料的基本方法，即使对于有长期观测资料的河流，洪水调查资料也是重要的补充。所以，不论有无水文站观测资料，都应该进行洪水调查。另外，我国的历史文献中，多有对洪水灾害的记载，为分析历史洪水的情况提供了宝贵资料，因此，文献考证也是搜集水文资料的重要途径。上述三个方面的资料，可以相互补充，相互核对，使水文资料更加完整可靠。

一、水文站观测资料

桥涵水文计算所需的水文资料，1990年以前的大部分可查阅《水文年鉴》，1990年以后的则应在水利部门数据库查询，但有时也需要到水文站详细了解。一般应搜集水文站历年最大洪峰流量(同一洪水成因)及其相应的洪峰水位、洪水比降、粗糙系数、流速等实测资料，并应了解水文站的设站历史变迁、测流方法和设备、测流断面和河段的情况以及水文站所掌握的水文调查资料。

由于天然或人为的原因，水文站观测资料往往会存在一些差错，整编时也可能未加改正，在使用水文站的整编资料时，应进行复核，一般可重点复核水位和流量资料。

1. 洪水水位资料的复核

应了解水文站的水准基面和基本水尺的情况，了解历年有无变动，如有变动，整编时是否已经修正。了解水位观测过程中有无水毁、中断、漏测等情况，以及漏测资料是如何补救的。若发现异常水位，也应注意检查。

一般可利用水位过程线或水位与流量关系曲线，检查洪水位的变化规律。如有条件，也可以利用上下游水文站的观测资料或洪水调查资料，进行检查核对。

2. 洪峰流量资料的复核

应了解水文站测流河段和测流断面的情况,了解洪水时断面的变化,上下游有无分洪、决堤的情况,以及流量的测算方法和精度。洪峰流量若由观测的流速计算而得,应了解流速的观测和计算方法,观测过程中有无变动,整编时是否经过改正;若由水位与流量关系曲线外延而得,则应注意其外延部分是否合理。

一般可利用水文站历年水位与流量关系曲线的综合比较进行检查,也可以利用上下游水文站观测资料或洪水调查资料对比检查。

二、洪水调查资料

洪水调查是搜集水文资料的一种有效方法,不论有无水文站观测资料,都是非常重要的。通过洪水调查,能够获得近几十年或几百年的历史洪水资料,能填补水文站观测资料和文献考证资料的空缺,提高水文分析和计算的精度。

洪水调查主要是在桥位上下游调查历史上各次较大洪水的水位,确定洪水比降,推算相应的历史洪水流量,作为水文分析和计算的依据;同时,调查桥位附近河道的冲淤变形及河床演变,作为确定历史洪水计算断面和桥梁墩台天然冲刷深度的依据。

洪水调查应深入群众,细心访问沿岸居民,查明历史洪水的淹没位置(或历史洪水痕迹)、发生的年月和大小顺序。洪水痕迹是确定洪水位和计算流量的依据,要注意指认的洪痕标志物是否明显、固定、可靠和具有代表性。对每个洪水位,均应在现场标记编号,测定位置和高程,并根据调查情况详细描述,做出可靠的评价,为确定洪水比降提供依据。同时,还应进行对洪水时有无河堤决口或分洪现象、洪水涨落及泛滥、河床及流域自然条件的历年变化、风浪大小以及漂浮物等的详细调查。

历史洪水位相应的洪水流量,可按水力学中明渠均匀流复式断面的方法进行计算。

1. 水文断面的选择

计算流量所依据的河流横断面,称为水文断面,又称形态断面。水文断面应选在近似于均匀流的河段上,一般要求河道顺直,水流通畅,河床稳定,河滩较小,河滩与河槽的洪水流向一致,并且无河湾、河汊、沙洲等阻塞水流的因素。

水文断面应尽量靠近调查的历史洪水位,但距桥位也不宜过远。水文断面与桥位断面之间,应既无支流汇入,又无分流或壅水现象。

水文断面的数量应结合实际需要而定,一般可在桥位上下游各选一个,以便核对计算结果。符合条件的桥位断面,也可以作为水文断面使用。选定水文断面以后,应进行断面测量,绘制河流横断面图。

水文断面必须垂直于洪水流向。水文断面的形状应尽量符合历史洪水发生时的实际情况,一般可根据调查资料对河道变迁及河床冲淤做出定量估计,并在断面图上适当修正。

2. 水文断面的流速和流量计算

水文断面的断面平均流速,可用谢才—曼宁公式计算:

$$v = \frac{1}{n} R^{\frac{2}{3}} i^{\frac{1}{2}} \tag{2-4-1}$$

或

$$v = mR^{\frac{2}{3}}i^{\frac{1}{2}} \tag{2-4-2}$$

式中：v——断面平均流速(m/s)，对于复式断面，河槽与河滩的断面平均流速应分别计算；

n——粗糙系数(糙率)；

m——n 的倒数，$m = 1/n$；

R——水力半径(m)；

i——洪水比降，以小数计。

对于宽浅河流，当水面宽度大于断面平均水深的 10 倍以上时，湿周可近似地用水面宽度代替，则水力半径等于断面平均水深。若以 $\bar{h}$ 表示断面平均水深(m)，则式(2-4-2)变化为：

$$v = m\bar{h}^{\frac{2}{3}}i^{\frac{1}{2}} \tag{2-4-3}$$

水文断面的流量则为：

单式断面时

$$Q = Av \tag{2-4-4}$$

复式断面时

$$Q = A_c v_c + A_{t1} v_{t1} + A_{t2} v_{t2} = Q_c + Q_{t1} + Q_{t2} \tag{2-4-5}$$

式中： Q——全断面总流量(m^3/s)；

A——过水断面面积(m^2)；

A_c、A_{t1}、A_{t2}——河槽与两侧河滩过水断面面积(m^2)；

v_c、v_{t1}、v_{t2}——河槽与两侧河滩的断面平均流速(m/s)；

Q_c、Q_t——河槽与河滩的流量(m^3/s)。

计算历史洪水流量时，如果调查的历史洪水位不在水文断面上，应按洪水比降把历史洪水位的高程换算到水文断面上，再进行流量计算。

3. 洪水比降的确定

河流中出现洪峰时的水面比降，称为洪水比降。由于天然河流中水流并不完全符合均匀流的条件，其水面比降随水位而变化，因此每次洪水的洪水比降各不相同。水文断面的流速计算，应采用断面所在河段的洪水比降；根据历史洪水位计算历史洪水的流速时，应尽量采用与历史洪水相对应的洪水比降。

洪水比降可以根据水文站观测资料确定，也可以根据洪水调查资料推算。先将调查所得历史洪水位的位置绘于桥位平面图上，并把它投影在河流的深泓线上，如图 2-4-1 所示；再把各个洪水位按高程及其在深泓线上的距离，点绘于河床纵断面图上，如图 2-4-2 所示。然后，利用同一次历史洪水各水位点的连线，按式(2-1-1)计算其对应的洪水比降。图中I-I断面是桥位断面，II-II断面是水文断面，2、3、5 点是 1935 年的洪水位，1、4、6 点是 1947 年的洪水位。

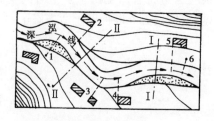

图 2-4-1 桥位平面示意图

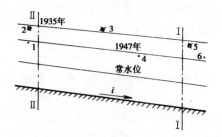

图 2-4-2 河床纵断面示意图

确定洪水比降时,常水位的水面比降及河底比降均可作为参考,也应绘于河床纵断面图上。如果缺少洪水比降的资料,在顺直河段上,可以采用河底比降代替洪水比降进行流速计算。

4. 河床粗糙系数的选择

河床粗糙系数(又称糙率)反映水流所受河床阻力的大小,直接影响流速和流量,应根据河流类型及河床特征综合考虑,慎重选定。

河床的粗糙系数最好采用水文断面所在河段的实测值,或根据水文站的观测资料确定。如无实测资料,则可参照有关规范中的粗糙系数表(糙率表)或手册中推荐的粗糙系数表,结合实际情况选定。现摘录其中一部分作为示例,如表2-4-1所示。

天然河道洪水粗糙系数(糙率) 表2-4-1

河槽部分			
河段平面及水流状态	河床组成及床面情况	岸壁及植被情况	$1/n$
河段顺直或下游略有扩散,断面宽阔、规则,水流通畅	砂质或土质河床,河底平顺	平顺的土岸或人工堤防	55(45~65)
		略有坍塌的土岸或杂草稀疏的平顺土岸	50(40~60)
	卵石、圆砾河床,河底较平顺	砂、圆砾河岸或平整的岩岸	45(36~54)
		不够平整的岩岸或灌丛中密的河岸	40(32~48)
	卵石、块石河床,河床上有水生植物	不平顺的沙砾河岸,风化剥蚀的河岸	35(28~42)
		不平顺的岩岸或灌丛中密的河岸	30(24~36)
河段上下游接弯道或下游有卡口、支流汇入等束水影响,复式断面,水流不够通畅	砂、圆砾河床,边滩交错	有坍塌的土岸或沙砾河岸,风化岩岸	45(36~54)
		不平顺的岩岸或灌丛中密的河岸	40(32~48)
	卵石、圆砾河床,河底不够平顺,长中密水生植物	岩岸或不平整的卵、圆砾河岸	35(28~42)
		不平顺的岩岸或灌丛中密的河岸	30(24~36)
	卵石、块石、圆漂石河床,河底间有深坑、石梁或水生植物	参差不齐的卵石、圆砾河岸或土岸,略有凸凹的岩岸	25(20~30)
		参差不齐的岩岸或灌木丛生的河岸	20(16~24)
山区峡谷河段,急弯间的河段或弯曲河段,阻塞的复式断面,水流曲折不畅,流向紊乱	砂、圆砾河床,边滩、沙洲犬牙交错	人工堤防强制弯曲者	35(28~42)
		有矶石或丁坝挑流者	30(24~36)
	卵石、圆砾河床,起伏不平或长有水生植物	参差不齐的卵石、圆砾河岸或灌丛中密的河岸	25(20~30)
		参差不齐的岩岸或灌丛中密的河岸	20(16~24)
	卵石、块石、大漂石河床,石梁、跌水、孤石交错,或水生植物稠密,阻水严重	参差不齐的岩岸或灌木丛生的河岸	15(12~18)
		两岸时有岸嘴突出,很不平顺,形成强烈斜流、回水、死水的河岸	12(10~14)
河滩部分			
滩地植被情况	平面及水流状态		$1/n$
基本无植物或仅有稀疏草丛	平面顺直,纵面平坦,水流通畅,没有串流且滩宽不大者		25(20~30)
	下游有束水影响,水流不够通畅;水流虽通畅,但河滩甚宽者(滩宽在槽宽的3倍以上)		20(15~25)

续上表

河滩部分		
滩地植被情况	平面及水流状态	$1/n$
长有中等密度植物或已垦为耕地	下游无束水影响,河滩甚宽,或有束水影响,滩宽较窄	15(12~18)
	平面不够平顺,下游有束水影响,河滩甚宽	10~13
长有稠密灌木丛或杂草林木丛生,阻水严重		7~10

河槽与河滩的粗糙系数应分别确定,必要时,可将河滩再分成几个部分,采用不同的粗糙系数;河槽与河滩的流速、流量,应按选定的不同粗糙系数分别计算。河槽与河滩的划分,应结合断面上下游河段的平面形状、河床土质、植被情况等,在现场确定,并在河流横断面图上注明。

三、文献考证资料

我国很多历史文献,如地方志(省志、府志、县志)、河志及其他历史档案等,都有洪水和干旱的灾情记载。通过对历史文献的考证,一般可查明近百年或更长时期内,洪水发生的年代、次数和灾害情况,为洪水调查提供线索;还可以获知丰水年和枯水年的分布概况,了解历年来河流的变迁。但这些历史文献都不是专门记载洪水资料的,又由于历史条件和人为的影响,可能有夸大、缩小和漏记的现象。所以,必须结合洪水调查,从多方面对照比较,认真分析,提高资料的可靠性,为水文分析和计算提供一定的依据。

四、桥梁水文信息的保存和处理

桥梁勘测设计必须搜集和具有下列基本信息。

1. 桥梁的基本信息

包括桥梁名称、桥梁类型、设计洪水频率、水流与桥轴法线的夹角、通航等级、桥位在直河段或河湾段、是否有凌汛等(图2-4-3)。

2. 桥梁跨越河流及水域的信息

包括河流名称、河段的稳定性类别、河床比降、床沙平均粒径、桥位河床横断面地形数据(桩号、高程数据表)、河槽与两侧河滩分界桩号及其糙率、调查历史洪水位等(图2-4-4)。

3. 桥位河段采用的水文站观测的历年年最大流量系列资料(第四章图4-1-1)

桥位勘测设计阶段搜集到的基本信息、数据经整理审查,确认无误后,可作为桥梁设计的基本依据资料,输入有关计算软件,如《桥位设计计算系统(QW2.0)》上列界面保存和后续处理。

五、调查洪水流量计算实例

【例2-4-1】 某公路桥梁跨越一条平原河流,桥位河段基本顺直,上游有河湾,河床平坦,两岸较为整齐,无坍塌现象。河槽土质为砂砾,河滩为耕地,表层为砂和淤泥。实测桥位河流横断面如图2-4-5所示,可作为水文断面进行流量计算。经调查确定,桩号 K0+622.60 为河槽与河滩的分界,选定粗糙系数为:河槽 $m_c = 1/n_c = 40$,河滩 $m_t = 1/n_t = 30$。调查的历史洪水位为63.80m,洪水比降为0.3‰,试求其相应的历史洪水流量。

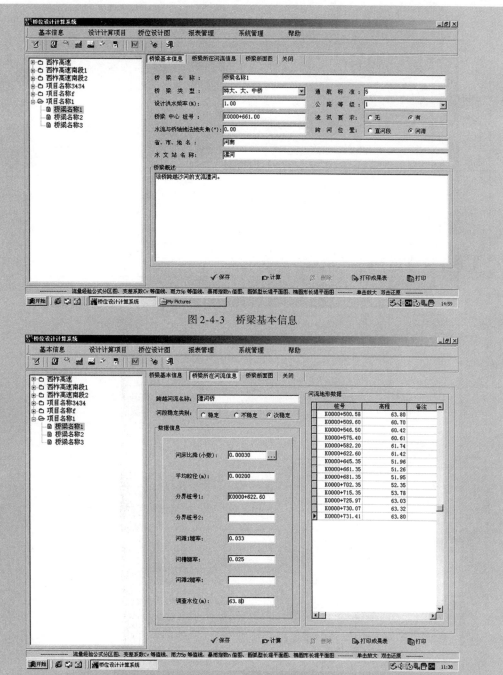

图 2-4-3 桥梁基本信息

图 2-4-4 桥梁跨越河流信息

解:(1)人工计算

过水面积 A 和水面宽度 B,可根据河流横断面(图2-4-5)列表计算,如表2-4-2所示。为了简化计算,当其水面宽度大于平均水深的10倍时,近似地用平均水深 $\bar{h}$ 代替水力半径 R 计算流速(符号的脚注 c 和 t 分别表示河槽和河滩)和流量。

29

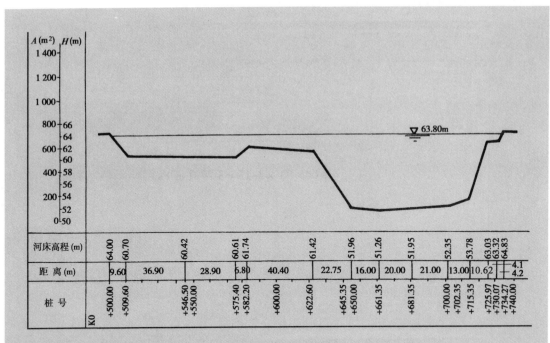

图 2-4-5 河流横断面图（人工绘制）

洪水断面水力计算 表 2-4-2

桩　号	河床高程 (m)	水深 (m)	平均水深 (m)	水面宽度 (m)	过水面积 (m²)	累计面积 (m²)	合　计
K0+500.58	63.80	0				0	
+509.60	60.70	3.10	1.55	9.02	13.98	13.98	河滩 $A_t = 336.19\text{m}^2$ $B_t = 122.02\text{m}$
+546.50	60.42	3.38	3.24	36.90	119.56	133.54	
+575.40	60.61	3.19	3.29	28.90	95.08	228.62	
+582.20	61.74	2.06	2.63	6.80	17.88	246.50	
+622.60	61.42	2.38	2.22	40.40	89.69	336.19	
+645.35	51.96	11.84	7.11	22.75	161.75	497.94	河槽 $A_c = 1\,045.31\text{m}^2$ $B_c = 108.81\text{m}$
+661.35	51.26	12.54	12.19	16.00	195.04	692.98	
+681.35	51.95	11.85	12.20	20.00	244.00	936.98	
+702.35	52.35	11.45	11.65	21.00	244.65	1 181.63	
+715.35	53.78	10.02	10.74	13.00	139.62	1 321.25	
+725.97	63.03	0.77	5.40	10.62	57.35	1 378.60	
+730.07	63.32	0.48	0.63	4.10	2.58	1 381.18	
+731.41	63.80	0	0.24	1.34	0.32	1 381.50	
			合计	230.83	1 381.50		

河滩部分：

$$\bar{h}_t = \frac{A_t}{B_t} = \frac{336.19}{122.02} = 2.75(\text{m})$$

$$v_t = m_t \bar{h}_t^{\frac{2}{3}} i^{\frac{1}{2}} = 30 \times 2.75^{\frac{2}{3}} \times 0.0003^{\frac{1}{2}} = 1.02(\text{m/s})$$

$$Q_t = A_t v_t = 336.19 \times 1.02 = 343(\text{m}^3/\text{s})$$

河槽部分:

$$\bar{h}_c = \frac{A_c}{B_c} = \frac{1\ 045.31}{108.81} = 9.61(\text{m})$$

$$v_c = m_c \bar{h}_c^{\frac{2}{3}} i^{\frac{1}{2}} = 40 \times 9.60^{\frac{2}{3}} \times 0.0003^{\frac{1}{2}} = 3.13(\text{m/s})$$

$$Q_c = A_c v_c = 1\ 045.31 \times 3.13 = 3\ 272(\text{m}^3/\text{s})$$

全断面总流量:

$$Q = Q_c + Q_t = 3\ 272 + 343 = 3\ 615(\text{m}^3/\text{s})$$

全断面平均流速:

$$v = \frac{Q}{A} = \frac{3\ 615}{1\ 381.50} = 2.62(\text{m/s})$$

(2) 电算

天然河床的断面形状不规则,水力计算时,必须先对各个断面桩号之间的部分断面进行几何计算,再分别按河槽及河滩进行流速、流量等水力计算,计算工作十分繁重。可应用电脑软件如《桥位设计计算系统(QW2.0)》完成上列计算,十分快捷、准确。

通过软件由给定水位计算相应的流速、流量、断面面积等各项水力因素,或在给定设计流量下,计算设计水位及其各项水力因素,都可自动完成。计算结果如第五章图5-4-1界面所示。

习 题

1.河流是如何形成的?通常用什么来描述它的基本特征?

2.河流的流域有哪些特征?各自对径流形成有什么影响?

3.总结山区河流和平原河流地形、河床形态、水文特点的区别,考虑建在山区河流和平原河流上的桥梁,处理上应有哪些不同?

4.简述径流形成过程的几个阶段。各径流形成阶段要考虑哪些主要水文要素?

5.一般从哪几方面搜集水文资料?如何进行?

6.某河段为复式断面,河段上相邻两断面的距离为444m,调查到1945年洪水位分别为99.11m和96.92m,其相应面积与水面宽度分别为 $A_{1c} = 165.5\text{m}^2$, $B_{1c} = 74.6\text{m}$, $A_{1t} = 45.0\text{m}^2$, $B_{1t} = 95.5\text{m}$; $A_{2c} = 160.3\text{m}^2$, $B_{2c} = 70.0\text{m}$, $A_{2t} = 21.7\text{m}^2$, $B_{2t} = 31.4\text{m}$;粗糙系数分别为 $n_c = 0.035$, $n_t = 0.060$,试计算该历史洪水流量。

7.以【例2-4-1】的资料,试推求历史洪水流量(3 800m³/s)时其相应的历史洪水位。

第三章
水文统计原理

【学习目的与要求】
　　通过本章学习,学生能够了解河川水文现象的特性和分析方法;熟悉概率和频率、总体和样本的概念,掌握累积频率、重现期及设计洪水频率的异同点;掌握经验频率曲线的绘制方法;熟悉常用水文统计参数与频率曲线的关系,掌握用求矩适线法绘制理论频率曲线。

　　跨越河流、沟渠的桥梁和涵洞,必须能够安全顺畅地通过设计洪水,这是选定桥位、确定桥孔长度、桥面高程和墩台冲刷深度的基本要求。跨越海湾、海峡等海域的桥梁,则应根据潮汐、海浪、海流等水文因素,选定桥位,确定桥面高程等基本尺度。
　　数理统计是对河流和海域长期观测的原始水文资料进行分析和处理的重要数学工具。确定设计洪水流量、设计通航水位、设计最高(最低)潮水位及设计波浪高度等都是应用数理统计来完成的。

第一节　水文现象的特性和分析方法

一、水文现象的特性
　　河流和海洋水文现象受气候因素、地理条件、河流流域特征和人类活动等的综合影响,情

况非常复杂,其变化规律具有一定的特殊性。根据对多年水文观测资料的分析,可发现水文现象具有下列特性:

1. 周期性

气候因素明显地以年为周期而变化,一年四季气候条件各不相同,年年如此,循环不已。因此,直接受气候因素影响的水文现象,也同样具有以年为周期而循环变化的性质,这种性质就称为周期性。例如河流的流量(或水位)过程线,虽然每年都不会完全重合,但洪峰的出现时期却每年基本相同;图2-2-4是同一水文站两年的流量过程线,可明显地看出流量变化的年周期性。每一条河流在一年之内,都与气候条件相对应,而存在着洪水期、平水期和枯水期的周期性变化规律;在长久年代中,还存在着丰水年、平水年和枯水年的年际周期性变化规律。

地球上的潮汐变化,主要是以月球引力作用为主,故以月为周期,每逢初一(朔)、十五(望),日、月和地球位于同一条直线上,就形成潮差最大的大潮。

2. 地区性

气候、地理和流域海域特征,都因地区不同而各异,水文现象在这些因素的综合影响下,也具有随地区不同而变化的性质,这就是水文现象的地区性。例如我国南方河流比北方河流汛期早、水量大,山区河流的洪水暴涨暴落而平原河流涨落平缓,都是明显的地区性表现。处于同一地区或者流域特征相类似的河流,水文现象具有相似的特点,这也是地区性的变化规律。我国渤海、黄海、东海和南海的潮汐和波浪现象,也各有特点。

3. 不重复性(偶然性)

影响水文现象的因素很多,而且各种因素相互之间的关系错综复杂。因此,水文现象在总体上虽然存在着周期性的变化规律,但是具体的出现时间和程度强弱等每年都不完全相同,并带有一定的偶然性,称为水文现象的不重复性(偶然性)。例如河流的流量(或水位)过程线,每年都不相同,图2-2-4可清楚地表明流量变化的不重复性。

二、水文现象的分析方法

水文现象的分析研究方法,目前有以下三类:

1. 成因分析法

成因分析法研究水文现象的物理成因,以及水文现象同其他有关自然因素(如气候因素、自然地理因素)之间的相互关系,力求建立物理概念明确、推理分析清楚的径流形成模型和相应的计算关系式。

对径流形成计算,我国东南河网地区建立了新安江模型,陕北干旱地区建立了陕北模型等数学模型。对于小流域径流,常采用推理公式、经验公式进行计算。

2. 地区归纳法

地区归纳法是根据水文现象的地区性特点,搜集实测水文资料,进行综合归纳分析,寻求水文现象、水文因素区域性分布规律,建立地区性水文因素计算公式、图表或等值线图,供生产使用。

3. 数理统计法

考虑到水文现象具有不重复性的特点,数理统计法是根据概率论基本原理,对实测的水文资料进行统计分析,寻求水文现象、水文因素之间的统计规律,事先估计未来可能发生的水文现象的方法。

第二节 概率和频率

一、随机事件

水文现象和自然界的其他现象一样,既有必然性的一面,又有偶然性的一面;前者起主要决定性的作用,而后者起从属的作用,二者同时存在于整个演变过程之中。例如河流的洪水流量,每年汛期都必然会出现一次最大的洪峰流量,年年如此,就是一种必然性的现象,称为必然事件;而每年最大洪峰流量出现的具体时间和大小,则年年变化,各不相同,就是一种偶然性的现象,称为随机事件。因为水文现象具有不重复性的特点,所以各种水文要素的具体数值都是偶然性的,其出现都属于随机事件。

实践表明,随机事件也具有一定的规律性,这种规律性只能利用大量同类的随机事件统计而得,称为统计规律。统计规律是由事件的客观本质所决定的。但是随机事件所遵循的客观规律,不同于必然事件所具有的客观规律,数理统计法就是研究随机事件客观规律性的一种方法。

统计规律只能说明大量随机事件的平均情况,数理统计法也只能根据这种规律性预估随机事件今后变化的平均情况,不能预知某一个别事件的具体结果。例如长期观测河流的年最大流量,便会发现年最大流量的多年平均值趋于稳定,接近某一定值,这就是年最大流量的统计规律。据此可以预估该河流今后每年最大洪峰流量的平均情况,但不能确定某年的最大洪峰流量是多少。预估的精确程度与观测统计资料有直接关系,观测统计资料越准确、越多,精确程度就越高。

二、随机变量

在多次试验中,随机事件出现的种种结果,都以实数值来表示,这些数值就称为随机变量。用具体数值表示试验的结果,便于进行数学分析和运算。但随机变量的取值不能在试验前得知,只能取决于试验的结果,并依随机事件试验结果而变化。随机变量能代表随机事件出现的结果,无论对于具有数值特征的和不具有数值特征的随机事件,都同样可以用随机变量来描述其试验结果。水文统计法就是以流量、降雨量、潮水位、波浪高度等实测水文资料(实数值)作为随机变量,通过统计分析,推求水文现象(随机事件)的客观规律,即统计规律。

随机变量分为两类:一类随机变量在某个区间之内可能为任意数值,称为连续型随机变量;另一类随机变量只能为某些间断的数值,称为不连续型(或离散型)随机变量。水文资料属于连续型随机变量,如流量、降雨量等实测水文资料,最大值和最小值之间的任何数值都有可能出现。

许多同类的随机变量组成的一列数值称为随机变量系列,一般简称为系列。系列的范围可以是有限的,也可以是无限的。水文资料一般都是无限系列。例如某河流的年最大流量值所组成的随机变量系列——年最大流量系列,应该包括该河流过去和未来无限长久年代中所有的年最大洪峰流量值,就是一个无限系列。

三、概率和频率

对于随机事件,它在一定条件下可能出现也可能不出现,若用一个具体数值来表示事件客观上出现的可能程度(可能性大小),这个数值就称为该事件的概率(旧时称几率)。

若试验的可能结果是有限的,而且所有事件出现的可能性都相等(是等可能性的),则为

简单随机事件,可按概率的古典定义,采用式(3-2-1)计算它的概率:

$$P(A) = \frac{m}{n} \tag{3-2-1}$$

式中:$P(A)$——一定条件下,随机事件 A 的概率;
　　　n——试验结果的总数;
　　　m——随机事件 A 出现的总数。

$m = n$ 时,表示试验结果全部出现事件 A,则事件 A 称为必然事件,$P(A) = 1$;$m = 0$ 时,表示每次试验结果都不出现事件 A,则事件 A 称为不可能事件,$P(A) = 0$。显然,随机事件的概率总是介于 0 与 1 之间,不可能小于 0(为负值),也不可能大于 1,这是概率的一个基本性质。

在一系列重复的独立试验中,某一事件出现的次数与试验总次数的比值,则称为该事件的频率。由实践和理论证明,当试验次数较少时,事件的频率具有明显的偶然性,摆动的幅度较大,但随着试验次数的增多,事件的频率则逐渐趋于稳定,最终将十分接近于它的概率。例如掷硬币的试验,对于一个均质硬币,"出现正面(正面向上)"就属于简单随机事件,其概率为 $P = 0.5$。法国科学家蒲丰(Buffon)曾掷硬币 4 040 次,出现正面 2 048 次,频率为 0.506 9;英国生物统计学家皮尔逊(Pearson)曾掷 12 000 次,出现正面 6 019 次,频率为 0.501 6,而掷 24 000 次时,出现正面 12 012 次,频率为 0.500 5。可见试验次数越多,其频率就越接近概率。

频率与概率不同,概率是随机事件在客观上出现的可能程度,是事件固有的客观性质,不随人们试验的情况和次数而变动,是一个常数,是理论值;频率是利用有限的试验结果推算而得的,是一个经验值,将随试验次数的多少而变动,只有试验次数达到无限多时,才稳定在一个常数并等于理论值——概率。

数理统计中,对于一些简单随机事件(如上述掷硬币试验),不必通过试验就能够事先得知的概率值,称为事先概率;对于那些不能事先得知概率的复杂随机事件,利用其频率估计出的概率值,则称为经验概率。水文现象(如流量、水位、降雨量等)都是非常复杂的随机事件,无法得知其事先概率,只能利用实测水文资料(多次试验结果)计算其频率,作为经验概率,以掌握它们的变化规律,推测未来可能出现的情况,满足工程的需要。

四、总体和样本

数理统计中,把随机变量系列的全体,亦即包括整体情况的全部系列,称为总体。根据整个系列的情况,总体也可以分为有限的和无限的。从总体中抽出一部分随机变量系列,这部分系列称为一个样本。一个总体可以抽取许多样本,样本必须是随机抽取的(不带有主观性),故称为随机样本。总体或样本中随机变量的项数,分别称为总体或样本的容量。

样本是总体的一部分,在一定程度上反映了总体的特征,故可以借助样本具有的规律来推断总体的规律。推断结果的可靠性是由样本对总体的代表性决定的。水文现象的总体都是无限的,实际上是无法取得的,只能利用由实测水文资料组成的随机样本来推断总体的规律。因此,要求使用的水文观测资料、调查资料必须具有足够的代表性。而由抽样引起的误差,数理统计中称为抽样误差。

水文统计中常用的抽样方法是"年最大值法"。例如从一个水文站的历年流量观测资料中,每年选取一个某一成因的洪水最大洪峰流量,n 年的观测资料中,可以选出 n 个同种成因的年最大流量值,组成一个 n 项容量的随机样本,就称为"年最大流量法"。

水文统计法,就是利用已有的实测水文资料(数据)组成有限的随机变量系列,作为无限总体中的一个随机样本,以样本的规律推断总体的规律,来解决工程中的水文计算问题。

第三节 频率分布

一、频率分布及其特性

随机变量系列中,每个大小不同的随机变量,都对应着一定的出现频率。这种大小不同的随机变量和其出现频率之间的对应关系,称为随机变量的频率分布。它反映了随机变量系列的统计规律。工程中,当随机变量系列容量 n 足够大时,常把随机变量的频率分布近似地作为概率(几率)分布来看待。

水文资料是连续型随机变量,可以在其最大值和最小值的区间内取一切值。但是,实际观测的次数是有限的,无法得到区间内的一切取值。为了说明频率分布、频率密度、累积频率等基本概念,现以某水文站75年的年最大流量实测资料为例,进行分析计算,如表3-3-1所示。为了反映系列中随机变量大小的连续性,按其数值由大到小的递减次序,等间距分为若干组,组距取 $100 m^3/s$。为了便于分析流量出现的规律性,采用相对数字(频率或累积频率)表示其出现次数。频率是各组出现次数与总次数的比值,表示每组所在区间的流量值出现的可能程度;累积频率是各组累积出现次数与总次数的比值,表示等于和大于该组所在区间的流量值出现的可能程度,均以百分数计。

某水文站75年最大流量实测资料　　　　表3-3-1

流量(m^3/s)	出现次数	频率(%)	累积出现次数	累积频率(%)
1 400～1 300	1	1.3	1	1.3
1 300～1 200	1	1.3	2	2.6
1 200～1 100	2	2.7	4	5.3
1 100～1 000	3	4.0	7	9.3
1 000～900	5	6.7	12	16.0
900～800	8	10.7	20	26.7
800～700	14	18.6	34	45.3
700～600	20	26.7	54	72.0
600～500	11	14.7	65	86.7
500～400	6	8.0	71	94.7
400～300	3	4.0	74	98.7
300～200	1	1.3	75	100.0
总计	75	100.0		

根据表3-3-1的计算结果,以流量(x)为横坐标,频率为纵坐标,可绘制流量与频率关系的直方图来表示年最大流量的频率分布。数理统计中,为了便于数学上的分析,通常以频率密度为纵坐标,绘成频率密度直方图(图3-3-1)。某一组距的频率密度是频率与组距 Δx 的比值,

若组距为 Δx，区间的频率为 ΔP，则频率密度为 $\dfrac{\Delta P}{\Delta x}$。

频率密度直方图表示各组随机变量频率的平均分布，而且图中各矩形的面积表示对应区间的频率，即 $\Delta P = \dfrac{\Delta P}{\Delta x} \cdot \Delta x$。若流量资料的实测次数（年数）趋于无穷大，组距趋于无穷小，则图 3-3-1 将形成一条中间高两侧低的偏斜铃形曲线，如图中虚线所示，称为频率密度曲线（简称为密度曲线）。若令其纵坐标为 $f(x)$，当 $\Delta x \to 0$ 时，$\lim \dfrac{\Delta P}{\Delta x} = f(x)$，则 $f(x)$ 即为表示 x

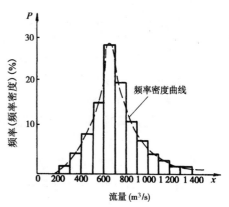

图 3-3-1　流量与频率关系的直方图

处频率密度的函数，称为密度函数，而某一区间 $[x_1, x_2]$ 的频率则应为该区间密度曲线以下的面积，即 $P(x_1 \leqslant x < x_2) = \int_{x_1}^{x_2} f(x)\mathrm{d}x$。图 3-3-1 中的密度曲线可以显示出年最大流量的统计规律，即：特别大的和特别小的流量出现次数都很少，接近平均值的流量出现次数较多。经验证明，绝大多数的水文资料系列都具有这样的规律。因此，密度曲线和密度函数可以描述连续型随机变量的统计规律。

若以流量 (x) 为纵坐标，累积频率为横坐标，则可绘制流量与累积频率关系的阶梯形折线图（图 3-3-2）来表示年最大流量的累积频率分布。流量的实测次数趋于无穷大，组距趋于无穷小时，图 3-3-2 将形成一条中间平缓两侧陡峭的横卧 S 形曲线，如图中虚线所示，称为频率分布曲线（简称为分布曲线）。若令 $F(x)$ 为表示累积频率的函数，则 $F(x)$ 称为分布函数，并由累积频率的定义可知 $F(x) = \int_x^{\infty} f(x)\mathrm{d}x$，所以分布函数可由密度函数积分而得。图 3-3-3 中的分布曲线同样可以显示出年最大流量的统计规律，因而分布曲线和分布函数也可以描述连续型随机变量的统计规律。

分布曲线与密度曲线的关系如图 3-3-3 所示，图中阴影部分的面积 P 就是随机变量 x_P 所对应的累积频率 $P(x \geqslant x_P)$：

$$P(x \geqslant x_P) = F(x_P) = \int_{x_P}^{\infty} f(x)\mathrm{d}x \tag{3-3-1}$$

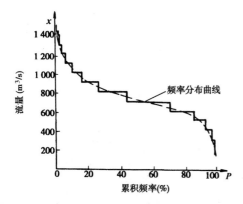

图 3-3-2　流量与累积频率关系的折线图

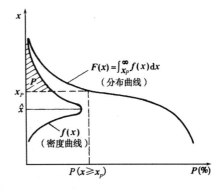

图 3-3-3　频率密度曲线和频率分布曲线

二、累积频率和重现期

水文统计中,等于和大于某一流量的值出现的次数(即累积出现次数)与总次数的比值,称为该流量的累积频率 P,工程应用中简称为该流量的频率 P,以百分数(%)或以几分之一表示,如 P 为 1% 或 1/100。

桥梁水文计算时,洪水、潮汐等水文现象的样本取值,采用的抽样方法为年最大值法,因而表示的频率为年频率。

另外,工程中习惯用洪水、潮汐等水文现象的重现期来表示其频率(即累积频率),重现期以年为单位。若以 $P(\%)$ 表示频率,以 $T(年)$ 表示重现期,则两者的关系为:

$$T = \frac{1}{P} \tag{3-3-2}$$

频率和重现期都是指很长时期内的平均情况,以无限长(至少是相当长)的时期而论才是正确的。例如频率为 2% 的流量重现期为 50 年,表明该流量可能出现的时间间隔平均为 50 年。但是,并不是说,该流量在 100 年间只出现两次,或每隔 50 年必然出现一次。

三、设计洪水频率

桥梁、涵洞及道路排水工程、防护工程等的基本尺寸,都取决于设计流量的大小。设计流量过大,将造成经济上的浪费,过小则难以保证桥涵等工程的安全。为了经济、合理地确定工程的设计流量,《公路工程技术标准》(JTG B01—2014)规定了桥涵设计洪水频率,如表 3-3-2 所示。特大桥、大桥、中桥、小桥及涵洞的分类如表 3-3-3 所示。

桥涵设计洪水频率　　　　　表 3-3-2

构造物名称	公 路 等 级				
	高速公路	一级	二级	三级	四级
特大桥	$\frac{1}{300}$	$\frac{1}{300}$	$\frac{1}{100}$	$\frac{1}{100}$	$\frac{1}{100}$
大、中桥	$\frac{1}{100}$	$\frac{1}{100}$	$\frac{1}{100}$	$\frac{1}{50}$	$\frac{1}{50}$
小桥	$\frac{1}{100}$	$\frac{1}{100}$	$\frac{1}{50}$	$\frac{1}{25}$	$\frac{1}{25}$
涵洞及小型排水构造物	$\frac{1}{100}$	$\frac{1}{100}$	$\frac{1}{50}$	$\frac{1}{25}$	不作规定

桥涵分类　　　　　表 3-3-3

桥涵分类	多孔跨径总长 L(m)	单孔跨径 L_k(m)
特大桥	$L > 1\,000$	$L_k > 150$
大桥	$100 \leq L \leq 1\,000$	$40 \leq L_k \leq 150$
中桥	$30 < L < 100$	$20 \leq L_k < 40$
小桥	$8 \leq L \leq 30$	$5 \leq L_k < 20$
涵洞	—	$L_k < 5$

第四节 经验频率曲线

根据水文统计样本的实测水文资料系列,计算各项随机变量的经验频率,点绘经验频率与其对应的随机变量数值大小的关系曲线,称为该样本的经验频率曲线。

一、经验频率的计算

在统计系列的容量无穷大时,随机变量的经验频率可用概率的古典定义公式(3-2-1)来计算。实际工程中,搜集到的水文资料系列大多年限较短,容量有限,直接应用式(3-2-1)计算样本中各项随机变量的经验频率将得到不合理的结果。例如,对于系列最小值,根据式(3-2-1)计算时,其经验频率为100%,表明小于该值的洪水不会再出现。由于搜集到的样本容量 n 是很有限的,得到的上述结论对于无限量的洪水年最大流量系列的总体来说,是不符合实际情况的。为了利用样本近似地推求各项随机变量的经验频率,各国学者提出了很多计算公式。目前,各国应用最广的经验频率公式是维泊尔(Weibull)公式,又称均值公式、数学期望公式,即:

$$P = \frac{m}{n+1} \times 100 \tag{3-4-1}$$

式中:P——统计系列中第 m 项(以递减次序排列)随机变量的经验频率(%);
  n——统计系列的容量;
  m——计算随机变量的序号(以递减次序排列)。

二、经验频率曲线的绘制

为了表示多年水文观测系列,如年最大洪水流量、潮汐水位等各观测值的出现频率,以及观测数值大小随频率数值的变化,以频率(即经验频率)为横坐标,水文观测值(随机变量)x 为纵坐标,根据系列内的各个变量及其对应的经验频率,在坐标纸上绘出经验频率点。再依点群的趋势,目估描绘成一条光滑曲线,这条曲线就称为经验频率曲线,如图 3-4-1 所示。

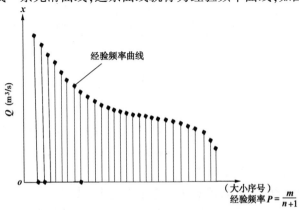

图 3-4-1 流量的经验频率曲线

三、经验频率曲线的外延

如前可知,设计洪水流量都是小频率的特大洪水流量。一般情况下,实测洪水资料的年份有限,为了推求设计洪水流量,必须将经验频率曲线向上外延。

由图3-4-1可知,点绘等分格纸上的经验频率曲线呈S形,且两端陡中间平缓。求很小频率的设计流量需要向左端上方外延,这样推求的结果可能产生很大的误差。海森(A. Hazen,1914)设计了一种海森概率格纸,频率$P(\%)$为横坐标,以$P=50\%$为中心对称分格,中间格密而两边渐疏;随机变量(流量、降雨量、潮水位等)为纵坐标,均匀分格或对数分格。海森概率格纸的频率坐标分格是根据将正态分布曲线在该坐标纸上画为直线的要求确定的。

点绘在海森概率格纸上的经验频率曲线,消除了两端陡中间平的趋势,而呈现较平顺的曲线分布形式(第五节图3-5-4)。

海森概率格纸横坐标的分格数值见表3-4-1。

海森概率格纸横坐标的分格数值表 表3-4-1

$P(\%)$	距$P=50\%$的距离	$P(\%)$	距$P=50\%$的距离	$P(\%)$	距$P=50\%$的距离	$P(\%)$	距$P=50\%$的距离
0.01	3.720	0.6	2.512	8	1.405	26	0.643
0.02	3.540	0.7	2.457	9	1.341	28	0.583
0.03	3.432	0.8	2.409	10	1.282	30	0.524
0.04	3.353	0.9	2.366	11	1.227	32	0.468
0.05	3.290	1.0	2.326	12	1.175	34	0.412
0.06	3.239	1.2	2.257	13	1.126	36	0.358
0.07	3.195	1.4	2.197	14	1.080	38	0.305
0.08	3.156	1.6	2.144	15	1.036	40	0.253
0.09	3.122	1.8	2.097	16	0.994	42	0.202
0.10	3.090	2	2.053	17	0.954	44	0.151
0.015	2.967	3	1.881	18	0.915	46	0.100
0.2	2.878	4	1.751	19	0.878	48	0.050
0.3	2.784	5	1.645	20	0.842	50	0.000
0.4	2.652	6	1.555	22	0.774		
0.5	2.576	7	1.467	24	0.706		

第五节 统 计 参 数

在数理统计中,通常能够用随机变量系列(如水文站年最大流量观测值系列,验潮站潮汐水位观测值系列等)的几个数值特征值,来描述该系列的频率分布特征和频率分布曲线形状。系列的数值特征值称为该系列的统计参数。

水文统计法常用的反映三方面频率分布特征的统计参数有:

(1)反映系列中随机变量数值大小的特征,大多采用系列中各随机变量的均值$\bar{x}$作为统计参数;也有采用系列的中值或众值作为统计参数;

(2)反映各随机变量的离均程度,大多采用均方差σ或变差系数C_v作为统计参数;
(3)反映各随机变量对均值的对称性,一般采用偏差系数C_s作为统计参数。

一、均值$\bar{x}$、中值$\check{x}$、众值$\hat{x}$

均值、中值、众值都是代表系列数值大小平均情况的参数值,能反映其频率分布的高低位置特征。

1. 均值$\bar{x}$

均值是系列中随机变量的算术平均数,以$\bar{x}$表示;但随机变量的取值不是在试验前就能得知的,所以均值又不同于普通的平均数的概念,概率论中也称为数学期望值。

某一随机变量系列x_1、x_2、$\cdots$、x_n,共有n项,若其中各变量的出现次数都相同,即各变量占有同等权重(即等权)时,均值为:

$$\bar{x} = \frac{x_1 + x_2 + \cdots + x_n}{n} = \frac{1}{n}\sum_{i=1}^{n} x_i \tag{3-5-1}$$

若其中各变量的出现次数不都相同(即不等权),x_1出现f_1次,x_2出现f_2次,$\cdots$,x_n出现f_n次,且$f_1 + f_2 + \cdots + f_n = n$,由于各变量对平均数的影响不同,则均值应为系列中随机变量的加权平均数,即:

$$\bar{x} = \frac{x_1 f_1 + x_2 f_2 + \cdots + x_n f_n}{f_1 + f_2 + \cdots + f_n} = \frac{1}{n}\sum_{i=1}^{n} x_i f_i \tag{3-5-2}$$

对于连续型随机变量系列,均值则为:

$$\bar{x} = \int_{-\infty}^{+\infty} x f(x) \, \mathrm{d}x \tag{3-5-3}$$

系列中各个变量与均值的比值,称为模比系数(或变率),以K表示。对任一变量x_i,则为:

$$K_i = \frac{x_i}{\bar{x}} \tag{3-5-4}$$

而且

$$\sum_{i=1}^{n} K_i = n$$

$$\sum_{i=1}^{n} (K_i - 1) = 0$$

水文统计法最常用的是均值,把随机变量看作等权,采用公式(3-5-1)计算。对于年最大流量系列,其均值为多年年内最大洪峰流量的算术平均值,称为多年平均洪峰流量(后文简称平均流量),以$\bar{Q}$表示。若以Q_i表示系列中的任一年最大流量值,以n表示流量观测的总年数,则:

$$\bar{Q} = \frac{1}{n}\sum_{i=1}^{n} Q_i \tag{3-5-5}$$

$$K_i = \frac{Q_i}{\bar{Q}} \tag{3-5-6}$$

当系列足够长时,对一个固定的水文站,均值就趋于稳定,接近某一常数,因此,可以利用实测水文资料系列(样本)推求接近总体的均值。但均值易受极端项的影响,若系列中包含有特大值,则需修正其计算方法,见第四章第一节。

均值是系列中所有随机变量的平均数,与每个变量都有直接关系,是各个变量的共同代表,它反映了系列在数值上的大小(系列水平的高低),可作为不同系列间随机变量数值大小(水平高低)的比较标准。例如平均流量 $\overline{Q}$ 能反映某河流的年最大流量偏大或偏小,可用以比较两条河流的流量大小或水量多少。因而在水文分析中,常用均值来描述水文现象的特性。

均值也是系列的分布中心,也就是概率分布中心处的变量。在密度曲线图(图3-5-1)中,通过均值垂直于横坐标的直线,恰好是曲线以下面积的重心轴。均值的大小,能反映系列分布中心和密度曲线的位置。

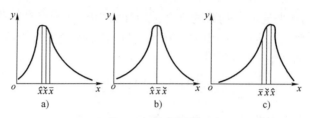

图3-5-1 密度曲线图
a) 正偏态;b) 正态;c) 负偏态

2. 中值 $\check{x}$

系列中的随机变量为等权时,按大小递减次序排列,位置居于正中间的那个变量,称为中值,以 $\check{x}$ 表示。中值仅与中间变量的数值有关,而与其他各变量的数值无关,也称为中位数。系列中变量的项数为偶数时,则中值等于中间两项变量的平均数。

对于连续型随机变量系列,中值的意义为:系列中大于中值的和小于中值的随机变量出现的概率相同,各为50%,即:

$$\int_{\check{x}}^{+\infty} f(x)\,\mathrm{d}x = \int_{-\infty}^{\check{x}} f(x)\,\mathrm{d}x = \frac{1}{2} \tag{3-5-7}$$

中值是系列的中间项,在密度曲线图(图3-5-1)中,通过中值垂直于横坐标的直线,恰好平分曲线以下的面积。中值的大小,能反映系列中间项和密度曲线的位置。

3. 众值 $\hat{x}$

系列中出现次数最多的那个变量称为众值,以 $\hat{x}$ 表示。众值与变量的项数以及其他各变量的数值都没有关系。对于连续型随机变量系列,密度函数 $f(x)$ 为极大时的 x 值,就是众值。

众值就是系列中出现概率最大的变量,在密度曲线图(图3-5-1)中,恰好是曲线峰处对应的横坐标值。众值的大小,能反映系列中最大概率项和密度曲线的位置。

4. 均值、中值、众值的位置关系

在密度曲线图中,均值、中值和众值的相对位置,如图3-5-1所示。曲线为对称形时(峰居中),表示系列的频率分布对称于均值(分布中心),称为正态分布,均值、中值、众值三者的位置重合。曲线不对称时(峰偏离中心),表示其频率分布偏离均值(分布中心),称为偏态分布,三者的位置分离,中值在其他二者的中间,峰偏左时称为正偏态,峰偏右时称为负偏态。均值、中值和众值的大小可以反映密度曲线的位置,而且三者的差值越大表明曲线越偏,它们反映了频率分布的位置特征。

但是,均值、中值和众值只能代表系列的平均情况,当系列中随机变量的取值比较集中(或频率分布比较集中)时,它们对系列的代表性就强,反之,系列越分散,它们的代表性就越差。例如年最大流量系列中,若每年的流量值都接近于均值 $\overline{Q}$(对均值比较集中),则均值 $\overline{Q}$ 对该流量系列的代表性就强;若每年的流量值都与 $\overline{Q}$ 相差很远(对均值很分散),则只用一个均值 $\overline{Q}$ 就不足以代表该系列的特征。因此,除了频率分布的位置特征以外,还需要知道频率分布的分散(或集中)程度。

二、均方差 σ 和变差系数 C_v

均方差和变差系数都是代表系列离均分布情况的参数,表明系列分布对均值是比较分散还是比较集中,反映频率分布对均值的离散程度,可以进一步说明频率分布的特征。

系列中各变量 x_i 对均值 $\bar{x}$ 的差值 $(x_1 - \bar{x})$、$(x_2 - \bar{x})$、…、$(x_n - \bar{x})$ 等,称为离均差(简称离差),表示变量间变化幅度的大小。离均差平方的平均数的平方根,称为均方差,以 σ 表示。

$$\sigma = \sqrt{\frac{\sum_{i=1}^{n}(x_i - \bar{x})^2}{n}} \tag{3-5-8}$$

上式仅适用于总体。当利用样本推算总体的均方差时,可采用下式:

$$\sigma = \sqrt{\frac{\sum_{i=1}^{n}(x_i - \bar{x})^2}{n-1}} \tag{3-5-9}$$

均方差 σ 的量纲与变量 x_i 相同。σ 值较小时,表示系列的离均差较小,说明变量的变化幅度较小,分布比较集中,即系列的离散程度较小(对均值而言);σ 值较大时,则说明变量的变化幅度较大,分布比较分散,即离散程度较大。同时,均方差 σ 还可以说明均值对系列的代表性,σ 值越小,均值的代表性越强。例如:

甲系列:150,125,100,75,50
乙系列:120,110,100,90,80

甲系列和乙系列的水平相同(均值大小相等),$\bar{x}_甲 = \bar{x}_乙 = 100$,其均方差分别为 $\sigma_甲 = 39.5$、$\sigma_乙 = 15.8$,$\sigma_甲$ 大于 $\sigma_乙$,说明甲系列的离散程度比乙系列大。

但是,对于水平不同的两个系列(均值大小不等),由于均值的影响,均方差就不足以说明它们的离散程度大小。在数理统计中,通常采用相对值(即均方差与均值的比值)来反映系列的相对离散程度,作为系列间的衡量标准,称为变差系数或离差系数,以 C_v(无量纲)表示。采用无量纲的相对值,在实用上更为适宜。

利用样本推算总体的变差系数,可采用下式:

$$C_v = \frac{\sigma}{\bar{x}} = \frac{1}{\bar{x}}\sqrt{\frac{\sum_{i=1}^{n}(x_i - \bar{x})^2}{n-1}} \tag{3-5-10}$$

若引入模比系数 K_i,则:

$$C_v = \sqrt{\frac{\sum_{i=1}^{n}(K_i - 1)^2}{n-1}} \tag{3-5-11}$$

或

$$C_{\mathrm{v}} = \sqrt{\frac{\sum_{i=1}^{n} K_i^2 - n}{n-1}} \qquad (3\text{-}5\text{-}12)$$

C_{v} 值较小时，表示系列的离散程度较小，即变量间的变化幅度较小，频率分布比较集中；C_{v} 值较大时，则表示系列的离散程度较大，频率分布比较分散。

对于年最大流量系列，C_{v} 值的大小反映河流中流量的年际变化幅度（流量的年际分布情况），C_{v} 值越大，表明年际间流量的变幅越大，分布越不均匀。我国雨源洪水变差系数 C_{v} 的规律是：北方河流比南方河流大，山区河流比平原河流大，小流域比大流域大，狭长流域比扇形流域大，暴雨洪水比融雪洪水大。

三、偏差系数 C_{s}

偏差系数也是代表系列分布情况的参数，偏差系数能反映系列分布对均值是对称的还是不对称的，以及频率分布对均值的偏斜程度，以 C_{s} 表示，并可按下式计算：

$$C_{\mathrm{s}} = \frac{\sum_{i=1}^{n}(x_i - \bar{x})^3}{n\sigma^3} = \frac{\sum_{i=1}^{n}(x_i - \bar{x})^3}{n\bar{x}^3 C_{\mathrm{v}}^3} \qquad (3\text{-}5\text{-}13)$$

利用样本计算时，则采用下式：

$$C_{\mathrm{s}} = \frac{\sum_{i=1}^{n}(x_i - \bar{x})^3}{(n-3)\bar{x}^3 C_{\mathrm{v}}^3} \qquad (3\text{-}5\text{-}14)$$

若引入模比系数 K_i，则：

$$C_{\mathrm{s}} = \frac{\sum_{i=1}^{n}(K_i - 1)^3}{(n-3) C_{\mathrm{v}}^3} \qquad (3\text{-}5\text{-}15)$$

系列中变量的分布对称于均值时，$\sum_{i=1}^{n}(x_i - \bar{x})^3 = 0$，则 $C_{\mathrm{s}} = 0$，为正态分布，表示大于均值和小于均值的变量出现的概率相同，而且均值所对应的累积频率恰好为 50%；不对称时，则 $C_{\mathrm{s}} \neq 0$，其频率分布偏离均值，为偏态分布。$C_{\mathrm{s}} > 0$ 时，为正偏态，表示系列中大于均值的变量比小于均值的变量出现机会少，均值对应的累积频率小于 50%。$C_{\mathrm{s}} < 0$ 时，为负偏态，表示系列中大于均值的变量比小于均值的变量出现机会多，均值对应的累积频率大于 50%。C_{s} 的绝对值越大，频率分布偏离均值越甚，如图 3-5-2 所示。

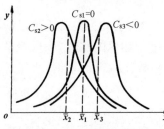

图 3-5-2　C_{s} 与 $\bar{x}$、密度曲线的关系

对年最大流量系列，C_{s} 一般不出现负值，多呈正偏态分布，反映了河流中年最大流量对均值的偏离情况，表明大于均值 $\overline{Q}$ 的流量出现机会少，而小于均值 $\overline{Q}$ 的流量出现机会多，平均流量 $\overline{Q}$ 的累积频率总是小于 50%。

根据上述公式计算统计参数的方法，数理统计中习惯上称为矩法。

四、统计参数同密度曲线及分布曲线的关系

统计参数反映了频率分布的特点，同时，也反映了频率密度曲线和频率分布曲线（即累积频率曲线）形状的特点。

统计参数 $\bar{x}$、C_v、C_s 与频率密度曲线形状的关系,如图 3-5-3 所示。

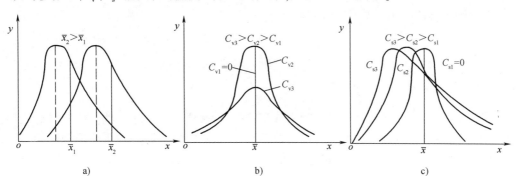

图 3-5-3 $\bar{x}$、C_v、C_s 与频率密度曲线形状的关系
a)位置变化;b)曲线高低;c)曲线偏斜

均值 $\bar{x}$ 反映密度曲线的位置变化,如图 3-5-3a)所示,若 C_v 及 C_s 值不变,则曲线的形状基本不变,但曲线的位置将随 $\bar{x}$ 的变化而沿 x 轴移动。变差系数 C_v 反映密度曲线的高矮情况,如图 3-5-3b)所示,若 $\bar{x}$ 及 C_s 值不变,C_v 值越大,表示频率分布越分散,曲线就越显得矮而胖;C_v 值越小,表示频率分布越集中,曲线就越显得高而瘦;$C_v=0$ 时,将成为一条垂直线(横坐标 $x=\bar{x}$),而且 C_v 无负值。偏差系数 C_s 反映密度曲线的偏斜程度,如图 3-5-3c)所示,若 $\bar{x}$ 及 C_v 值不变,当 $C_s>0$ 时,曲线的峰偏左(为正偏态),C_s 值越大,峰越向左偏;当 $C_s=0$ 时,曲线的峰居中间,两侧对称(为正态);当 $C_s<0$ 时,曲线的峰偏右(为负偏态),C_s 值越小,峰越向右偏(图 3-5-2)。年最大流量系列的 C_s 无负值,密度曲线总是峰偏左而为正偏态。

统计参数 $\bar{x}$、C_v、C_s 与频率分布曲线形状的关系,如图 3-5-4 所示。

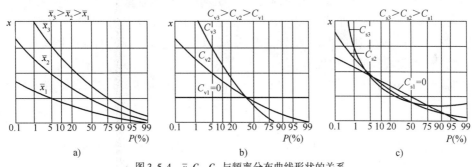

图 3-5-4 $\bar{x}$、C_v、C_s 与频率分布曲线形状的关系
a)位置高低变化;b)陡坦变化;c)曲率变化

均值 $\bar{x}$ 反映分布曲线的位置高低,如图 3-5-4a)所示,若 C_v 及 C_s 值不变,则 $\bar{x}$ 值越大曲线越高。变差系数 C_v 反映分布曲线的陡坦程度,如图 3-5-4b)所示,若 $\bar{x}$ 及 C_s 值不变,则 C_v 值越大曲线越陡;$C_v=0$ 时,将成为一条水平线(纵坐标 $x=\bar{x}$),而且 C_v 无负值,曲线总是左高右低。偏差系数 C_s 反映分布曲线的曲率大小,如图 3-5-4c)所示,若 $\bar{x}$ 及 C_v 值不变,则 $C_s>0$ 时,随 C_s 值的增大,曲线头部变陡,尾部变缓而趋平,$C_s>2\sim3$ 时,曲线尾部将趋向于水平线;$C_s=0$ 时,为正态分布,其频率曲线在海森概率格纸上将成为一条直线;$C_s<0$ 时,随 C_s 值的减小,曲线头部趋平而尾部变陡。年最大流量系列的 C_s 无负值,分布曲线总是头部较陡,尾部平缓。

根据上述分析,对一个已知系列,可以用它的统计参数来描述频率密度和分布曲线的特征。同理,对一个未知系列,若能求得它的统计参数,就可以利用这些统计参数来确定它的频率密度和分布曲线。水文统计中,就是利用实测水文资料系列(样本)推求近似总体的统计参数,并用以确定总体的频率密度和分布曲线。

第六节 理论频率曲线

根据自然界大量实际观测资料的频率分布趋势,很多学者建立了一些频率曲线的线形,并选配了相应的数学函数式。这种具有一定数学函数式的频率曲线,习惯上称为理论频率曲线。理论频率曲线的建立,使频率曲线的绘制和外延以数学函数式为依据,减少了曲线外延的任意性。

理论频率曲线的线形很多,适用于水文现象的也不少。根据我国多年使用经验,认为皮尔逊Ⅲ型曲线(Pearson-Ⅲ曲线)比较符合我国多数地区水文现象的实际情况。因此,我国水利、公路、铁路等工程有关规范,在水文统计中,大多采用皮尔逊Ⅲ型曲线作为近似于水文现象总体的频率曲线线型,在洪(枯)水流量、降雨径流以及波浪高度的频率分析中广泛应用。另外,耿贝尔(E. J. Gumbel)曲线(极值Ⅰ型分布曲线)也适用于我国洪水频率分析,特别在最高、最低潮水位的频率分析时被普遍应用。

一、皮尔逊Ⅲ型曲线的频率密度函数

皮尔逊Ⅲ型曲线是皮尔逊曲线族中的一种线形。皮尔逊曲线族,是英国生物统计学家皮尔逊(K. Pearson)于1895年,根据某些实际资料建立的一种概括性的曲线族。该曲线族按参数的不同分成13种线形,其中第三种就是皮尔逊Ⅲ型曲线(P-Ⅲ型)。

皮尔逊曲线族都是密度曲线,密度曲线的函数称密度函数。皮尔逊Ⅲ型曲线如图3-6-1所示,为一端有限,一端无限的偏态曲线;正偏态时,一般为左端有限,右端无限的偏斜铃形曲线,基本上符合水文现象的变化规律。

当坐标原点在众值处时(图3-6-1),皮尔逊Ⅲ型曲线(密度曲线)的密度函数为:

$$y = y_m \left(1 + \frac{x}{a}\right)^{\frac{a}{d}} e^{-\frac{x}{d}} \tag{3-6-1}$$

式中:y_m——众值处的纵坐标值,即曲线的最大纵坐标值;

a——曲线左端起点到众值点的距离;

d——均值点到众值点的距离,称为偏差半径。

由函数可知,y_m、a、d是曲线的三个参数,如果确定了这三个参数,就可以绘出曲线。曲线的这三个参数,经过适当换算,可以用系列的三个统计参数——均值$\bar{x}$、变差系数C_v和偏差系数C_s来表示。它们的关系式为:

$$a = \frac{C_v(4 - C_s^2)}{2C_s}\bar{x} \tag{3-6-2}$$

$$d = \frac{C_v C_s}{2}\bar{x} \tag{3-6-3}$$

$$y_m = \frac{a^{\frac{a}{d}}}{d^{\frac{a}{d}+1} e^{\frac{a}{d}} \Gamma\left(\frac{a}{d} + 1\right)} \tag{3-6-4}$$

式中：$\Gamma\left(\dfrac{a}{d}+1\right)$——$\Gamma$ 函数；

其他符号意义同前。

若将坐标原点移至水文资料系列的实际零点（图 3-6-2），则皮尔逊Ⅲ型曲线（密度曲线）的密度函数为：

$$y = \frac{\beta^{\alpha}}{\Gamma(\alpha)}(x-a_0)^{\alpha-1}e^{-\beta(x-a_0)} \tag{3-6-5}$$

式中：a_0——曲线左端起点到系列零点的距离，$a_0 = \bar{x}-(a+d)$；

α、β——曲线的参数，$\alpha = \dfrac{a}{d}+1$，$\beta = \dfrac{1}{d}$；

$\Gamma(\alpha)$——Γ 函数。

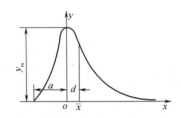

图 3-6-1　皮尔逊Ⅲ型曲线（原点在众值点）

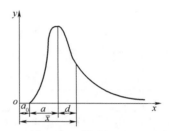

图 3-6-2　皮尔逊Ⅲ型曲线（原点在零点）

曲线的三个参数 α、β、a_0，经过换算也可以用系列的三个统计参数 $\bar{x}$、C_v 和 C_s 来表示。其关系式为：

$$\alpha = \frac{4}{C_s^2} \tag{3-6-6}$$

$$\beta = \frac{2}{C_v C_s \bar{x}} \tag{3-6-7}$$

$$a_0 = \frac{C_s - 2C_v}{C_s}\bar{x} \tag{3-6-8}$$

因此，已知三个统计参数 $\bar{x}$、C_v 和 C_s，则皮尔逊Ⅲ型曲线及其函数就可以确定，也就是确定了密度曲线及密度函数。

二、皮尔逊Ⅲ型曲线的应用

水文统计需要的是频率分布曲线及相应的函数，并用以推求指定频率的变量，或某一变量的频率。频率分布曲线实为累积频率曲线，该曲线对应的函数称为分布函数，可以由频率密度函数积分而得，如式(3-3-1)所示。因此，将皮尔逊Ⅲ型曲线的密度函数即式(3-6-5)，代入式(3-3-1)进行一定的积分演算，就可以得到分布曲线纵坐标值 x_P（随机变量）的计算公式，即分布曲线的分布函数：

$$x_P = (\Phi C_v + 1)\bar{x} = K_P \bar{x} \tag{3-6-9}$$

式中：x_P——累积频率为 P 的随机变量；

Φ——离均系数，$\Phi = \dfrac{x_P - \bar{x}}{C_v \bar{x}} = \dfrac{K_P - 1}{C_v}$，$\Phi$ 是频率 P 和偏差系数 C_s 的函数，$\Phi = f(P, C_s)$；

为了便于应用，预先制成离均系数 Φ 值表（表 3-6-1），可供查阅；

K_P——模比系数,$K_P = \dfrac{x_P}{\bar{x}} = \Phi C_v + 1$,可根据拟定的比值 $\dfrac{C_s}{C_v}$ 预先制成模比系数 K_P 值表,以便查阅;

其他符号意义同前。

对于年最大流量系列,公式(3-6-9)可写成:

$$Q_P = (\Phi C_v + 1)\bar{Q} = K_P \bar{Q} \tag{3-6-10}$$

式中:Q_P——累积频率为 P 的洪峰流量(m^3/s);

$\bar{Q}$——平均流量(m^3/s);

K_P——模比系数,$K_P = \dfrac{Q_P}{\bar{Q}} = \Phi C_v + 1$;

Φ——离均系数,可查表3-6-1。

显然,根据已知的三个统计参数 $\bar{x}$、C_v 和 C_s,就可以利用上述公式推求任一频率的变量值,并能绘出理论频率曲线(P-Ⅲ型)。可见,理论频率曲线的绘制,主要是三个统计参数的确定。

皮尔逊Ⅲ型频率曲线的离均系数 Φ 值   表3-6-1

C_s	$P(\%)$														C_s
	0.01	0.1	0.2	0.33	0.5	1	2	5	10	20	50	75	90	95	99	
0.0	3.72	3.09	2.88	2.71	2.58	2.33	2.05	1.64	1.28	0.84	0.00	-0.67	-1.28	-1.64	-2.33	0.0
0.1	3.94	3.23	3.00	2.82	2.67	2.40	2.11	1.67	1.29	0.84	-0.02	-0.68	-1.27	-1.62	-2.25	0.1
0.2	4.16	3.38	3.12	2.92	2.76	2.47	2.16	1.70	1.30	0.83	-0.03	-0.69	-1.26	-1.59	-2.18	0.2
0.3	4.38	3.52	3.24	3.03	2.86	2.54	2.21	1.73	1.31	0.82	-0.05	-0.70	-1.24	-1.55	-2.10	0.3
0.4	4.61	3.67	3.36	3.14	2.95	2.62	2.26	1.75	1.32	0.82	-0.07	-0.71	-1.23	-1.52	-2.03	0.4
0.5	4.83	3.81	3.48	3.25	3.04	2.68	2.31	1.77	1.32	0.81	-0.08	-0.71	-1.22	-1.49	-1.96	0.5
0.6	5.05	3.96	3.60	3.35	3.13	2.75	2.35	1.80	1.33	0.80	-0.10	-0.72	-1.20	-1.45	-1.88	0.6
0.7	5.28	4.10	3.72	3.45	3.22	2.82	2.40	1.82	1.33	0.79	-0.12	-0.72	-1.18	-1.42	-1.81	0.7
0.8	5.50	4.24	3.85	3.55	3.31	2.89	2.45	1.84	1.34	0.78	-0.13	-0.73	-1.17	-1.38	-1.74	0.8
0.9	5.73	4.39	3.97	3.65	3.40	2.96	2.50	1.86	1.34	0.77	-0.15	-0.73	-1.15	-1.35	-1.66	0.9
1.0	5.96	4.53	4.09	3.76	3.49	3.02	2.54	1.88	1.34	0.76	-0.16	-0.73	-1.13	-1.32	-1.59	1.0
1.1	6.18	4.67	4.20	3.86	3.58	3.09	2.58	1.89	1.34	0.74	-0.18	-0.74	-1.10	-1.28	-1.52	1.1
1.2	6.41	4.81	4.32	3.95	3.66	3.15	2.62	1.91	1.34	0.73	-0.19	-0.74	-1.08	-1.24	-1.45	1.2
1.3	6.64	4.95	4.44	4.05	3.74	3.21	2.67	1.92	1.34	0.72	-0.21	-0.74	-1.06	-1.20	-1.38	1.3
1.4	6.87	5.09	4.56	4.15	3.83	3.27	2.71	1.94	1.33	0.71	-0.22	-0.73	-1.04	-1.17	-1.32	1.4
1.5	7.09	5.23	4.68	4.24	3.91	3.33	2.74	1.95	1.33	0.69	-0.24	-0.73	-1.02	-1.13	-1.26	1.5
1.6	7.31	5.37	4.80	4.34	3.99	3.39	2.78	1.96	1.33	0.68	-0.25	-0.73	-0.99	-1.10	-1.20	1.6
1.7	7.54	5.50	4.91	4.43	4.07	3.44	2.82	1.97	1.32	0.66	-0.27	-0.72	-0.97	-1.06	-1.14	1.7
1.8	7.76	5.64	5.01	4.52	4.15	3.50	2.85	1.98	1.32	0.64	-0.28	-0.72	-0.94	-1.02	-1.09	1.8
1.9	7.98	5.77	5.12	4.61	4.23	3.55	2.88	1.99	1.31	0.63	-0.29	-0.72	-0.92	-0.98	-1.04	1.9
2.0	8.21	5.91	5.22	4.70	4.30	3.61	2.91	2.00	1.30	0.61	-0.31	-0.71	-0.895	-0.94	-0.989	2.0
2.1	8.43	6.04	5.33	4.79	4.37	3.66	2.93	2.00	1.29	0.59	-0.32	-0.71	-0.869	-0.91	-0.945	2.1

续上表

C_s	P(%)														C_s
	0.01	0.1	0.2	0.33	0.5	1	2	5	10	20	50	75	90	95	99	
2.2	8.65	6.17	5.43	4.88	4.44	3.71	2.96	2.00	1.28	0.57	−0.33	−0.70	−0.844	−0.87	−0.905	2.2
2.3	8.87	6.30	5.53	4.97	4.51	3.76	2.99	2.00	1.27	0.55	−0.34	−0.69	−0.820	−0.84	−0.867	2.3
2.4	9.08	6.42	5.63	5.05	4.58	3.81	3.02	2.01	1.26	0.54	−0.35	−0.68	−0.795	−0.82	−0.831	2.4
2.5	9.30	6.55	5.73	5.13	4.65	3.85	3.04	2.01	1.25	0.52	−0.36	−0.67	−0.772	−0.79	−0.800	2.5
2.6	9.51	6.67	5.82	5.20	4.72	3.89	3.06	2.01	1.23	0.50	−0.37	−0.66	−0.748	−0.76	−0.769	2.6
2.7	9.72	6.79	5.92	5.28	4.78	3.93	3.09	2.01	1.22	0.48	−0.37	−0.65	−0.726	−0.73	−0.740	2.7
2.8	9.93	6.91	6.01	5.36	4.84	3.97	3.11	2.01	1.21	0.46	−0.38	−0.64	−0.702	−0.71	−0.714	2.8
2.9	10.14	7.03	6.10	5.44	4.90	4.01	3.13	2.01	1.20	0.44	−0.39	−0.63	−0.680	−0.68	−0.690	2.9
3.0	10.35	7.15	6.20	5.51	4.96	4.05	3.15	2.00	1.18	0.42	−0.39	−0.62	−0.658	−0.665	−0.667	3.0
3.1	10.56	7.26	6.30	5.59	5.02	4.08	3.17	2.00	1.16	0.40	−0.40	−0.60	−0.639	−0.644	−0.645	3.1
3.2	10.77	7.38	6.39	5.66	5.08	4.12	3.19	2.00	1.14	0.38	−0.40	−0.59	−0.621	−0.624	−0.625	3.2
3.3	10.97	7.49	6.48	5.74	5.14	4.15	3.21	1.99	1.12	0.36	−0.40	−0.58	−0.604	−0.606	−0.606	3.3
3.4	11.17	7.60	6.56	5.80	5.20	4.18	3.22	1.98	1.11	0.34	−0.41	−0.57	−0.587	−0.588	−0.588	3.4
3.5	11.37	7.72	6.65	5.86	5.25	4.22	3.23	1.97	1.09	0.32	−0.41	−0.55	−0.570	−0.571	−0.571	3.5
3.6	11.57	7.83	6.73	5.93	5.30	4.25	3.24	1.96	1.08	0.30	−0.41	−0.54	−0.555	−0.556	−0.556	3.6
3.7	11.77	7.94	6.81	5.99	5.35	4.28	3.25	1.95	1.06	0.28	−0.42	−0.53	−0.540	−0.541	−0.541	3.7
3.8	11.97	8.05	6.89	6.05	5.40	4.31	3.26	1.94	1.04	0.26	−0.42	−0.52	−0.526	−0.526	−0.526	3.8
3.9	12.16	8.15	6.97	6.11	5.45	4.34	3.27	1.93	1.02	0.24	−0.41	−0.506	−0.513	−0.513	−0.513	3.9
4.0	12.36	8.25	7.05	6.18	5.50	4.37	3.27	1.92	1.00	0.23	−0.41	−0.495	−0.500	−0.500	−0.500	4.0
4.1	12.55	8.35	7.13	6.24	5.54	4.39	3.28	1.91	0.98	0.21	−0.41	−0.484	−0.488	−0.488	−0.488	4.1
4.2	12.74	8.45	7.21	6.30	5.59	4.41	3.29	1.90	0.96	0.19	−0.41	−0.473	−0.476	−0.476	−0.476	4.2
4.3	12.93	8.55	7.29	6.36	5.63	4.44	3.29	1.88	0.94	0.17	−0.41	−0.462	−0.465	−0.465	−0.465	4.3
4.4	13.12	8.65	7.36	6.41	5.68	4.46	3.30	1.87	0.92	0.16	−0.40	−0.453	−0.455	−0.455	−0.455	4.4
4.5	13.30	8.75	7.43	6.46	5.72	4.48	3.30	1.85	0.90	0.14	−0.40	−0.444	−0.444	−0.444	−0.444	4.5
4.6	13.49	8.85	7.50	6.52	5.76	4.50	3.30	1.84	0.88	0.13	−0.40	−0.435	−0.435	−0.435	−0.435	4.6
4.7	13.67	8.95	7.57	6.57	5.80	4.52	3.30	1.82	0.86	0.11	−0.39	−0.426	−0.426	−0.426	−0.426	4.7
4.8	13.85	9.04	7.64	6.63	5.84	4.54	3.30	1.80	0.84	0.09	−0.39	−0.417	−0.417	−0.417	−0.417	4.8
4.9	14.04	9.13	7.70	6.68	5.88	4.55	3.30	1.78	0.82	0.08	−0.38	−0.408	−0.408	−0.408	−0.408	4.9
5.0	14.22	9.22	7.77	6.73	5.92	4.57	3.30	1.77	0.80	0.06	−0.379	−0.400	−0.400	−0.400	−0.400	5.0
5.1	14.40	9.31	7.84	6.78	5.95	4.58	3.30	1.75	0.78	0.05	−0.374	−0.392	−0.392	−0.392	−0.392	5.1
5.2	14.57	9.40	7.90	6.83	5.99	4.59	3.30	1.73	0.76	0.03	−0.369	−0.385	−0.385	−0.385	−0.385	5.2
5.3	14.75	9.49	7.96	6.87	6.02	4.60	3.30	1.72	0.74	0.02	−0.363	−0.377	−0.377	−0.377	−0.377	5.3
5.4	14.92	9.57	8.02	6.91	6.05	4.62	3.29	1.70	0.72	0.00	−0.358	−0.370	−0.370	−0.370	−0.370	5.4
5.5	15.10	9.66	8.08	6.96	6.08	4.63	3.28	1.68	0.70	−0.01	−0.353	−0.364	−0.364	−0.364	−0.364	5.5
5.6	15.27	9.74	8.14	7.00	6.11	4.64	3.28	1.66	0.67	−0.03	−0.349	−0.357	−0.357	−0.357	−0.357	5.6
5.7	15.45	9.82	8.21	7.04	6.14	4.65	3.27	1.65	0.65	−0.04	−0.344	−0.351	−0.351	−0.351	−0.351	5.7
5.8	15.60	9.91	8.27	7.08	6.17	4.67	3.27	1.63	0.63	−0.05	−0.339	−0.345	−0.345	−0.345	−0.345	5.8
5.9	15.78	9.99	8.32	7.12	6.20	4.68	3.26	1.61	0.61	−0.06	−0.334	−0.339	−0.339	−0.339	−0.339	5.9

【例3-6-1】 某水文站有22年的年最大流量观测资料,见表3-6-2,试绘制该站年最大流量系列的经验频率曲线,计算三个统计参数 $\overline{Q}$、C_v、C_s,绘制理论频率曲线(P-Ⅲ型曲线),并推算 $P=0.33\%$、$P=1\%$ 和 $P=2\%$ 的洪水流量。

解:把历年的年最大流量资料,按大小递减次序排列,如表3-6-2第5栏,采用维泊尔(Weibull)公式,计算各流量的经验频率 P,列入表3-6-2第6栏,然后按表3-6-2中的经验频率和流量数值,在海森概率格纸上绘出经验频率点群,再依点群的趋势描绘成一条圆滑的曲线,如图3-6-3中的细实线所示,就是该水文站的经验频率曲线。

某水文站22年年最大流量频率计算 表3-6-2

序号	按年份顺序排列		按流量大小排列		经验频率(%) $P=\dfrac{m}{n+1}\times 100$	K_i	$(K_i-1)^2$	$(K_i-1)^3$
	年份	流量(m³/s)	年份	流量(m³/s)				
1	2	3	4	5	6	7	8	9
1	1955	2 000	1959	2 950	4.3	1.735	0.540	0.397
2	1956	2 380	1958	2 600	8.7	1.529	0.280	0.148
3	1957	2 100	1961	2 500	13.0	1.471	0.222	0.104
4	1958	2 600	1956	2 380	17.4	1.400	0.160	0.064
5	1959	2 950	1966	2 250	21.7	1.324	0.105	0.034
6	1961	2 500	1971	2 170	26.1	1.276	0.076	0.021
7	1962	1 000	1957	2 100	30.4	1.235	0.055	0.013
8	1963	1 100	1955	2 000	34.8	1.176	0.031	0.005
9	1964	1 360	1979	1 900	39.1	1.118	0.014	0.002
10	1965	1 480	1976	1 850	43.5	1.088	0.008	0.001
11	1966	2 250	1982	1 700	47.8	1.000	0.000	0.000
12	1969	600	1972	1 650	52.2	0.971	0.001	0.000
13	1970	1 530	1970	1 530	56.5	0.900	0.010	-0.001
14	1971	2 170	1965	1 480	60.9	0.871	0.017	-0.002
15	1972	1 650	1964	1 360	65.2	0.800	0.040	-0.008
16	1975	1 300	1975	1 300	69.6	0.765	0.055	-0.013
17	1976	1 850	1963	1 100	73.9	0.647	0.125	-0.044
18	1977	900	1980	1 080	78.3	0.635	0.133	-0.049
19	1979	1 900	1981	1 010	82.6	0.594	0.165	-0.067
20	1980	1 080	1962	1 000	87.0	0.588	0.170	-0.070

续上表

序号	按年份顺序排列		按流量大小排列		经验频率(%) $P=\dfrac{m}{n+1}\times 100$	K_i	$(K_i-1)^2$	$(K_i-1)^3$
	年 份	流 量 (m^3/s)	年 份	流 量 (m^3/s)				
1	2	3	4	5	6	7	8	9
21	1981	1 010	1977	900	91.3	0.529	0.222	-0.104
22	1982	1 700	1969	600	95.7	0.353	0.419	-0.271
合 计				37 410		22.005	2.848	0.160

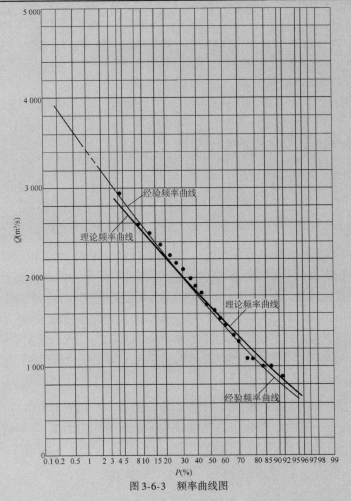

图 3-6-3 频率曲线图

计算水文系列统计参数：

$$\overline{Q}=\frac{1}{n}\sum_{i=1}^{n}Q_i=\frac{1}{22}\times 37\,410=1\,700\,(\mathrm{m^3/s})$$

$$C_v=\sqrt{\frac{\sum\limits_{i=1}^{n}(K_i-1)^2}{n-1}}=\sqrt{\frac{2.848}{22-1}}=0.37$$

$$C_s = \frac{\sum_{i=1}^{n}(K_i-1)^3}{(n-3)C_v^3} = \frac{0.160}{(22-3) \times 0.37^3} = 0.17$$

按式(3-6-10)计算各个指定频率的流量值,列于表3-6-3,并根据表3-6-3中各个频率及其对应的流量值,在海森概率格纸上绘出一条圆滑的曲线,如图3-6-3中的粗实线所示,就是理论频率曲线(P-Ⅲ型曲线)。

各个指定频率 P 的流量值　　　　　　表3-6-3

$P(\%)$	5	10	20	50	75	90	95
Φ	1.69	1.30	0.83	-0.03	-0.69	-1.26	-1.60
K_P	1.63	1.48	1.31	0.99	0.74	0.53	0.41
$Q_P(m^3/s)$	2 771	2 516	2 227	1 683	1 258	901	697

根据 $C_s = 0.17$ 和 P,查得 Φ 值:

$$P = 0.33\%, \Phi = 2.89; P = 1\%, \Phi = 2.45; P = 2\%, \Phi = 2.14$$

按式(3-6-10) $Q_P = (\Phi C_v + 1)\overline{Q}$ 计算 $Q_{0.33\%}$、$Q_{1\%}$ 和 $Q_{2\%}$:

$$Q_{0.33\%} = (2.89 \times 0.37 + 1) \times 1\ 700 = 3\ 519\ (m^3/s)$$
$$Q_{1\%} = (2.45 \times 0.37 + 1) \times 1\ 700 = 3\ 274\ (m^3/s)$$
$$Q_{2\%} = (2.14 \times 0.37 + 1) \times 1\ 700 = 3\ 043\ (m^3/s)$$

三、抽样误差

水文统计的误差主要来源于两个方面:一是水文资料的观测、整编和计算过程中形成的误差,二是利用样本推算总体的参数值所引起的误差,即抽样误差。前者将随着科学技术的不断发展、计算方法的改进以及对资料的认真审查,减小到最低程度;而后者是统计方法本身造成的,只能以延长观测年限、增大样本的容量、增强样本的代表性等措施,来逐步减小。

水文统计所寻求的是总体的规律,而水文现象是一个无限总体,无论水文资料的观测年限多么长,终究是一个有限的样本。利用样本推算总体的参数值,计算结果总是存在一定的抽样误差。

1. 抽样误差的频率分布

总体包含着无限多个随机样本,每一个样本推算的总体参数值都有抽样误差,抽样误差也是随机变量x,也具有一定的频率分布。随机变量 x 系列的均值为 $\overline{x}$,均方差为 σ。根据误差理论,抽样误差应呈正态分布,其密度曲线如图3-6-4所示,正态曲线的密度函数为:

$$y = f(x) = \frac{1}{\sigma\sqrt{2\pi}}e^{-\frac{(x-\overline{x})^2}{2\sigma^2}} \tag{3-6-11}$$

置信区间和置信水平分析表明:

(1) $$P(\overline{x} - \sigma < x \leq \overline{x} + \sigma) = \int_{\overline{x}-\sigma}^{\overline{x}+\sigma} f(x)\mathrm{d}x = 0.683 \tag{3-6-12}$$

说明抽样误差出现在其均值上下均方差($\pm\sigma$)范围内的频率为68.3%。

(2) $$P(\overline{x} - 3\sigma < x \leq \overline{x} + 3\sigma) = \int_{\overline{x}-3\sigma}^{\overline{x}+3\sigma} f(x)\mathrm{d}x = 0.997 \tag{3-6-13}$$

说明抽样误差出现在其均值上下 3 倍均方差（±3σ）范围内的频率为 99.7%。

(3) 定义机误为 E，存在：

$$P(\bar{x} - E < x \leq \bar{x} + E) = \int_{\bar{x}-E}^{\bar{x}+E} f(x) \mathrm{d}x = 0.500 \tag{3-6-14}$$

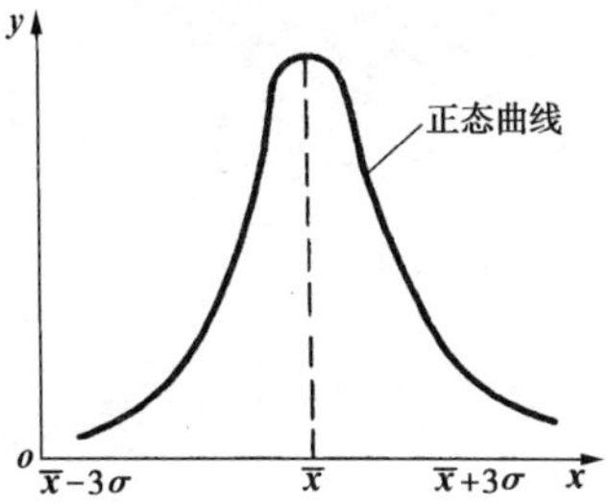

则在正态分布的条件下，抽样误差出现在其均值上下机误（±E）范围内的频率为 50%。

图 3-6-4　正态曲线

(4)　　　$$P(\bar{x} - 4E < x \leq \bar{x} + 4E) = \int_{\bar{x}-4E}^{\bar{x}+4E} f(x) \mathrm{d}x = 0.993 \tag{3-6-15}$$

在正态分布的条件下，抽样误差出现在其均值上下 4 倍机误（±4E）范围内的频率为 99.3%。

2. 水文统计的抽样误差

抽样误差可用均方差 σ 表示，也可以用相对均方差 σ' 表示，其计算公式如下。

对于维泊尔公式，经验频率 P 的相对均方差为：

$$\sigma'_P = \pm \frac{\sigma_P}{P} \times 100\% = \pm \sqrt{\frac{n-m+1}{nm(n+2)}} \times 100\% \tag{3-6-16}$$

当随机变量 x 为皮尔逊Ⅲ型曲线时，其统计参数均值 $\bar{x}$、变差系数 C_v 和偏差系数 C_s，以及频率曲线纵坐标值 x_P 的相对均方差分别为：

$$\sigma'_{\bar{x}} = \pm \frac{\sigma_{\bar{x}}}{\bar{x}} \times 100\% = \pm \frac{C_v}{\sqrt{n}} \times 100\% \tag{3-6-17}$$

$$\sigma'_{C_v} = \pm \frac{\sigma_{C_v}}{C_v} \times 100\% = \pm \frac{1}{\sqrt{2n}} \sqrt{1 + 2C_v^2 + \frac{3}{4}C_s^2 - 2C_v C_s} \times 100\% \tag{3-6-18}$$

$$\sigma'_{C_s} = \pm \frac{\sigma_{C_s}}{C_s} \times 100\% = \pm \frac{1}{C_s} \sqrt{\frac{6}{n}\left(1 + \frac{3}{2}C_s^2 + \frac{5}{16}C_s^4\right)} \times 100\% \tag{3-6-19}$$

$$\sigma'_{x_P} = \pm \frac{\sigma_{x_P}}{x_P} \times 100\% = \pm \frac{C_v B}{K_P \sqrt{n}} \times 100\% \tag{3-6-20}$$

式中：B——系数，与频率 P 和偏差系数 C_s 有关，可由图 3-6-5 查得；

其他符号意义同前。

按上述公式计算统计参数的相对均方差（$C_s = 2C_v$ 时），列于表 3-6-4。由计算结果可知，利用样本推算总体的统计参数，都存在一定的抽样误差，尤其 C_s 的误差特别大，而且系列容量 n 对误差的影响很大（σ' 与 $\sqrt{n}$ 成反比）。在水文统计法中，根据目前水文观测的实际情况，$\overline{Q}$（即均值 $\bar{x}$）和 C_v 尚可利用公式计算，但要求实测水文资料具有足够长的观测年限（即项数 n），而且代表性较好，数据可靠，否则仍会产生很大的误差；至于 C_s，误差过大，不宜直接利用公式计算，通常都是采用适线法选定 C_s 值。

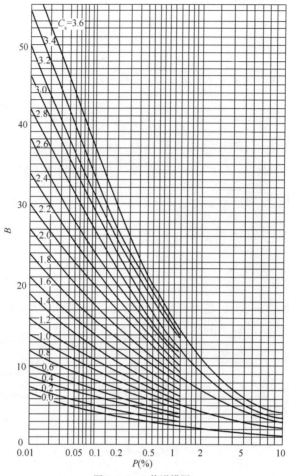

图 3-6-5 B 值诺模图

统计参数的抽样误差 $\sigma'(\%)$ ($C_s=2C_v$)　　　　表 3-6-4

统计参数		$\bar{x}$				C_v				C_s			
	n	100	50	25	10	100	50	25	10	100	50	25	10
C_v	0.1	1	1	2	3	7	10	14	22	126	178	252	399
	0.3	3	4	6	9	7	10	15	23	51	73	103	162
	0.5	5	7	10	16	8	11	16	25	41	58	82	130
	0.7	7	10	14	22	9	12	17	27	40	56	79	125
	1.0	10	14	20	32	10	14	20	32	42	60	85	134

【例 3-6-2】 根据【例 3-6-1】资料，计算 $\bar{Q}$、C_v、C_s 和 $Q_{1\%}$ 的抽样误差，以及第一项的经验频率 P_1 的抽样误差。

解：按式(3-6-17)～式(3-6-20)及式(3-6-16)计算如下。

已知 $n=22$，$C_v=0.37$，$C_s=0.17$，则有：

$$\sigma'_{\bar{Q}} = \pm \frac{C_v}{\sqrt{n}} \times 100\% = \pm \frac{0.37}{\sqrt{22}} \times 100\% = \pm 8\%$$

$$\sigma'_{C_v} = \pm \frac{1}{\sqrt{2n}} \sqrt{1 + 2C_v^2 + \frac{3}{4}C_s^2 - 2C_v C_s} \times 100\%$$

$$= \pm \frac{1}{\sqrt{2 \times 22}} \sqrt{1 + 2 \times 0.37^2 + \frac{3}{4} \times 0.17^2 - 2 \times 0.37 \times 0.17} \times 100\% = \pm 16\%$$

$$\sigma'_{C_s} = \pm \frac{1}{C_s} \sqrt{\frac{6}{n}\left(1 + \frac{3}{2}C_s^2 + \frac{5}{16}C_s^4\right)} \times 100\%$$

$$= \pm \frac{1}{0.17} \sqrt{\frac{6}{22} \times \left(1 + \frac{3}{2} \times 0.17^2 + \frac{5}{16} \times 0.17^4\right)} \times 100\% = \pm 314\%$$

由图 3-6-5 查得 $B = 2.9$,且已知 $K_{1\%} = 1.91$,则有:

$$\sigma'_{Q_{1\%}} = \pm \frac{C_v B}{K_P \sqrt{n}} \times 100\% = \pm \frac{0.37 \times 2.9}{1.91 \times \sqrt{22}} \times 100\% = \pm 12\%$$

$$\sigma'_{P_1} = \pm \sqrt{\frac{n - m + 1}{nm(n+2)}} \times 100\% = \pm \sqrt{\frac{22 - 1 + 1}{22 \times 1 \times (22 + 2)}} \times 100\% = \pm 20\%$$

四、耿贝尔(E. J. Gumbel)频率分布曲线

耿贝尔频率分布曲线又称极值Ⅰ型分布曲线,美国等西方国家广泛将其应用于洪水水文频率的分析计算。近年来我国学者的研究表明,"耿贝尔曲线矩法解与皮尔逊Ⅲ型曲线适线法解结果接近(见第四章),计算简单又无任意性,桥梁水文分析中可广泛应用"(季群鋐,铁道工程学报,1989年第四期)。特别是对于海洋潮汐最高、最低设计潮水位的频率分析更为合理,已普遍应用。

耿贝尔采用的原始分布 $G(x)$ 为指数型分布,其近似式为:

$$G(x) = \frac{1}{K} e^{-y} \quad (3\text{-}6\text{-}21)$$

大于和等于某一随机变量 x_P 的累积频率为 $P(x \geq x_P)$,累积频率函数即频率分布函数为:

$$P = 1 - e^{-e^{-y}} \quad (3\text{-}6\text{-}22)$$

给定频率 P 相应的随机变量 x_p 为:

$$x_P = \bar{x} \pm \lambda_{Pn} S_x \quad (3\text{-}6\text{-}23)$$

式中:x_P——给定频率 $P(\%)$ 相应的随机变量,如潮位、流量等;

$\bar{x}$——随机变量系列的均值,如平均最高(低)潮水位、流量等;

$$\bar{x} = \frac{1}{n} \sum x_i \quad (3\text{-}6\text{-}24)$$

S_x——随机变量系数的均方差;

$$S_x = \left(\frac{1}{n} \sum x_i^2 - \bar{x}^2\right)^{1/2} \quad (3\text{-}6\text{-}25)$$

λ_{Pn}——与频率 P 和系列容量 n 有关的参数,由表 3-6-5 查取。

耿贝尔曲线分布(极值Ⅰ型分布)的 λ_{Pn} 值

表 3-6-5

n	频率 $P(\%)$							
	0.1	0.2	0.5	1	2	4	5	10
8	7.103	6.336	5.321	4.551	3.779	3.011	2.749	1.953
9	6.909	6.162	5.174	4.425	3.673	2.916	2.670	1.895
10	6.752	6.021	5.055	4.322	3.587	2.847	2.606	1.848
11	6.622	5.905	4.957	4.238	3.516	2.789	2.553	1.809
12	6.513	5.807	4.874	4.166	3.456	2.741	2.509	1.777
13	6.418	5.723	4.802	4.105	3.405	2.699	2.470	1.748
14	6.337	5.650	4.741	4.052	3.360	2.663	2.437	1.724
15	6.265	5.586	4.687	4.005	3.321	2.632	2.408	1.703
16	6.196	5.523	4.634	3.959	3.283	2.601	2.379	1.682
17	6.137	5.471	4.589	3.921	3.250	2.575	2.355	1.664
18	6.087	5.426	4.551	3.888	3.223	2.552	2.335	1.649
19	6.043	5.387	4.518	3.860	3.199	2.533	2.317	1.636
20	6.006	5.354	4.490	3.836	3.179	2.517	2.302	1.625
22	5.933	5.288	4.435	3.788	3.139	2.484	2.272	1.603
24	5.870	5.232	4.387	3.747	3.104	2.457	2.246	1.584
26	5.816	5.183	4.346	3.711	3.074	2.433	2.224	1.568
28	5.769	5.141	4.310	3.680	3.048	2.412	2.205	1.553
30	5.727	5.104	4.279	3.653	3.026	2.393	2.188	1.541
35	5.642	5.027	4.214	3.598	2.979	2.356	2.153	1.515
40	5.576	4.968	4.164	3.554	2.942	2.326	2.126	1.495
45	5.522	4.920	4.123	3.519	2.913	2.303	2.104	1.479
50	5.479	4.881	4.090	3.491	2.889	2.283	2.087	1.466
60	5.410	4.820	4.038	3.446	2.852	2.253	2.059	1.446
70	5.359	4.774	4.000	3.413	2.824	2.230	2.038	1.430
80	5.319	4.738	3.970	3.387	2.802	2.213	2.022	1.419
90	5.287	4.710	3.945	3.366	2.784	2.199	2.008	1.409
100	5.261	4.686	3.925	3.349	2.770	2.187	1.998	1.401
200	5.130	4.568	3.826	3.263	2.698	2.129	1.944	1.362
500	5.032	4.481	3.752	3.200	2.645	2.086	1.905	1.333
1 000	4.992	4.445	3.772	3.174	2.623	2.069	1.889	1.321

续上表

n	频率 $P(\%)$							
	25	50	75	90	95	97	99	99.9
∞	4.936	4.395	3.679	3.137	2.592	2.044	1.886	1.305
8	0.842	−0.130	−0.897	−1.458	−1.749	−1.923	−2.224	−2.673
9	0.814	−0.133	−0.879	−1.426	−1.709	−1.879	−2.172	−2.609
10	0.790	−0.136	−0.865	−1.400	−1.677	−1.843	−2.129	−2.556
11	0.771	−0.138	−0.854	−1.378	−1.650	−1.813	−2.095	−2.511
12	0.755	−0.139	−0.844	−1.360	−1.628	−1.788	−2.065	−2.478
13	0.741	−0.141	−0.836	−1.345	−1.609	−1.769	−2.040	−2.447
14	0.729	−0.142	−0.829	−1.331	−1.592	−1.748	−2.018	−2.420
15	0.718	−0.143	−0.823	−1.320	−1.578	−1.732	−1.999	−2.396
16	0.708	−0.145	−0.817	−1.308	−1.564	−1.716	−1.980	−2.373
17	0.699	−0.146	−0.811	−1.299	−1.552	−1.703	−1.965	−2.354
18	0.692	−0.146	−0.807	−1.291	−1.541	−1.691	−1.951	−2.338
19	0.685	−0.147	−0.803	−1.283	−1.532	−1.681	−1.939	−2.323
20	0.680	−0.148	−0.800	−1.277	−1.525	−1.673	−1.930	−2.311
22	0.669	−0.149	−0.794	−1.265	−1.510	−1.657	−1.910	−2.287
24	0.659	−0.150	−0.788	−1.255	−1.497	−1.642	−1.893	−2.266
26	0.651	−0.151	−0.783	−1.246	−1.486	−1.630	−1.879	−2.249
28	0.644	−0.152	−0.779	−1.239	−1.477	−1.619	−1.866	−2.233
30	0.638	−0.153	−0.776	−1.232	−1.468	−1.610	−1.855	−2.219
35	0.625	−0.154	−0.768	−1.218	−1.451	−1.591	−1.832	−2.191
40	0.615	−0.155	−0.762	−1.208	−1.438	−1.576	−1.814	−2.170
45	0.607	−0.156	−0.758	−1.198	−1.427	−1.564	−1.800	−2.152
50	0.601	−0.157	−0.754	−1.191	−1.418	−1.553	−1.788	−2.138
60	0.591	−0.158	−0.748	−1.180	−1.404	−1.538	−1.770	−2.115
70	0.583	−0.159	−0.744	−1.172	−1.394	−1.526	−1.756	−2.098
80	0.577	−0.159	−0.740	−1.165	−1.386	−1.517	−1.746	−2.085
90	0.572	−0.160	−0.737	−1.160	−1.379	−1.510	−1.737	−2.075
100	0.568	−0.160	−0.735	−1.155	−1.374	−1.504	−1.720	−2.066
200	0.549	−0.162	−0.723	−1.134	−1.347	−1.474	−1.694	−2.023
500	0.535	−0.164	−0.714	−1.117	−1.326	−1.451	−1.668	−1.990
1 000	0.529	−0.164	−0.710	−1.110	−1.318	−1.442	−1.657	−1.976
∞	0.520	−0.164	−0.705	−1.110	−1.306	−1.428	−1.641	−1.957

式(3-6-23)中的符号,分析年最高潮水位系列时为正(+),分析年最低潮水位系列时为负(−);洪水系列为正(+)。

计算最高潮水位系列和洪水系列的经验频率时,x_i 按递减次序排列;计算最低潮水位系列的经验频率时,x_i 按递增次序排列。

【例 3-6-3】 已知某海湾 22 年的年最高潮水位观测资料(表3-6-6),要求推算重现期为 100 年和 50 年的最高潮位。

某海湾 22 年最高潮水位观测值频率计算　　　　　表 3-6-6

m	年最高潮水位 x_i(cm)	经验频率 $P(\%)$	x_i^2	m	年最高潮水位 x_i(cm)	经验频率 $P(\%)$	x_i^2
1	330	4.35	108 900	13	275	56.52	75 625
2	315	8.70	99 225	14	274	60.87	75 076
3	310	13.04	96 100	15	270	65.22	72 900
4	303	17.39	91 809	16	268	69.57	71 824
5	297	21.74	88 209	17	264	73.91	69 696
6	286	26.09	81 796	18	263	78.26	69 169
7	285	30.44	81 225	19	261	82.61	68 121
8	284	34.78	80 656	20	256	86.96	65 536
9	284	39.13	80 656	21	254	91.30	64 516
10	282	43.48	79 524	22	254	96.65	64 516
11	280	47.83	78 400	Σ	6 173		1 740 763
12	278	52.17	77 284				

解:(1)将资料按递减次序排列,按维泊尔公式 $P(\%) = \dfrac{m}{n+1} \times 100$ 计算各项资料的经验频率,如表 3-6-6 所示。

(2)年最高潮水位的均值 $\bar{x}$:
$$\bar{x} = (\sum x_i)/n = 6\,173/22 = 280.59(\text{cm})$$

(3)均方差 S_x:
$$S_x = [(\sum x_i^2)/n - \bar{x}^2]^{1/2} = (1\,740\,763/22 - 280.59^2)^{1/2} = 19.87(\text{cm})$$

(4)按表 3-6-5 查出 λ_{Pn}:
$$n = 22, T = 100 \text{ 年}, \text{即 } P = 1\%, \lambda_{Pn} = 3.788$$
$$n = 22, T = 50 \text{ 年}, \text{即 } P = 2\%, \lambda_{Pn} = 3.139$$

(5)不同频率的高潮水位:
当 $P = 1\%$ 时
$$x_{1\%} = \bar{x} + \lambda_{Pn} S_x = 280.59 + 3.788 \times 19.87 = 356(\text{cm})$$
当 $P = 2\%$ 时
$$x_{2\%} = \bar{x} + \lambda_{Pn} S_x = 280.59 + 3.139 \times 19.87 = 343(\text{cm})$$

五、适线法

适线法是选定统计参数,绘制理论频率曲线的一种方法;并以绘制的理论频率曲线与实测资料拟合得最好,作为选定统计参数的原则。一般可按下述步骤进行:

(1) 将已知的随机变量系列按大小递减次序排列,计算各变量的经验频率,并在海森概率格纸上绘出经验频率点群,必要时也可以目估绘出经验频率曲线。

(2) 应用矩法公式计算均值$\overline{Q}$和变差系数C_v,并假定$C_s = mC_v$,在我国一般取$m = 2 \sim 4$,在绘有经验频率点群(或曲线)的同一海森概率格纸上,绘出理论频率曲线。

(3) 观察理论频率曲线与经验频率曲线的符合程度,反复调整统计参数,直到两者符合得最好为止,即可确定统计参数$\overline{Q}$、C_v和C_s的采用值及采用的理论频率曲线。

在适线过程中,主要是调整C_s,选取m值,假若适当调整C_v和$\overline{Q}$能得到更为满意的结果,也可以对C_v和$\overline{Q}$作少量调整。

调整方法可以参照统计参数与频率曲线形状的关系(图3-5-4),以理论频率曲线与经验频率点群分布符合最好为准。例如若理论频率曲线左端和右端都偏低,可适当增大C_s;若曲线左端偏低而右端偏高,可适当增大C_v值。

以上在矩法公式算出$\overline{Q}$和C_v的基础上进行适线拟合的方法,称为求矩适线法。求矩适线法应用在电算中十分便捷,通过人机对话,调整C_v和C_s,很快就能得到与经验频率点群分布拟合最佳的理论频率曲线,同时计算出设计流量及所需频率的各个流量。

【例3-6-4】 对例题3-6-1中某水文站22年不连续的年最大流量进行插补和延长后,获得了32年的连续年最大流量系列(表3-6-7)。试用求矩适线法,确定其统计参数$\overline{Q}$、C_v和C_s,推算洪水频率为2%、1%和0.33%的流量。

年 最 大 流 量　　　　　表3-6-7

序 号	年 份	流量(m³/s)	序 号	年 份	流量(m³/s)
1	1951	767	17	1967	3 408
2	1952	1 781	18	1968	2 088
3	1953	1 284	19	1969	600
4	1954	1 507	20	1970	1 530
5	1955	2 000	21	1971	2 170
6	1956	2 380	22	1972	1 650
7	1957	2 100	23	1973	840
8	1958	2 600	24	1974	2 854
9	1959	2 950	25	1975	1 300
10	1960	3 145	26	1976	1 850
11	1961	2 500	27	1977	900
12	1962	1 000	28	1978	3 770
13	1963	1 100	29	1979	1 900
14	1964	1 360	30	1980	1 080
15	1965	1 480	31	1981	1 010
16	1966	2 250	32	1982	1 700

解:用手算法计算统计参数,进而推算设计流量的方法如例3-6-1所示。若用适线法多次调整C_v和C_s值,达到理论频率曲线和经验频率点群最佳配合的结果,手算法十分不便。应用《桥位设计计算系统(QW2.0)》电算,可很快达到理论频率曲线与经验频率点群拟合最佳的要求。计算可参考图3-6-6和图3-6-7两个界面进行。

图 3-6-6　水文资料输入和计算

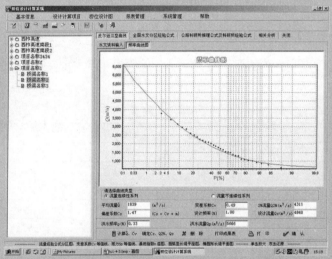

图 3-6-7　理论频率曲线图（修正 C_v、C_s，进行适线）

在图 3-6-6 中点击"皮尔逊Ⅲ型曲线"按钮 → 点击"水文资料输入"，输入年最大流量系列表 → 选"流量连续性系列"按钮 → 点击"计算 $\overline{Q}$、C_v"，得：

$$\overline{Q}=1\,839(\mathrm{m^3/s}), C_v=0.49$$

→ 点击"频率曲线图"，出现图 3-6-7 界面 → 根据图 3-5-4 所示频率分布曲线形状与统计参数的关系，观察理论频率曲线与经验频率点群的配合情况，首先选定 $C_s=mC_v$，在提示框内选取 m 值后，即可显示一个理论频率曲线，判断是否拟合满意。若不满意，按"确定 C_s、$Q_{2\%}$、Q_s"按钮，在图 3-6-7 界面上可直接修改 C_v 值，重选 m 值，得 C_s，理论频率曲线立即重新形成。调整 2～3 次后，即可得到满意的结果。

结果为：

$$\overline{Q}=1\,839(\mathrm{m^3}), C_v=0.49, C_s=1.47$$

$$Q_{1\%}=4\,840\mathrm{m^3/s}, Q_{2\%}=4\,311\mathrm{m^3/s}, Q_{0.33\%}=5\,666\mathrm{m^3/s}$$

【例3-6-5】 根据【例3-6-4】的资料,采用耿贝尔曲线作为理论频率曲线,试计算 $Q_{1\%}$ 和 $Q_{2\%}$。

解: (1) 计算平均流量 $\overline{Q}$:

$$\overline{Q} = \frac{1}{n}\sum_{i=1}^{n} Q_i = \frac{1}{32} \times 58\,857 = 1\,839\,(\text{m}^3/\text{s})$$

(2) 计算均方差 S_x:

$$S_x = \sqrt{\frac{\sum_{i=1}^{n}(Q_i - \overline{Q})^2}{n}} = \left(\frac{1}{n}\sum_{i=1}^{n} Q_i^2 - \overline{Q}^2\right)^{1/2} = 795\,(\text{m}^3/\text{s})$$

(3) 查表 3-6-5,得系数 λ_{Pn}:

$$P = 1\%,\, \lambda_{Pn} = 3.631$$
$$P = 2\%,\, \lambda_{Pn} = 3.007$$

(4) 根据 $Q_P = \overline{Q} + \lambda_{Pn} S_x$ 计算 $Q_{1\%}$ 和 $Q_{2\%}$:

$$Q_{1\%} = 1\,839 + 3.631 \times 795 = 4\,726\,(\text{m}^3/\text{s})$$
$$Q_{2\%} = 1\,839 + 3.007 \times 795 = 4\,230\,(\text{m}^3/\text{s})$$

(5) 与【例3-6-4】计算结果比较,以上计算结果较采用皮尔逊Ⅲ型曲线作为理论频率曲线,应用适线法的结果稍小,$Q_{1\%}$ 小 2.4%,$Q_{2\%}$ 小 1.9%。

第七节 相 关 分 析

自然界中任何现象都不是孤立的,都和它周围的其他自然现象相互联系、相互制约,彼此之间存在着一定的关系,并表现出某种规律性。如果两种现象之间存在着因果关系,或具有相同的成因,则它们的数量(或变量)之间也必然会表现出某种关系。但实际上,自然界的影响因素很多,相互之间的影响是错综复杂的,目前还难以一一找出它们之间严格的函数关系。因此,对于许多实际问题,都可略去次要影响因素,只针对某些主要影响因素,找出其变量之间的近似关系或平均关系,然后进行分析计算。这样的分析计算,基本上可以满足实际工作的需要。在数理统计中,把这种变量之间近似的或平均的关系称为相关关系,把研究这种关系的方法称为相关分析。

一些社会现象的结果和原因之间或各有关因素之间,都存在着相互影响、相互关联的关系,若能获得有关因素的对应数值系列,也可应用相关分析方法,建立两个或更多因素之间的相关关系式。

变量之间的关系,有的比较密切,有的不甚密切,可分为三种情况:如果变量之间的关系非常密切,相互成严格的函数关系,则称它们为完全相关,如图 3-7-1 所示;如果变量各自独立,互不影响,彼此之间没有关系,就称它们为零相关,如图 3-7-2 所示;如果变量不是各自独立互不影响的,彼此之间的关系也不是非常密切,而介于完全相关和零相关之间,则称它们为统计相关,或称为相关,如图 3-7-3 所示。前两种是相关的极端情况。在水文现象中,变量之间的关系多属于第三种情况——统计相关。

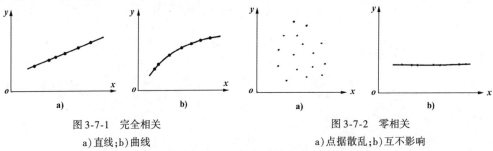

图 3-7-1　完全相关
a)直线;b)曲线

图 3-7-2　零相关
a)点据散乱;b)互不影响

两个变量之间的相关,称为简单相关,多个变量之间的相关,则称为复相关。简单相关又分为直线相关和曲线相关,如图 3-7-3a)和图 3-7-3b)所示。

水文统计中,最常用的是简单相关中的直线相关,本节将介绍直线相关分析。

一、直线相关的回归方程

直线相关,就是两个变量之间的相关关系,可以近似地用一条直线来表示。通常是先将两系列中随机变量的各组对应值,在坐标纸上绘出相应的点据(如图 3-7-3 中的圆点),称为散点图或相关图,如果这些点据呈直线趋势(或带状)分布,如图 3-7-3a)所示,说明两系列的变量直线相关;然后通过点群绘制一条与这些点据配合最佳的直线,这条直线就称为两变量的回归线,该直线的方程则称为两变量的回归方程。

如果绘于坐标纸上的点据分布比较均匀,直线趋势比较明显,也可以目估选配一条通过点群的最佳直线,作为两变量的回归线进行分析,这就是直线相关分析的"图解法"。这种方法缺乏选配回归线的依据,任意性较大,工程设计不宜使用。

直线相关分析的"解析法"是建立两变量间的回归方程,作为绘制回归线的依据,可以避免目估的任意性,满足实际工作的需要。以 x_i、y_i 表示两系列中随机变量的对应值,n 表示其对应值的个数,在坐标纸上按各对应值绘出相应点据,并通过点群绘一条直线,如图 3-7-4 所示。

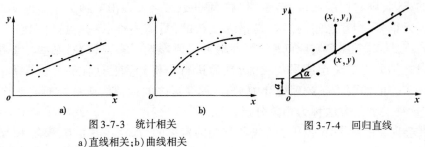

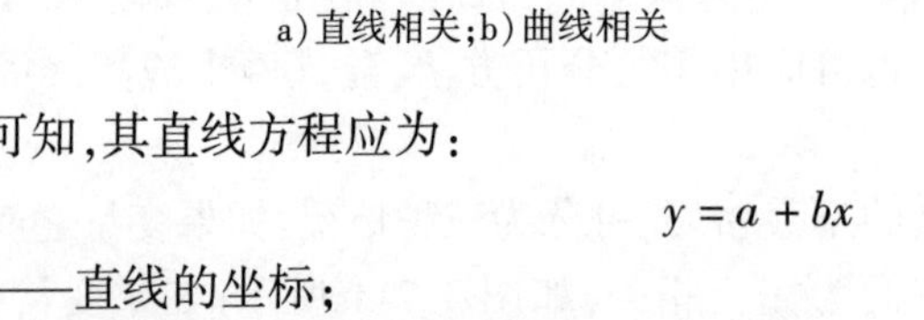

图 3-7-3　统计相关
a)直线相关;b)曲线相关

图 3-7-4　回归直线

由图可知,其直线方程应为:

$$y = a + bx \tag{3-7-1}$$

式中:x、y——直线的坐标;

a、b——待定的参数,a 为直线在 y 轴上的截距,b 为直线的斜率,$b = \tan\alpha$。

由图中可以看出,各个点据与直线在垂直方向(纵坐标)有离差 $y_i - y$,而在水平方向(横坐标)却相等 $x = x_i$,所以:

$$y_i - y = y_i - (a + bx_i)$$

根据最小二乘法的原理,若要直线与各个点据配合最佳,就应使离差的平方和为最小:

$$\sum_{i=1}^{n}(y_i - y)^2 = \sum_{i=1}^{n}(y_i - a - bx_i)^2 = 极小值$$

则需令

$$\left. \begin{array}{l} \dfrac{\partial \sum\limits_{i=1}^{n}(y_i - y)^2}{\partial a} = 0 \\ \dfrac{\partial \sum\limits_{i=1}^{n}(y_i - y)^2}{\partial b} = 0 \end{array} \right\}$$

联立求解,可得:

$$b = \frac{\sum_{i=1}^{n}(x_i - \bar{x})(y_i - \bar{y})}{\sum_{i=1}^{n}(x_i - \bar{x})^2} \tag{3-7-2}$$

$$a = \bar{y} - b\bar{x} = \bar{y} - \frac{\sum_{i=1}^{n}(x_i - \bar{x})(y_i - \bar{y})}{\sum_{i=1}^{n}(x_i - \bar{x})^2}\bar{x} \tag{3-7-3}$$

式中:$\bar{x}$、$\bar{y}$——两系列中随机变量对应值的均值;

其他符号意义同前。

将 a、b 代入公式(3-7-1),可得 y 依 x 的回归方程(直线方程):

$$y - \bar{y} = \frac{\sum_{i=1}^{n}(x_i - \bar{x})(y_i - \bar{y})}{\sum_{i=1}^{n}(x_i - \bar{x})^2}(x - \bar{x}) \tag{3-7-4}$$

同理可得 x 依 y 的回归方程(直线方程):

$$x - \bar{x} = \frac{\sum_{i=1}^{n}(x_i - \bar{x})(y_i - \bar{y})}{\sum_{i=1}^{n}(y_i - \bar{y})^2}(y - \bar{y}) \tag{3-7-5}$$

依据回归方程(3-7-4)或方程(3-7-5)绘制的直线,就是与各个点据配合最佳的直线,即回归线。由式(3-7-3)可得 $\bar{y} = a + b\bar{x}$,表明该直线通过点 $(\bar{x}, \bar{y})$,而点 $(\bar{x}, \bar{y})$ 恰好是点群的重心位置,所以回归线(直线)必然通过点群的重心。

由回归方程的推导原理可知,对于任意一组点据,都可以按式(3-7-4)或式(3-7-5)求得一个直线方程并绘出一条直线;但对于不呈直线趋势分布的或分布非常散乱的点据,所求出的直线及其方程,不能代表两变量之间的关系,也没有任何实际意义。所以,回归方程仅仅是一种计算工具,不能说明两变量之间存在何种相关及其相关的密切程度。因此,还需要一个判别标准,用来说明两变量之间是否存在直线相关及其相关的密切程度。

二、相关系数 R

在数理统计中,一般采用相关系数 R 来描述和判别两变量之间的相关程度;相关程度即回归线与点据之间的密切程度,对直线相关亦即直线与点据之间关系的密切程度。

由式(3-7-3)知 $a = \bar{y} - b\bar{x}$，所以：
$$y_i - y = y_i - (a + bx_i) = y_i - \bar{y} + b\bar{x} - bx_i$$
$$= (y_i - \bar{y}) - b(x_i - \bar{x})$$

则
$$\sum_{i=1}^{n}(y_i - y)^2 = \sum_{i=1}^{n}[(y_i - \bar{y}) - b(x_i - \bar{x})]^2$$

展开化简，可得：
$$\sum_{i=1}^{n}(y_i - y)^2 = \sum_{i=1}^{n}(y_i - \bar{y})^2 - b^2\sum_{i=1}^{n}(x_i - \bar{x})^2$$

令
$$A = \sum_{i=1}^{n}(y_i - \bar{y})^2$$
$$B = b^2\sum_{i=1}^{n}(x_i - \bar{x})^2$$

则
$$\sum_{i=1}^{n}(y_i - y)^2 = A - B$$

可见 A、B 总是正值，而且 $A \geq B$。下列关系中的 R，就称为相关系数。
$$R^2 = \frac{B}{A} \leq 1 \tag{3-7-6}$$

相关系数 R 具有下列性质：

(1) 若 $\sum_{i=1}^{n}(y_i - y)^2 = 0$，则各点据与直线(回归线)的离差为 0，表明所有点据都恰好位于一条直线(回归线)上，亦即两变量之间存在着直线函数关系，为完全相关，此时，$A = B$，$R^2 = 1$，$R = \pm 1$。

(2) $\sum_{i=1}^{n}(y_i - y)^2$ 的值越大，各点据与直线(回归线)的离差就越大，表明点据越散乱(不呈直线趋势)，两变量之间的直线相关程度越差；若 $\sum_{i=1}^{n}(y_i - y)^2$ 的值达到最大，则可认为两变量之间根本不存在直线相关关系，而为零相关(对直线相关而言)，此时，B 值将趋近于零，R^2 值也趋近于零，而 $R = 0$。

(3) 若 $\sum_{i=1}^{n}(y_i - y)^2$ 的值介于上述二者之间，则 R^2 值将介于 0 与 1 之间，而 R 值介于 0 与 ± 1 之间，表明两变量之间存在着直线相关关系，为统计相关；直线相关的程度将随 R 值的大小而异，R 值的大小视 A 与 B 的差值而定。

因此，相关系数 R 可以用于进行相关程度的描述和判别：$R = \pm 1$ 时为完全相关，表明两变量之间存在直线函数关系；$R = 0$ 时为零相关，表明两变量之间不存在直线相关关系；R 介于 0 与 ± 1 之间时为统计相关，表明两变量之间存在直线相关关系，而且 R 的绝对值越接近于 1，相关程度越密切。相关系数为正值($R > 0$)时称为正相关，为负值($R < 0$)时则称为负相关；相关系数的上限为 +1，下限为 -1，总是 $|R| \leq 1$。尚需指出，当相关系数 R 很小或接近于零时，只说明两变量之间的直线相关程度很差或不存在，但可能存在某种曲线相关关系。

将 A、B 代入式(3-7-6)，则：

$$R^2 = \frac{b^2 \sum_{i=1}^{n}(x_i - \bar{x})^2}{\sum_{i=1}^{n}(y_i - \bar{y})^2} = \frac{[\sum_{i=1}^{n}(x_i - \bar{x})(y_i - \bar{y})]^2}{\sum_{i=1}^{n}(x_i - \bar{x})^2 \sum_{i=1}^{n}(y_i - \bar{y})^2}$$

$$R = \frac{\sum_{i=1}^{n}(x_i - \bar{x})(y_i - \bar{y})}{\sqrt{\sum_{i=1}^{n}(x_i - \bar{x})^2 \sum_{i=1}^{n}(y_i - \bar{y})^2}} \tag{3-7-7}$$

或

$$R = \frac{\sum_{i=1}^{n}K_{xi}K_{yi} - n}{\sqrt{(\sum_{i=1}^{n}K_{xi}^2 - n)(\sum_{i=1}^{n}K_{yi}^2 - n)}} \tag{3-7-8}$$

式中：K_{xi}、K_{yi}——分别为两系列中随机变量对应值的模比系数，$K_{xi} = \frac{x_i}{\bar{x}}$，$K_{yi} = \frac{y_i}{\bar{y}}$；

其他符号意义同前。

上式即为相关系数的计算公式，对于 y 依 x 和 x 依 y 两种情况，相关系数相同。

由上述分析可知，相关系数也只能说明两系列中随机变量对应值的点据分布趋势是否存在直线相关关系及其相关程度，但还不能表明两种自然现象之间存在的客观联系。因而相关分析时，必须首先考虑所研究的自然现象之间，客观上是否存在成因联系，如确有联系，其回归方程和回归线才能在一定程度上反映两种自然现象之间的客观规律，才能据以进行相关分析。对毫无关联的自然现象，只凭数字上的巧合而硬凑它们之间的关系，相关分析就毫无意义，并会造成很大错误。因此，相关分析必须适当地联系自然现象的物理成因。

三、回归方程和回归系数的其他形式

x_i 和 y_i 两系列随机变量的均方差分别为 σ_x 和 σ_y：

$$\sigma_x = \sqrt{\frac{\sum_{i=1}^{n}(x_i - \bar{x})^2}{n-1}} = \bar{x}\sqrt{\frac{\sum_{i=1}^{n}K_{xi}^2 - n}{n-1}} \tag{3-7-9}$$

$$\sigma_y = \sqrt{\frac{\sum_{i=1}^{n}(y_i - \bar{y})^2}{n-1}} = \bar{y}\sqrt{\frac{\sum_{i=1}^{n}K_{yi}^2 - n}{n-1}} \tag{3-7-10}$$

回归线的斜率 b，又称回归系数：

$$b = R\frac{\sigma_y}{\sigma_x} \tag{3-7-11}$$

y 依 x 的回归方程为：

$$y - \bar{y} = R\frac{\sigma_y}{\sigma_x}(x - \bar{x}) \tag{3-7-12}$$

四、相关分析的误差

在统计相关中,两变量之间不是函数关系,回归线只是实有点据的一条最佳配合线。

直线相关时,实有点据并不是完全位于一条直线上,而是分散于直线的两侧,如图3-7-4所示;直线与实有点据之间,即依据直线所得 y 值与实际变量 y_i 值之间存在着一定的误差,就是回归线(或回归方程)的误差,按正态分布考虑,其误差可用均方差 S 表示。则 y 依 x (或 x 依 y)回归线的均方差 S_y (或 S_x)为:

$$\left. \begin{array}{l} S_y = \sqrt{\dfrac{\sum\limits_{i=1}^{n}(y_i - y)^2}{n}} \\ S_x = \sqrt{\dfrac{\sum\limits_{i=1}^{n}(x_i - x)^2}{n}} \end{array} \right\} \qquad (3\text{-}7\text{-}13)$$

利用样本推算时,则为:

$$\left. \begin{array}{l} S_y = \sqrt{\dfrac{\sum\limits_{i=1}^{n}(y_i - y)^2}{n-2}} \\ S_x = \sqrt{\dfrac{\sum\limits_{i=1}^{n}(x_i - x)^2}{n-2}} \end{array} \right\} \qquad (3\text{-}7\text{-}14)$$

根据正态分布置信区间和置信水平的分析,实测值在回归线上下两侧各一个 S_y 范围内的概率为68.3%;实测值在回归线上下两侧各 $3S_y$ 范围内的概率为99.7%,如图3-7-5所示。

误差范围也可用机误 E 表示,即实测值在回归线两侧各一个 E 范围内的概率为50%;实测值在回归线两侧各 $4E$ 范围内的概率为99.3%。

五、容许相关系数的最小值

相关系数 R 表示两个随机变量系列 (x_i, y_i) 相关的密切程度, R 的最小值要多大,才能应用于进行两系列间的插补和延长呢?

我国桥梁水文分析中,习惯认为 R 的绝对值大于0.8,就可使用相关分析进行资料数据的

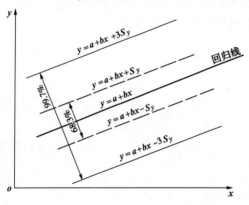

图3-7-5 回归线的误差范围

插补和延长。这只是经验值,最早见于苏联的《桥位设计》有关图书。

应用数理统计的统计检验方法来检验相关系数的可靠性更为合理。根据 t 检验,制成不同信度 α 水平下所需相关系数的最小值 R_α 表(表2-7-1)。可根据两系列中相应随机变量 (x_i, y_i) 的个数 n 和信度 α ,在表3-7-1中查得容许相关系数的最小值 R_α 。若两系列间 R 大于 R_α ,则两系列间相关是密切的。

信度 α 表示推断的可信程度,例如信度 $\alpha = 0.05$,表明推断错误的概率是5%; $1-\alpha$ 称为置信水平(置信概率,保证率), $1-\alpha = 1-0.05 = 0.95$,即推断正确的概率是95%。

不同信度水平下所需相关系数最小值 R_α 表 3-7-1

$n-2$	α			
	0.10	0.05	0.02	0.01
1	0.987 69	0.996 92	0.999 51	0.999 88
2	0.900 00	0.950 00	0.980 00	0.990 00
3	0.805 4	0.878 3	0.934 33	0.958 73
4	0.729 3	0.811 4	0.882 2	0.917 20
5	0.669 4	0.754 5	0.832 9	0.874 5
6	0.621 5	0.706 7	0.788 7	0.834 3
7	0.582 2	0.666 4	0.749 8	0.797 7
8	0.549 4	0.631 9	0.715 5	0.764 6
9	0.521 4	0.602 1	0.685 1	0.734 8
10	0.497 3	0.576 0	0.658 1	0.707 9
11	0.476 2	0.552 9	0.633 9	0.683 5
12	0.457 5	0.532 4	0.612 0	0.661 4
13	0.440 9	0.513 9	0.592 3	0.641 1
14	0.425 9	0.497 3	0.574 2	0.622 6
15	0.412 4	0.482 1	0.557 7	0.605 5
16	0.400 0	0.468 3	0.542 5	0.589 7
17	0.388 7	0.455 5	0.528 5	0.575 1
18	0.378 3	0.443 8	0.515 5	0.561 4
19	0.368 7	0.432 9	0.503 4	0.543 7
20	0.359 8	0.422 7	0.492 1	0.536 8
25	0.323 3	0.380 9	0.445 1	0.486 9
30	0.296 0	0.349 4	0.409 3	0.448 7
35	0.274 6	0.324 6	0.381 0	0.418 2
40	0.257 3	0.304 4	0.357 8	0.393 2
45	0.243 8	0.287 5	0.338 4	0.372 1
50	0.230 6	0.273 2	0.321 8	0.354 1
60	0.210 8	0.250 0	0.294 8	0.324 8
70	0.195 4	0.231 9	0.273 7	0.301 7
80	0.182 9	0.217 2	0.256 5	0.283 0
90	0.172 6	0.205 0	0.242 2	0.267 3
100	0.163 8	0.194 6	0.230 1	0.254 0

注：n 为样本容量。

六、相关分析在水文计算中的应用

水文统计中,资料系列越长,组成的样本代表性就越强,用以推算的总体参数值的抽样误差也就越小。但实际工作中,能够搜集到的实测水文资料往往观测年限较短,有时还可能在观测期间有缺测年份,若能找到与它有客观联系的长期连续观测资料,就可以利用两实测资料系列之间变量的统计相关,进行相关分析,对短期观测资料进行插补和延长,提高水文统计的精度。因此,相关分析是水文计算的一种重要工具。

年最大流量、水位、降雨量等系列之间变量的统计相关,以直线相关居多,一般可采用简单的直线相关分析。

两测站间观测资料的插补和延长,如果采用相关分析的方法,首先应结合气候因素、地理条件、流域特征等,进行分析研究,检查两系列的流量之间是否确有客观联系,并判别它们之间是否存在直线相关关系,以及相关程度是否密切。同时,为了保证插补和延长的资料具有一定的精度,对实测流量资料除认真审查外,还应该有一定的要求,一般认为:两系列相对应的观测资料不宜过少(10 对以上为宜),而且流量的变化幅度大一些为好,插补和延长的年数不宜超过已有对应资料的实测年限,外延部分最好不要超出实测范围的 30% ~ 50%(视相关程度而定)。对流量数据进行插补和延长的具体方法和步骤,通过下面的实例说明。

【例 3-7-1】 某公路桥上游附近有一水文站(y 站,分析站),搜集到从 1959—1976 年的年最大流量资料,但是,1977 年和 1978 年因故缺少资料;而同一流域邻近水文站(x 站,参证站)具有 1959—1978 年每年的年最大流量资料。试应用相关分析插补 y 站 1977 年和 1978 年的年最大流量数据。

解:相关分析计算十分复杂,计算工作量大,应用《桥位设计计算系统(QW2.0)》计算快捷、准确、简便。在界面上输入 x 站和 y 站流量资料数值表,按"求回归方程"按钮,即可得回归方程(图 3-7-6)和相关系数 R:

图 3-7-6 流量系列插补

$$y = 63.369 + 0.709x$$
$$R = 0.91$$

在下拉菜单框选用相关系数的信度 α,此例取 $\alpha = 0.1$,然后,进行相关密切程度判定(按钮)。若 $R > R_\alpha$,即相关密切,"插补和延长乙站资料"按钮显示,按此按钮后,计算数据表中立即显示插补的 1977 年流量值为 747.105m³/s,1978 年流量值为 3 212.266m³/s。

【例 3-7-2】 粤北山区某桥位位于连江溪牛镇附近一个山前平原的 U 形河湾段,上游数千米有七里峡,峡谷河道阻塞,水深流急。设计洪水流量 $Q_{1\%}$ 可由水文站观测资料推算,得知相当于 1995 年的流量。但是,每次特大洪水时,桥位河段数千米 U 形河段洪水漫溢,测不出过水断面。如何确定设计水位 $H_{1\%}$ 呢?

解:每次特大洪水 U 形河段洪水漫溢河道,找不到泛滥边界,无明显的过水断面,无法根据设计流量按均匀流计算得到设计水位(例 2-4-1,图 2-4-5)。洪水调查得知,在溪牛镇下游 10km 的峡谷河段,有一个高岛水文站和国家水准点,两地 10km 之间无支流汇入。同时,高岛水文站有溪牛镇 7 次调查大洪水水位对应的测流断面水位。

试图寻找两地水位的相关关系,建立两地水位回归方程,若相关密切,则可由高岛水文站水位推算溪牛镇水位。

应用《桥位设计计算系统(QW2.0)》进行相关分析。

输入两站对应的水位值,求回归方程和相关系数 R 得:
$$y = 4.072 + 0.963x$$
$$R = 0.99$$

输入 R 的信度 $\alpha = 0.10$,判定相关关系密切时,"插补和延长乙站资料"显示,按下该按钮,即得 1995 年溪牛站水位为 36.045m,相当于 $H_{1\%}$,如图 3-7-7 所示。

图 3-7-7 设计水位推算

习 题

1. 河川水文现象有哪些特征?
2. 试述累积频率和重现期的意义。
3. 什么是经验频率曲线? 如何绘制?
4. 什么是理论频率曲线? 它在水文统计中的作用是什么? 目前我国主要采用哪几种线形?
5. 水文统计法中,常用的统计参数有哪些? 它们对频率分布曲线的形状有何影响?
6. 什么是抽样误差? 如何减小抽样误差?
7. 什么是相关分析? 它在水文计算中有何用途?
8. 某桥位附近有水文站,搜集到1936—1971年的年最大流量观测资料表3-7-2,试用求矩适线法,推求洪水频率为2%和1%的流量。

习题8表

年 份	1936	1937	1938	1939	1940	1941	1942	1943	1944	1945	1946	1947
流量(m^3/s)	8 500	4 240	13 300	8 200	5 490	4 520	3 650	12 000	5 590	3 220	12 800	5 100
年 份	1948	1949	1950	1951	1952	1953	1954	1955	1956	1957	1958	1959
流量(m^3/s)	10 600	5 950	10 800	8 150	12 100	3 540	18 500	10 500	7 450	7 290	11 200	5 220
年 份	1960	1961	1962	1963	1964	1965	1966	1967	1968	1969	1970	1971
流量(m^3/s)	9 690	8 020	17 700	8 000	13 900	6 160	10 829	7 850	5 960	9 900	11 500	8 868

9. 某公路桥位上游附近有一个水文站(y站,分析站),搜集到1955—1982年的年最大流量资料,但其中9年因故缺少资料,只有23年的实测流量资料。在邻近流域的河流上,也有一个水文站(x站,参考站),可以搜集到1951—1982年连续32年的年最大流量资料,两站的流量资料列于表3-7-3。两流域的特征基本相似,试应用相关分析插补分析站1951年、1952年、1953年、1954年、1960年、1967年、1968年、1974年和1978年的年最大流量数据。

习题9表

顺序号	年份	参考站流量 $Q_x(m^3/s)$	分析站流量 $Q_y(m^3/s)$	顺序号	年份	参考站流量 $Q_x(m^3/s)$	分析站流量 $Q_y(m^3/s)$
1	1951	964		8	1958	3 359	2 600
2	1952	2 299		9	1959	3 997	2 950
3	1953	1 645		10	1960	4 093	
4	1954	1 938		11	1961	2 840	2 500
5	1955	2 643	2 000	12	1962	1 160	1 000
6	1956	2 757	2 380	13	1963	1 560	1 100
7	1957	2 549	2 100	14	1964	2 470	1 360

续上表

顺序号	年份	参考站流量 Q_x(m³/s)	分析站流量 Q_y(m³/s)	顺序号	年份	参考站流量 Q_x(m³/s)	分析站流量 Q_y(m³/s)
15	1965	2 150	1 480	24	1974	3 710	
16	1966	3 025	2 250	25	1975	1 900	1 300
17	1967	4 440		26	1976	2 180	1 850
18	1968	2 702		27	1977	1 350	900
19	1969	755	600	28	1978	4 920	
20	1970	2 000	1 530	29	1979	2 385	1 900
21	1971	2 420	2 170	30	1980	1 200	1 080
22	1972	1 870	1 650	31	1981	1 300	1 010
23	1973	1 060	840	32	1982	2 360	1 700

第四章
设计洪水流量

【学习目的与要求】

通过本章学习,学生能够掌握设计流量、设计水位、设计流速的概念;掌握特大洪水问题的处理方法以及采用水文统计法推算桥涵设计流量的方法;熟悉小流域推算设计流量的方法;了解应用地区经验公式推算设计流量的方法。

进行公路、桥梁和涵洞等各项工程设计时,根据国家技术标准规定的某一设计洪水频率,推算该频率相应洪水的洪峰流量,称为设计洪水流量(m^3/s),简称设计流量。桥位计算断面上通过设计流量相应的水位,称为设计洪水位,简称设计水位(m)。设计流量通过桥位断面的河槽平均流速,习惯上称为设计流速(m/s)。

《公路工程技术标准》(JTG B01—2014)规定,永久性桥涵的设计洪水频率如第三章表3-3-2所示。

由于桥梁、涵洞所在地区、河流等情况不同,搜集到的水文资料不同,推求设计流量的方法也不相同。一般来说,对于中等流域以上河流上的桥梁,可搜集到桥梁附近水文站历年来的年最大洪水流量观测资料,甚至可调查到观测资料以前发生的特大洪水有关资料,可应用水文统计推算设计流量;对于较小流域的中小河流,难以搜集到水文站实测洪水资料,则可搜集降雨资料或地区性水文资料,应用暴雨径流的推理公式、地区性公式等方法推算设计流量;对于桥位附近资料较少,但相邻地区或河段有较多资料时,可应用相关分析插补、延长水文资料系列。

总之,应尽可能详尽地搜集桥位水文资料,应用不同的方法,推算设计洪水流量。

应用不同资料,采用不同方法,推算得到的同一座桥梁的设计流量大小可能不同,经对比分析论证后,应选用一个合理数值,作为该桥设计流量的确认值。

第一节 根据流量观测资料推算设计流量

桥位勘测时,能够通过水文调查,访问水利、城建、铁路等有关部门,搜集并整理得到多年的年最大洪水流量观测资料系列,然后,应用第二章所述的水文统计法,推算桥梁的设计洪水流量。

一、资料的审查

水文资料是水文统计法的基本数据,必须满足统计计算对资料的要求,同时还应对水文资料的观测、整编进行审查,这样才能获得正确合理的计算结果。因此,应该从以下几方面对水文资料进行审查。

1. 资料的一致性

水文统计法是利用已有的水文资料进行统计计算,以统计规律推断今后的水文情况。统计计算要求同一系列中的所有资料,必须是同一类型和在同样条件下产生的,即各样本的形成条件应具有同一基础,不能将不同性质的水文资料放在一起分析计算。例如降雨洪水与融雪洪水不能混在一起;溃坝洪水与一般洪水系列不能混在一起;流域内的自然条件或河道中水流情况有显著变化时,由于形成洪水的条件不同,变化前后的流量资料也不能统计在一起。

2. 资料的代表性

设计流量计算结果的误差主要取决于样本系列的代表性,尤其是系列较短的样本,资料的代表性就显得更为重要。一般来说,系列中应包括丰水年和枯水年的流量资料,这样组成的样本系列年限比较长,其代表性也较强,才能保证计算结果的正确性。

3. 资料的独立性

统计计算要求,同一系列中的所有变量必须是相互独立的。因此,在水文统计法中,不能将彼此关联的水文资料统计在一起分析计算。例如前后几天的日流量,都是同一次降雨所形成的,互不独立,就不能用连续的日流量组成一个系列进行计算。

4. 资料的可靠性

系列中每一个变量的可靠性,都直接影响统计计算的结果,必须认真检查。对于水文站观测资料、洪水调查资料和文献考证资料,都应逐一检查,相互核对,保证每一个数据的可靠性。

二、资料中特大值的处理

水文站观测年份内,如果河流发生特大洪水,则该站实测资料组成的年最大流量系列中,将会相应出现突出的特大值。通过洪水调查和文献考证,往往可以获得特大的历史洪水资料。从系列的大小顺序来看,这些特大值(特大洪水流量)与其他数值(一般洪水流量)之间有显著的脱节现象,显然是不连续的。在统计计算中,不能把这些特大值与其他数值同等对待,而需要进行适当的处理或调整,即所谓特大值的处理(或特大洪水的处理)。

系列中特大值的出现,可能有三种情况:有的在实测系列之外,如图 4-1-1a)所示,有的在实测系列之内,如图 4-1-1b)所示,也有的几个在实测系列之内而另几个在实测系列之外,如图 4-1-1c)所示。

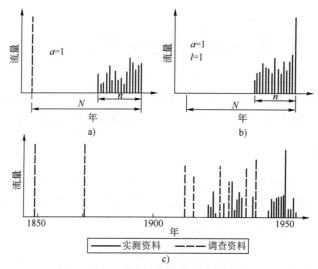

图 4-1-1 特大值出现情况示意图

注:a 为 N 年内特大洪水流量的项数;l 为 n 年内特大洪水流量的项数。

通过特大值的处理,考虑了特大洪水的影响,可以起到延长系列的作用,能增强系列的代表性,减少各参数值的抽样误差,提高计算结果的稳定性和可靠性。因而在实际工作中,尽量采用水文站观测资料(包括插补和延长的资料)、洪水调查资料和文献考证资料共同组成的年最大流量系列推算设计流量。一般把水文站的观测年限称为实测期,把洪水调查和文献考证的最远年份至实际调查时的年限,分别称为调查期和考证期(均包括实测期在内)。

系列中出现特大值,表明特大洪水流量与一般洪水流量之间缺少资料,是一个不连续系列。也就是说,这些特大洪水流量的重现期,远远超出了水文站的现有观测年数(实测流量系列的总项数)。因此,其经验频率和统计参数均应按不连续系列计算(进行特大值的处理),而不能直接采用第二章所介绍的方法(连续系列的计算方法)计算。

1. 不连续系列(有特大值)的经验频率计算

1)第一种方法

将特大洪水流量和实测洪水流量看作是从总体中独立抽取的不同的独立样本,因此,分别计算其经验频率。各项洪水流量可在各个系列中分别排位,调查期 N 年中的前 a 项特大洪水流量,序位为 M($M=1,2,3,\cdots,a$)的经验频率为:

$$P_M = \frac{M}{N+1} \times 100 \qquad (4\text{-}1\text{-}1)$$

实测洪水流量系列 n 中包含 l 个特大值时,序位为 m 的经验频率 P_m 为:

$$P_m = \frac{m}{n+1} \times 100 \qquad (4\text{-}1\text{-}2)$$

式中:P_M——历史特大洪水流量或实测系列中的特大洪水流量的经验频率(%);

M——历史特大洪水流量或实测系列中的特大洪水流量在调查期内的序位;

N——调查期年数;

P_m——实测洪水流量系列第 m 项的经验频率(%);

m——实测洪水流量系列按递减次序排列的序位,$m=l+1,l+2,\cdots,n$;

l——实测洪水流量系列中按特大洪水流量处理的项数;

n——实测洪水流量系列的项数。

2)第二种方法

将特大洪水流量和实测洪水流量共同组成一个不连续系列作为样本,不连续系列各项在调查期 N 年内统一排位。特大洪水流量的经验频率可按式(4-1-1)估算,其余实测洪水流量的经验频率按下式估算:

$$P_m = \left[\frac{a}{N+1} + \left(1 - \frac{a}{N+1}\right) \frac{m-l}{n-l+1} \right] \times 100 \tag{4-1-3}$$

式中:a——特大洪水流量项数;

其他符号意义同前。

2. 不连续系列的统计参数 $\overline{Q}$、C_v 和 C_s 的确定

平均流量 $\overline{Q}$ 和变差系数 C_v 初试值采用矩法公式计算,偏差系数 C_s 及最终的 $\overline{Q}$ 和 C_v 仍采用适线法确定。

对于一个不连续系列,若在调查(或考证)期 N 年内,有 a 个特大值,其中 l 个发生在实测期 n 年内,假定 $(N-a)$ 年内流量的均值及分布规律与 n 年内的分布规律相同。这样,则可用下式计算:

$$\overline{Q} = \frac{1}{N} \left(\sum_{j=1}^{a} Q_j + \frac{N-a}{n-l} \sum_{i=l+1}^{n} Q_i \right) \tag{4-1-4}$$

$$C_v = \sqrt{\frac{1}{N-1} \left[\sum_{j=1}^{a} \left(\frac{Q_j}{\overline{Q}} - 1 \right)^2 + \frac{N-a}{n-l} \sum_{i=l+1}^{n} \left(\frac{Q_i}{\overline{Q}} - 1 \right)^2 \right]} \tag{4-1-5}$$

式中:Q_j——特大洪水流量中的任一流量值(m^3/s);

Q_i——实测流量(一般洪水流量)中的任一流量值(m^3/s);

a——N 年内特大洪水流量的项数,其中包括 n 年内的特大洪水流量 l 项;

l——n 年内特大洪水流量的项数;

n——实测流量资料的总年数,即实测期(年),不计缺测年份;

N——调查或考证的总年数,即调查期或考证期(年),其中包括实测期 n 年。

偏差系数 C_s 仍采用适线法确定。

在有若干年流量资料(包括水文站观测资料、洪水调查资料和文献考证资料)的情况下,采用水文统计法推算桥涵设计流量时,可按下列步骤进行:

(1)选取样本

可采用"年最大值法"选取样本。通过前述各种方法搜集历年的年最大流量资料,有条件时还应该进行插补和延长,对所有资料认真审查校核后,形成一个年最大流量系列,作为水文统计样本。

(2)绘制经验频率曲线

把年最大流量资料按大小递减次序排列,计算各项流量的经验频率,并在海森概率格纸上绘出经验频率点据或经验频率曲线。

(3)绘制理论频率曲线

用适线法绘制理论频率曲线(P-Ⅲ型曲线),并选定$\bar{Q}$、C_v和C_s三个统计参数。

(4)计算设计流量

用选定的三个统计参数计算设计洪水频率相应的流量即设计流量。

(5)审查计算结果

参照统计参数的地区经验值,审查所选参数值,并应采用其他方法推算设计流量。

【例4-1-1】 某一级公路拟建一座大桥,桥位上游附近的一个水文站能搜集到14年断续的流量观测资料,经插补和延长,获得了1963—1982年连续20年的年最大流量资料;又通过洪水调查和文献考证,得到了1784年、1880年、1948年和1955年连续系列前4次特大洪水资料;在实测期内,1975年也出现过一次特大洪水。以上洪水资料列于表4-1-1第2栏。试推求该桥的设计流量。

洪水资料　　　　　　　　　　　　　　　　表4-1-1

按年份顺序排列		按流量大小排列		经验频率P(%) (采用值)
年 份	流量(m³/s)	年 份	流量(m³/s)	
1	2	3	4	5
1784	3 900	1784	3 900	0.5
1880	3 800	1880	3 800	1.0
1948	3 350	1955	3 550	1.5
1955	3 550	1975	3 470	2.0
1963	2 570	1948	3 350	2.5
1964	3 025	1964	3 025	9.52
1965	1 750	1970	2 805	14.3
1966	1 600	1963	2 570	19.1
1967	1 490	1968	2 270	23.8
1968	2 270	1974	1 960	28.6
1969	1 280	1979	1 840	33.3
1970	2 805	1965	1 750	38.1
1971	1 680	1972	1 710	42.9
1972	1 710	1971	1 680	47.6
1973	1 580	1966	1 600	52.4
1974	1 960	1973	1 580	57.1
1975	3 470	1978	1 550	61.9
1976	1 100	1981	1 510	66.7
1977	1 310	1967	1 490	71.4
1978	1 550	1982	1 460	76.2
1979	1 840	1977	1 310	80.9
1980	840	1969	1 280	85.7
1981	1 510	1976	1 100	90.5
1982	1 460	1980	840	95.2

解:分析可知,以上资料属于共有 5 个特大值的不连续系列,即 $a=5$;实测期为 20 年,即 $n=20$;实测期内有一个特大值(1975 年),即 $l=1$;特大洪水最早出现年份是 1784 年,而实测期最后年份是 1982 年,则考证(调查)期 $N=(1982-1784)+1=199$(年)。

按式(4-1-1)、式(4-1-2)计算的系列各年最大流量对应的经验频率 $P(\%)$ 列于表 4-1-1 第 5 栏。

按式(4-1-4)计算的系列平均流量 $\overline{Q}=1\,801\,\mathrm{m}^3/\mathrm{s}$。

按式(4-1-5)计算的系列变差系数 $C_v=0.34$。

应用求矩适线法确定采用的统计参数和理论频率曲线:

(1)试取 $C_v=0.34, C_s=4C_v=1.36$,适线比较:

$P>20\%$,频率曲线符合较好;$P<20\%$,频率曲线偏低。

(2)试取 $C_v=0.36, C_s=0.90$,适线比较:

理论频率曲线与经验点群整体符合较好;理论频率曲线与 5 个特大值吻合较好,故取此参数 $\overline{Q}$、C_v 和 C_s 作为采用值,如图 4-1-2 所示。

采用值为:

$$\overline{Q}=1\,801\,\mathrm{m}^3/\mathrm{s}, C_v=0.36, C_s=0.90$$

$$Q_{0.33\%}=4\,171\,\mathrm{m}^3/\mathrm{s}, Q_{1\%}=3\,718\,\mathrm{m}^3/\mathrm{s}, Q_{2\%}=3\,420\,\mathrm{m}^3/\mathrm{s}$$

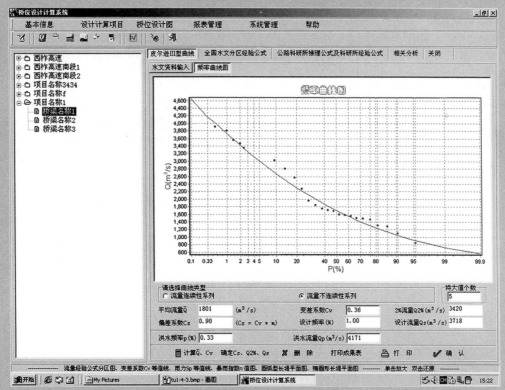

图 4-1-2 理论频率曲线、统计参数和设计流量(QW2.0 界面)

第二节　应用地区经验公式推算设计流量

水文现象受气候和自然地理因素的影响，具有明显的地区性。跨越中小河流的桥梁，若缺少水文站观测资料，推算设计流量时，可应用根据地区水文资料制定的经验公式，计算水文参数和流量等水文要素。水利部门对这类地区公式应用很广，可向当地水利部门索取或从该地区相关水文手册中查取。1979 年 4 月，在原交通部公路规划设计院主持下，28 个省（区）交通厅和 3 个部属设计院参加，根据全国 1 785 个水文站 34 041 站年的观测资料和 2 198 站年的历史洪水调查资料，制定了我国《公路大中桥流量经验公式汇总报告》。报告中把全国分为 111 个分区，分区如图 4-2-1 所示。制定了 3 个表，即全国水文分区流量计算参数表、全国水文分区 C_v 值表和全国水文分区 C_s/C_v 经验关系表。

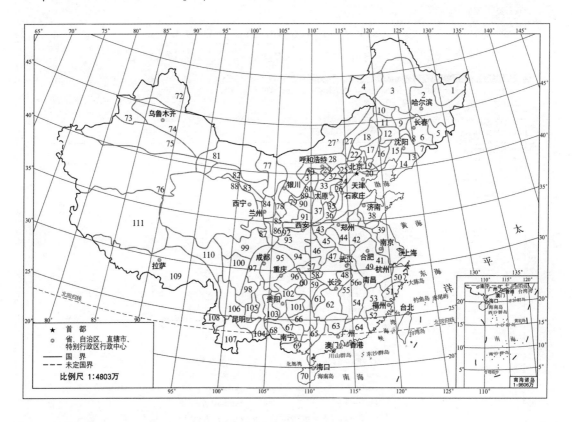

图 4-2-1　公路大中桥流量经验公式分区

一、全国水文分区流量计算参数表（表 4-2-1）

表 4-2-1 给出了 111 个分区的三项资料：

全国水文分区流量计算参数表

表 4-2-1

分区编号	分区名称	$\overline{Q}=CF^n$		误差（%）		$Q_{2\%}=KF^{n'}$		误差（%）		$\dfrac{Q_{1\%}}{Q_{2\%}}$	公式使用说明
		C	n	平均	最大	K	n'	平均	最大		
1	三江平原区	1.67	0.65			8.24	0.65	11	30.5	1.17	
2	大小兴安岭地区	2.14~3.00	0.65			7.0~17.3	0.65	21.5	59	1.17	$C=2.14$ 适用于三江口以上黑龙江流域各支流（我方一侧）及汤旺河流域，$C=3.00$ 适用于拉河流域；其他流域 $C=2.51$。$K=7.00$ 适用于三江口以上黑龙江流域各支流；$K=10$ 适用于穆棱河、芬河、蚂蚁河、汤旺河及该区范围内松花江沿岸各支流；$K=17.3$ 适用于拉林河、呼兰河水系
3	嫩江流域区	0.38	0.80			1.09~2.6	0.80	18.7	49.4	1.17	$K=1.09$ 适用于嫩江县以上各支流；$K=1.47$ 适用于嫩江县以下各支流（讷谟尔、乌裕尔水系除外）；$K=2.60$ 适用于讷谟尔、乌裕尔水系
4	海拉尔河上游区	0.71	0.65			2.13	0.65	16.5	32	1.10	
5	图、牡、绥区	0.33	0.88	36	145	2.00	0.86	39	187	1.09	
6	二松、拉区	0.46	0.88	40	166	8.00	0.74	33	108	1.10	
7	鸭绿江区	1.04	0.85	23	51	2.90	0.93	19	57	1.08	
8	东辽河区	5.64	0.45	34	71	48.00	0.45	46	83	1.12	
9	松嫩平原区										
10	洮蛟山丘陵区	2.50	0.49	40	136	47.00	0.40	25	67	1.08	
11	霍内上游区										缺观测资料
12	西辽河下游区										缺观测资料
13	辽东北部山区	0.97	0.84	13.1	29.4	10.10	0.75	21.8	38.7	1.17~1.31	采用等值线

续上表

分区编号	分区名称	$\overline{Q} = CF^n$				$Q_{2\%} = KF^{n'}$				$\dfrac{Q_{1\%}}{Q_{2\%}}$	公式使用说明
		C	n	误差(%)		K	n'	误差(%)			
				平均	最大			平均	最大		
14	辽东及沿海山丘区	7.40	0.70	22.9	62.9	33.70	0.68	16.6	45.9	1.13~1.28	采用等值线
15	辽河平原区	4.87	0.68	17.8	36.3	10.90	0.75	21.1	43.3	1.09~1.22	采用等值线
16	辽西丘陵区	6.80	0.65	17.1	55.0	16.5	0.72	15.7	37.5	1.16~1.30	采用等值线
17	辽西山丘区	3.40	0.65	16.1	39.7	52.00	0.50	28.3	59.5	1.09~1.33	采用等值线
18	辽西风沙区	0.16	0.84	13.3	34.8	4.10	0.61	91.2	46.2	1.12~1.27	采用等值线
18'	辽河丘陵区	5.88	0.61	8	12	4.50	0.91	3	5	1.09	
19	辽河深山区	9.60	0.60	19	54	57.00	0.60	30	74	1.22	
20	沿海丘陵区	3.10	0.85	16	70	15.00	0.85	23	77	1.21	
21	辽东浅山区	5.90	0.55	25	77	24.00	0.55	24	116	1.25	
22	北部高原区	0.30	0.60	45	75	1.00	0.60	55	128	1.23	
23											
24	太行山北部区	11.6	0.60	25	69	66.70	0.60	18	68	1.27	
25	坝下山区	3.26	0.60	15	33	13.80	0.60	9.2	15	1.20	
26	太行山南部区	10.90	0.55	27	92	66.70	0.55	27	108	1.26	
27	东北部草原丘陵区	0.184	0.50	16.4	21	1.00	0.50	21.2	28.3	1.24	
27'	无资料										
28	内陆河草原丘陵区	2.52	0.60	34.3	152	12.00	0.60	39.3	124	1.24	百灵庙站按本区之亚区考虑 $C=0.95, K=5.82, n=0.60, n'=0.60$
29	大青山、蛮汉山、土石山丘陵区(北)	4.45	0.60	9.9	18.2	23.44	0.60	13.1	27.3	1.25	
30	大青山、蛮汉山、土石山丘陵区(南)	14.5	0.50	6.6	18.5	88.40	0.45	16.8	29.2	1.21	
31	黄河流域黄土丘陵沙丘区	5.76	0.75	16.1	30	37.64	0.70	6.8	15.6	1.22	

续上表

分区编号	分区名称	$\overline{Q}=CF^n$				$Q_{2\%}=KF^{n'}$				$\dfrac{Q_{1\%}}{Q_{2\%}}$	公式使用说明
		C	n	误差(%)		K	n'	误差(%)			
				平均	最大			平均	最大		
32	晋北（Ⅰ）（雁北地区）	8.33	0.50	13	25	60.94	0.45	14	23	1.23	系中限数值，上限为 C、K 乘 1.3，下限为 C、K 乘 0.7。上限一般在植被很差，光土石山区采用；下限一般在植被好、森林面积大、汇水面积大的平原区采用
33	晋中（Ⅱ）	5.59	0.60	21	41	16.18	0.66	16	49	1.23	
34	晋东南（Ⅲ）	8.12	0.50	20	34	38.57	0.50	19	42	1.26	
35	晋东南(特)（Ⅲ₁）（浊漳河水系）	53.22	0.35	5	8	111.50	0.43	14	27	1.16	
36	同 34 区										
37	晋西南（Ⅳ）	10.79	0.60	24	40	85.83	0.50	19	42	1.22	
38	鲁山区	19.00	0.60	15.6	46.1	66.83	0.60	17.6	52.9	1.18	$C_v=0.9018/F^{0.00062}$
39	苏鲁丘陵区	0.33	1.00	20.4	39.8	7.15	1.00	40	93.5	1.16	苏鲁丘陵区 $Q_{2\%}=1.09F$，精度差不采用
40											
41	苏西地区	4.04	0.71	14.2	27.4	11.14	0.75	12.2	24.5	1.20	
42	淮河平原区	0.47	0.80	15	39	7.65	0.63	17	51	1.15	包括洪、汝、沙、颖、沱、惠济、贾鲁河
43	黄河流域区	2.35	0.73	20	67	7.30	0.78	19	34	1.20	包括伊、洛、㳃、沁、济河
44	淮河山丘区	51.00	0.45	19	46	145.00	0.48	28	99	1.18	包括淮河、竹竿、潢、狮、史、史灌、白露河及洪、汝、沙、颖河上游
45	长江流域区	8.85	0.65	23	36	58.00	0.57	20	56	1.19	包括丹江、唐、白河水系
46	南、堵、蛮、沮漳、黄柏河	1.35	0.86	18.9	34.1	19.07	0.69	15.1	31.7		
47	汉北区	24.00	0.51	14.8	35	111.00	0.46	13.3	20.8		
48	溾、举、巴、倒蘄、浠水	17.50	0.59	16	34.2	141.70	0.48	10.3	29.9		

续上表

分区编号	分区名称	$\overline{Q} = CF^n$				$Q_{2\%} = KF^{n'}$				$\dfrac{Q_{1\%}}{Q_{2\%}}$	公式使用说明
		C	n	误差(%) 平均	误差(%) 最大	K	n'	误差(%) 平均	误差(%) 最大		
49	皖、浙、赣山丘区	$0.26H_{24}^{1.5}$ $\times 10^{-2}$	0.85	15	45	$0.88H_{24}^{2}$ $\times 10^{-3}$	0.85	18.7	52	1.08~1.23	（一）本区分 $F<3\,000\text{km}^2$ 及 $F>3\,000\text{km}^2$ 统计，调节参数 H_{24} 指数相同，F 指数不同；（二）$F<3\,000\text{km}^2$ 时，$\overline{Q}$ 中 C 值变幅中上限 0.29~0.37，安徽省大别山区用上限，其他地区用中限；（三）$F>3\,000\text{km}^2$ 时，$Q_{2\%}$ 中 K 值变幅为 0.62~1.1，安徽省大别山区用 1.1，其他地区用 0.85
		$0.3H_{24}^{1.5}$ $\times 10^{-1}$	0.54	18	39	$6.8H_{24}^{2}$ $\times 10^{-3}$	0.52	23.5	44.4	1.06~1.14	
50	瓯江、椒江、奉化江、曹娥江水系	$6.52H_{24}$ $\times 10^{-2}$	0.76	10.1	33	$0.35H_{24}$	0.66	12.5	32.2	1.15	（一）本区分 $F<3\,000\text{km}^2$ 及 $F>3\,000\text{km}^2$ 统计，调节参数 H_{24} 指数相同，F 指数不同；（二）$F<3\,000\text{km}^2$ 时，$\overline{Q}$ 中 C 值为 6.52，$Q_{2\%}$ 中 K 值为 0.35，用于沿海台风区及风陆海雨区；（三）$F>3\,000\text{km}^2$ 时，$\overline{Q}$ 中 C 值为 13.9，$Q_{2\%}$ 中 K 值为 1.56，用于过渡区
		$13.9H_{24}$ $\times 10^{-2}$	0.68			$1.56H_{24}$	0.50				
51	闽、浙沿海台风雨区	$1.15\sim1.33$ $\times 10^{-2}H_{24}^{1.4}$	0.75	7.6	14.4	$3.74\times 10^{-2}H_{24}^{1.4}$	0.75	10.2	25.1	1.15	浙江省水系 $C=1.15\times 10^{-2}H_{24}^{1.4}$；福建省水系 $C=1.35\times 10^{-2}H_{24}^{1.4}$
52	福建沿海台风雨区	$6.7\times 10^{-3}H_{24}^{1.6}$	0.65	12.5	28.7	$17.2\times 10^{-3}H_{24}^{1.4}$	0.65	15.5	42.3 23	1.14 1.23	九江水系 $C=6.6\times 10^{-3}H_{24}^{1.6}$ 其他水系 $C=7.2\times 10^{-3}H_{24}^{1.6}$，$K=5.5\times 10^{-2}H_{24}^{1.4}$
53	福建内陆锋面雨区	$2.7\times 10^{-3}H_{24}^{1.6}$	0.75	8.8	26.9	$6.22\times 10^{-3}H_{24}^{1.3}$	0.75	13.0	40.6	1.14	建溪水系 $C=3.1\times 10^{-3}H_{24}^{1.6}$，$K=6.0\times 10^{-2}H_{24}^{1.3}$ 沙溪水系 $C=2.6\times 10^{-3}H_{24}^{1.6}$，$K=5.2\times 10^{-2}H_{24}^{1.3}$ 其他水系 $C=2.7\times 10^{-3}H_{24}^{1.6}$，$K=5.5\times 10^{-2}H_{24}^{1.3}$

续上表

分区编号	分区名称	$\overline{Q}=CF^n$				$Q_{2\%}=KF^{n'}$				$\dfrac{Q_{1\%}}{Q_{2\%}}$	公式使用说明
		C	n	误差(%)		K	n'	误差(%)			
				平均	最大			平均	最大		
54	赣江区	5.4	0.70	9.4	23.1	25.3	0.61	16.7	28.4	1.12	
55	金、富、陆、修水区	4.85	0.77	10.3	36.2	19.0	0.72	9.6	20.2		
56	湖区										
57	清江三峡区	4.30	0.77	13.6	26.8	24.50	0.66	14.0	33.9		
58	澧水流域区	11.44	0.71	13.2	43.0	45.20	0.63	11.5	28.2	1.10	除63区外,包括沅水干支流地区藏江、黔域等以上地段的沅水支流及渠水、巫水上游地区
59	沅水中下游区	6.76	0.72	14.1	35	23.09	0.68	15.9	36.6	1.20	
60	沅水上游区	2.47	0.78	12.1	30.2	7.91	0.75	13.1	31.7	1.14	
61	资水流域区	11.95	0.62	8.2	22.1	31.59	0.59	12.6	24.9	1.10	
62	湘江流域区	2.77	0.78	13.2	32.4	7.23	0.75	16.9	48.2	1.10	
63	内陆区	$0.0046H_{24}^{1.6}$	0.65	6.5	−18	$0.024H_{24}^{1.6}$	0.55	9.5	−27	1.13	
64	沿海区	$0.0033H_{24}^{1.6}$	0.65	10.5	26	$0.0166H_{24}^{1.6}$	0.55	12.3	29	1.13	
65	郁江、贺江区	7.92	0.70	14.8	57	55	0.55	12.7	57	1.12	
66	柳江、桂江区	22.50	0.60	16.4	54	52.8	0.60	24.3	66	1.13	
67	红水河区	8.20	0.60	18.2	39	45.00	0.50	21.6	49	1.14	
68	左右江区	3.30	0.70	14.4	27	12.00	0.64	10.6	17	1.15	
69	沿海区	13.51	0.60	20.9	40	78.00	0.50	19.1	28	1.15	防域河流域C值采用58.1,K值采用284
70	海南岛区(西北区) 海南岛区(东区)	$0.0059H_{24}^{1.6}$	0.65	11.4	−36	149.00	0.55	18.6	41	1.17	
71	台湾省										
72	阿尔泰区	0.39~0.73	0.80	22	44	1.16~2.14	0.75	14	33	1.11	额尔齐斯主流 $C=0.18,K=0.69$
73	伊犁区	0.31~0.58	0.75	28	75	0.54~1.00	0.75	20	58	1.09	
74	天山北坡区	0.27~0.50	0.80	45	129	0.82~1.52	0.80	39	78	1.17	
75	天山南坡区	1.66~2.84	0.60	20	63	7.13~13.25	0.53	30	88	1.13	开都河水系 $C=1.0,K=4.23~7.13$
76	昆仑山北坡区	0.28~0.52	0.80	20	58	2.97、1.60	0.80	25	53	1.15	和田地区$C=1.12~2.08$,喀什地区$K=2.08~3.86$
77	阿左旗荒漠区										缺资料

续上表

分区编号	分区名称	$\bar{Q}=CF^n$				$Q_{2\%}=KF^{n'}$				$\dfrac{Q_{1\%}}{Q_{2\%}}$	公式使用说明
		C	n	误差(%)		K	n'	误差(%)			
				平均	最大			平均	最大		
78	贺兰山、六盘山区	5.20 上限 8.00 下限 3.60	0.60	25.4	77.5	23.00 上限 34.00 下限 16.00	0.60	25.9	104	1.25	固原东部茹河水系、贺兰山北段用上限,西吉、泾源、香山地区用下限
79	吴忠盐池区	2.20	0.60	21.6	61.8	5.5	0.60	33.4	119	1.20	红柳沟上游、苦水河上游用上限,苦水河下游盐池内陆河用下限
80	河西走廊北部荒漠区										无资料地区
81	河西走廊西区	0.010 0.014 0.0018	0.90	24	52	0.042 0.060 0.078	0.90	25	75	1.23	
82	河西走廊东区	0.049 0.070 0.091	0.90	15	33	0.390 0.555 0.720	0.85	21	50	1.26	荒漠边缘区 $C=0.03$,$n=0.90$,$K=0.19$,$n'=0.85$
83	祁连山区	0.810 1.15 1.49	0.67	22	56	14.29 20.46 26.62	0.45	18	43	1.23	
84	中部干旱区	0.485 0.690 0.890	0.75	26	138	10.94～15.49	0.55	21	97	1.21	
85	黄河上游区	0.060 0.850 0.110	0.90	15	32	1.29 1.84 2.38	0.71	20	99	1.18	大峪沟、冶木河、广通河 $C=0.24$,$n=0.90$,$K=2.38$,$n'=0.71$
86	陇东、泾、渭、汉区	2.89 4.10 5.30	0.64	26	67	22.26～44.65	0.55	28	72	1.23	
87	陇南白龙江区	0.210 0.300 0.390	0.82	24	116	0.94～1.55	0.77	19	45	1.14	
88-Ⅰ	黄河上游区	0.07	0.88			0.51	0.76			1.11	
88-Ⅱ	湟河、大通河区	1.43	0.62			11.76	0.49			1.14	
88-Ⅲ	青海湖区	4.54	0.48			17.25	0.42			1.22	
88-Ⅳ	柴达木地区	0.25	0.69			0.77	0.68			1.16	
88-Ⅴ	玉树区	0.50	0.70			0.79	0.74			1.13	

续上表

分区编号	分区名称	$\overline{Q}=CF^n$				$Q_{2\%}=KF^{n'}$				$\dfrac{Q_{1\%}}{Q_{2\%}}$	公式使用说明
		C	n	误差(%)		K	n'	误差(%)			
				平均	最大			平均	最大		
88-Ⅵ	祁连山区	0.59	0.74			4.91	0.63			1.19	
89	陕北窟野河区	48.5	0.48	19.8	53.7	320.00	0.45	14.4	42.0	1.20	
90	陕北大理河、延河区	6.10	0.65	23.3	42.1	13.80	0.72	17.3	40.5	1.18	
91	渭河北岸泾、洛、渭区	2.80	0.64	14.4	26.7	31.20	0.53	12.0	34.0	1.30	
92	渭河南岸秦岭北麓区	1.90	0.83	17.3	51.6	3.69	0.92	13.9	47.1	1.10	
93	陕南秦岭区	3.50	0.76	13.9	45.0	15.90	0.70	12.0	47.0	1.10	
94	大巴山暴雨区	5.77	0.80	22.9	44.4	25.40	0.73	18.5	41.6		
95	东部盆地丘陵区	4.80	0.73	19.0	53.4	11.22	0.73	14.1	36.7		
96	长江南岸深丘区	5.32	0.73	14.9	38.4	10.70	0.74	20.7	49.9		
97	青衣江、鹿头山暴雨区	17.20	0.64	22.9	61.6	23.62	0.69	19.8	54.6		
98	安宁河区	3.92	0.68	17.4	45.4	9.10	0.66	23.7	40.8		
99	川西北高原干旱区	54.00	0.32	14.1	38.0	74.00	0.38	25.1	42.8		
100	金沙江及雅砻江下游区	1.55	0.69	18.4	41.0	6.60	0.59	19.7	50.1		
101	贵州东南部多雨区	高8.00 中6.43 低5.23	0.70	17.14	26.5	55.70 42.80 33.80	0.60	13.3	22.0	1.20	黔东北锦江、松桃江,黔东南都柳江、樟江可用高值;清水河各支流及干流下游可用中值;清水河中游及六洞河可用低值;雷公山、梵净山地区用高值
102	贵州中部过渡区	高6.12 中4.61 低3.65	0.70	13.33	27.2	39.80 29.10 21.10	0.60	18.2	45.1	1.20	乌江支流、青永江中下游、石阡河西江水系的六洞河可用高值;乌江中下游干支流、西江水系的平塘河、濛江以及赤水河下游、沅阳河上游采用中值;赤水河中上游以及沅阳河中下游采用低值
103	贵州西部少雨区	高3.88 中3.01 低2.38	0.70	14.48	29.8	21.10 17.30 13.10	0.60	13.6	62.3	1.20	北盘江下游用高值;北盘山中上游六冲河、乌江鸭池河至乌江渡干河北岸各支流用中值;三岔河上游、南盘江贵州境内干支流及威宁、华节、赫章等地区用低值

续上表

分区编号	分区名称	$\overline{Q}=CF^n$				$Q_{2\%}=KF^{n'}$				$\dfrac{Q_{1\%}}{Q_{2\%}}$	公式使用说明
		C	n	误差(%) 平均	误差(%) 最大	K	n'	误差(%) 平均	误差(%) 最大		
104	滇东区	3.60	0.60	21.8	109	1.80	0.80	32.1	117	1.14	$C=2.9\sim4.5$,$K=1.45\sim2.5$;按云南省增划的副区使用,以利提高精度(资料另详)
105	滇中区	1.20	0.70	25.5	52	3.00	0.65	44.9	135	1.12	$C=0.95\sim1.54$,$K=2.55\sim4.5$;按云南省增划的副区使用,以利提高精度(资料另详)
106	滇西北区	0.80	0.80	23.6	89	7.50	0.65	27.5	83	1.17	$C=0.6\sim1.04$,$K=5.6\sim11.2$;按云南省增划的副区使用,以利提高精度(资料另详)
107	滇南区	1.23	0.83	19.3	40	6.40	0.75	24.2	58	1.13	$C=1.0\sim1.6$,$K=4.8\sim8.45$;按云南省增划的副区使用,以利提高精度(资料另详)
108	滇西区	3.30	0.70	20.6	50	6.90	0.70	31.7	67	1.10	$C=2.64\sim4.2$,$K=5.2\sim9.6$;按云南省增划的副区使用,以利提高精度(资料另详)
109	西藏高原湖泊区										无资料
110	西藏东部区	0.09	0.95	7.4	19.8	0.50	0.85	7.0	14.6	1.08	参见有关资料
111	雅鲁藏布江区	0.77	0.75	15.1	37.4	1.40	0.75	9.6	28.3	1.09	参见有关资料

(1)平均流量(年最大流量系列的均值)

$\overline{Q}=CF^n$,表中给出了 C 和 n 值及误差范围。

(2)频率 $P=2\%$ 的流量

$Q_{2\%}=KF^{n'}$,表中给出了 K 和 n' 及误差范围。

(3)$Q_{1\%}/Q_{2\%}$

根据此值,可由 $Q_{2\%}$ 算出 $Q_{1\%}$。

综上,由表 4-2-1 可算出 $\overline{Q}$、$Q_{2\%}$ 和 $Q_{1\%}$ 值。

二、全国水文分区 C_v 值表(表 4-2-2)

表 4-2-2 中给出了 111 个分区流域面积从 100km² 到 50 000km² 范围内的 C_v 值,或者建议采用 C_v 等值线取值,其等值线可从相关水文手册获得。从表中 C_v 值可以看出,流域面积 F 越大,C_v 越小。

全国水文分区 C_v 值　　　　　　　表 4-2-2

分区编号	分区名称	流域面积（km²）							
		100	250	500	1 000	5 000	10 000	25 000	50 000
1	三江平原区	采用等值线							
2	大小兴安岭地区	采用等值线							
3	嫩江流域区	采用等值线							
4	海拉尔河上游区	采用等值线							
5	图、牡、绥区	1.55	1.40	1.30	1.20	1.01	0.94	0.85	0.80
6	二松、拉区	1.31	1.22	1.17	1.11	0.99	0.94	0.88	0.83
7	鸭绿江区	1.08	1.05	1.02	1.00	0.95	0.92	0.90	0.87
8	东辽河区	1.25	1.22	1.20	1.19	1.14			
9	松嫩平原地区	缺观测资料							
10	洮蛟山丘陵区	1.73	1.61	1.52	1.43	1.26	1.19	1.10	1.04
11	霍内上游区	缺观测资料							
12	西辽河下游区	缺观测资料							
13	辽东北部山区	采用等值线							
14	辽东及沿海山丘区	采用等值线							
15	辽河平原区	采用等值线							
16	辽西丘陵区	采用等值线							
17	辽西山丘区	采用等值线							
18	辽西风沙区	采用等值线							
18′	辽河丘陵区		1.06	1.00	0.94	0.82			
19	辽河深山区	采用等值线							
20	沿海丘陵区	采用等值线							
21	辽东浅山区	采用等值线							
22	北部高原区	采用等值线							
23		采用等值线							
24	太行山北部区	采用等值线							
25	坝下山区	采用等值线							
26	太行山南部区	采用等值线							
27	东北部草原丘陵区	1.30	1.26	1.24	1.20	1.12	1.10		
28	内陆河草原丘陵区	1.42	1.37	1.32	1.28	1.20	1.16		
29	大青山、蛮汉山、土石山丘陵区（北）	1.60	1.52	1.47	1.44	1.37	1.32		
30	大青山、蛮汉山、土石山丘陵区（南）	1.40	1.25	1.15	1.07	0.88	0.80		
31	黄河流域黄土丘陵沙丘区	1.40	1.30	1.20	1.13	0.95	0.90		

续上表

分区编号	分区名称	流域面积(km²)							
		100	250	500	1 000	5 000	10 000	25 000	50 000
32	晋北(Ⅰ)(雁北地区)	1.40	1.40	1.40	1.35	1.14	1.04	0.92	
33	晋中(Ⅱ)	1.40	1.30	1.22	1.16	1.00	0.94	0.88	
34	晋东南(Ⅲ)	1.22	1.18	1.16	1.12	1.06	1.03	1.00	
35	晋东南(特)(Ⅲ₁)(浊漳河水系)	1.05	1.05	1.05	1.05	1.05	1.05	1.05	
36	同34区								
37	晋西南(Ⅳ)	1.32	1.22	1.17	1.12	1.00	0.96	0.90	
38	鲁山区	$C_v = 0.9018/F^{0.0062}$							
39	苏鲁丘陵区	采用等值线							
40									
41	苏西地区								
42	淮河平原区	采用等值线							
43	黄河流域区	采用等值线							
44	淮河山丘区	采用等值线							
45	长江流域区	采用等值线							
46	南、堵、蛮、沮漳、黄柏河	$F \leq 300$ $C_v = 1.02$		$F > 300$ $C_v = 3.84 \times F^{-0.64}$					
47	汉北区	$C_v = 1.7 \times F^{-0.115}$							
48	漴、举、巴、倒蕲、浠水	$F \leq 560$ $C_v = 1.12$		$F > 560$ $C_v = 5.68 \times F^{-0.29}$					
49	皖、浙、赣山丘区	$C_v = 2.9 \times F^{-0.2}$							
50	瓯江、椒江、奉化江、曹娥江水系	$C_v = 2.15/F^{0.08}$							
51	闽、浙沿海台风雨区	0.76	0.71	0.67	0.63	0.54			
52	福建沿海台风雨区	0.60	0.57	0.55	0.53	0.48	0.46	0.44	
53	福建内陆锋面雨区	0.60	0.54	0.51	0.48	0.40	0.37	0.34	(0.32)
54	赣江区	0.80	0.71	0.65	0.58	0.47	0.43	0.38	0.34
55	金、富、陆、修水区	$C_v = 0.94F^{-0.06}$							
56	湖区								

续上表

分区编号	分 区 名 称	流域面积（km²）							
		100	250	500	1 000	5 000	10 000	25 000	50 000
57	清江三峡区	$C_v = 2.4F^{-0.2}$							
58	澧水流域区		0.70	0.50	0.43	0.38	0.34	0.34	
59	沅水中下游区		0.70	0.64	0.60	0.56	0.54	0.51	0.35
60	沅水上游区		0.70	0.64	0.60	0.56	0.54	0.51	0.35
61	资水流域区				0.60	0.40	0.40	0.40	
62	湘江流域区		0.59	0.55	0.53	0.45	0.45	0.43	0.36
63	内陆区	0.72	0.64	0.58	0.53	0.44	0.40		
64	沿海区	0.72	0.64	0.58	0.53	0.44	0.40		
65	郁江、贺江区	0.80	0.71	0.64	0.58	0.46	0.42		
66	柳江、桂江区	0.80	0.71	0.64	0.58	0.46	0.42		
67	红水河区	0.80	0.71	0.64	0.58	0.46	0.42		
68	左右江区	0.85	0.78	0.71	0.66	0.52	0.47		
69	沿海区	0.85	0.78	0.71	0.66	0.52	0.47		
70	海南岛区（西北区）	0.72	0.64	0.58	0.53	0.44	0.40		
	海南岛区（东区）	0.88	0.85	0.83	0.80	0.76	0.74		
71	台湾省								
72	阿尔泰区	采用等值线							
73	伊犁区	采用等值线							
74	天山北坡区	采用等值线							
75	天山南坡区	采用等值线							
76	昆仑山北坡区	采用等值线							
77	阿左旗荒漠区								
78	贺兰山、六盘山区	1.20	1.10	1.04	0.98	0.84	0.78		
79	吴忠盐池区	1.20	1.10	1.04	0.98	0.84	0.78		
80	河西走廊北部荒漠区								
81	河西走廊西区	采用等值线							
82	河西走廊东区	采用等值线							
83	祁连山区	采用等值线							
84	中部干旱区	采用等值线							
85	黄河上游区	采用等值线							
86	陇东、泾、渭、汉区	采用等值线							
87	陇南白龙江区	采用等值线							
88-Ⅰ	黄河上游区	$C_v = 3.51F^{-0.21}$							
88-Ⅱ	湟河、大通河区	$C_v = 3.10F^{-0.21}$							
88-Ⅲ	青海湖区	$C_v = 1.68F^{-0.14}$							

续上表

分区编号	分区名称	流域面积(km^2)							
		100	250	500	1 000	5 000	10 000	25 000	50 000
88-Ⅳ	柴达木地区								
88-Ⅴ	玉树区				$C_v = 0.11F$				
88-Ⅵ	祁连山区								
89	陕北窟野河区	1.55	1.45	1.30	1.23	1.06	1.00	0.92	0.86
90	陕北大理河、延河区	1.55	1.45	1.30	1.23	1.06	1.00	0.92	0.86
91	渭河北岸泾、洛、渭区	1.52	1.42	1.31	1.24	1.09	1.03	0.97	0.92
92	渭河南岸秦岭北麓区	0.92	0.87	0.81	0.76	0.67	0.64	0.59	0.56
93	陕南秦岭区	1.52	1.42	1.31	1.24	1.09	1.03	0.97	0.92
94	大巴山暴雨区		0.72	0.68	0.62	0.52	0.48		
95	东部盆地丘陵区	0.81	0.72	0.66	0.62	0.51	0.47		
96	长江南岸深丘区		0.70	0.63	0.57	0.45	0.41		
97	青衣江、鹿头山暴雨区		0.38~0.80	0.34~0.72	0.32~0.64	0.25~0.52	0.22~0.45		
98	安宁河区	0.75~1.85	0.56~1.20	0.46~0.88	0.36~0.64	0.25~0.30	0.18~0.22		
99	川西北高原干旱区		0.57	0.52	0.49	0.41	0.38	0.34	
100	金沙江及雅砻江下游区	0.69~1.50	0.52~1.10	0.42~0.92	0.34~0.76	0.21~0.47	0.18~0.38		
101	贵州东南部多雨区				采用等值线				
102	贵州中部过渡区				采用等值线				
103	贵州西部少雨区				采用等值线				
104	滇东区				采用等值线				
105	滇中区				采用等值线				
106	滇西北区				采用等值线				
107	滇南区				采用等值线				
108	滇西区				采用等值线				
109	西藏高原湖泊区				采用等值线				
110	西藏东部区				采用等值线				
111	雅鲁藏布江区				采用等值线				

三、全国水文分区 C_s/C_v 经验关系表(表4-2-3)

全国水文分区 C_s/C_v 经验关系表　　　　表4-2-3

分区	分区名称	C_s/C_v 的经验关系	分区	分区名称	C_s/C_v 的经验关系
1	三江平原区	2.5	31	黄河流域黄土丘陵沙丘区	2.5
2	大小兴安岭地区	2.5	32	晋北Ⅰ(雁北地区)	3
3	嫩江流域区	2.0	33	晋中Ⅱ	3
4	海拉尔河上游区	2.0	34	晋东南Ⅲ	3
5	图、牡、绥区	2.5	35	晋东南(特)(Ⅲ₁)(浊漳河水系)	3
6	二松、拉区	2.5	36	同34区	3
7	鸭绿江区	2.5	37	晋西南(Ⅳ)	3
8	东辽河区	3.0	38	鲁山区	2.5
9	松嫩平原区	无观测资料	39	苏鲁丘陵区	2
10	洮蛟山丘陵区	1.5	40		
11	霍内上游区		41	苏西地区	3
12	西辽河下游区		42	淮河平原区	2
13	辽东北部山区	3	43	黄河流域区	2
14	辽东及沿海山丘区	3	44	淮河山丘区	2.5
15	辽河平原区	2.5	45	长江流域区	2.5
16	辽西丘陵区	3	46	南、堵、蛮、沮漳、黄柏河	3.5、2.5
17	辽西山丘区	3	47	汉北区	2.5
18	辽西风沙区	3	48	溾、举、巴、倒蕲、浠水	3.5、2.0
18′	辽河丘陵区	1.5	49	皖、浙、赣山丘区(1)	2.0~3.5
19	辽河深山区	2.5	49′	皖、浙、赣山丘区(2)	2.0~3.5
20	沿海丘陵区	2	50	瓯江、椒江、奉化江、曹娥江水系	2.0~3.5
21	辽东浅山区	2.5	51	闽、浙沿海台风雨区	2.0~3.0
22	北部高原区	3	52	福建沿海台风雨区	3
23			53	福建内陆锋面雨区	3.5
24	太行山北部区	2.5	54	赣江区	3
25	坝下山区	2.5	55	金、富、陆、修水区	2.5
26	太行山南部区	2.5	56	湖区	
27	东北部草原丘陵区	3.5	57	清江三峡区	2.5、3.5
28	内陆河草原丘陵区	2.5	58	澧水流域区	2.0
29	大青山、蛮汉山、土石山丘陵区(北)	2.5	59	沅水中下游区	2.5
30	大青山、蛮汉山、土石山丘陵区(南)	2.5	60	沅水上游区	2.5

续上表

分区	分区名称	C_s/C_v 的经验关系	分区	分区名称	C_s/C_v 的经验关系
61	资水流域区	2	87	陇南白龙江区	3.5
62	湘江流域区	1	88	青海高原区	2~4,一般取3
63	内陆区	3	89	陕北窟野河区	3
64	沿海区	3	90	陕北大理河、延河区	3
65	郁江、贺江区	3	91	渭河北岸泾、洛、渭区	2.5
66	柳江、桂江区	3	92	渭河南岸秦岭北麓区	3
67	红水河区	3	93	陕南秦岭区	2
68	左右江区	3	94	大巴山暴雨区	2
69	沿海区	3	95	东部盆地丘陵区	2
70	海南岛区(西北区) 海南岛区(东区)		96	长江南岸深丘区	2.5
71	台湾省		97	青衣江、鹿头山暴雨区	2.5
72	阿尔泰区	1.5	98	安宁河区	2
73	伊犁区	1.5	99	川西北高原干旱区	3
74	天山北坡区	3.5	100	金沙江及雅砻江下游区	2
75	天山南坡区	3	101	贵州东南部多雨区	3.5
76	昆仑山北坡区	3.5	102	贵州中部过渡区	3.5
77	阿左旗荒漠区	3	103	贵州西部少雨区	3.5
78	贺兰山、六盘山区	3	104	滇东区	4
79	吴忠盐池区	3	105	滇中区	4
80	河西走廊北部荒漠区	—	106	滇西北区	4
81	河西走廊西区	3.5	107	滇南区	4
82	河西走廊东区	3	108	滇西区	4
83	祁连山区	3.5	109	西藏高原湖泊区	4
84	中部干旱区	3	110	西藏东部区	4
85	黄河上游区	3	111	雅鲁藏布江区	4
86	陇东、泾、渭、汉区	3			

四、经验公式的组合使用方法

（1）由表 4-2-1 计算 $\overline{Q}=CF^m$，查表 4-2-2 得 C_v 值，查表 4-2-3 得 C_s 值，求算 $Q_P=\overline{Q}(1+C_v\Phi_P)$；

（2）由分区 $Q_{2\%}=KF^{n'}$ 中的 K 和 n' 值，求出 $Q_{2\%}$；再由表 4-2-1 中 $Q_{1\%}/Q_{2\%}$ 的值，得 $Q_{1\%}$ 值。

五、使用范围

表 4-2-1、表 4-2-2、表 4-2-3 一般用于流域面积 F 小于 50 000km² 的中等流域的桥位。首先在地图上勾绘出桥位以上的流域面积 F，看流域大部分在哪一区中(图 4-2-1)，就可采用该分区公式。

第三节 推理公式和经验公式

公路工程中位于小流域河流及沟渠的桥梁和涵洞，以及公路排水系统的设计流量，一般由暴雨资料来推求。

降雨经过植物截留、土壤入渗和坡面填洼等各种损失后，才开始出现地面径流。降雨扣除各种损失后剩余的雨量，称为净雨。从降雨到净雨的过程称为产流过程。假定设计暴雨的频率与设计洪水的频率相同。时段平均暴雨强度 i、历时 t 和频率为 P 的雨力(S_P)之间的关系可用下式表示：

$$i = \frac{S_P}{t^n} \tag{4-3-1}$$

式中：S_P——频率为 P 的雨力(mm/h)，即 t 为 1h 的降雨强度；

n——降雨递减指数。

从降雨量推算净雨量，有以下两种方法：

(1)降雨量乘以折减系数，即洪峰径流系数，该系数以 ψ 表示；

(2)从降雨量中减去损失雨量，损失雨量可用损失参数 μ(mm/h)表示。

坡面出现径流后，从流域各处汇集到流域出口河流断面的过程，称为汇流过程。影响汇流过程的主要因素有主河道长度 L(km)、坡度 I 及地形等。

从流域最远点流到出口断面的时间称为汇流时间 τ(h)。

一、推理公式

推理公式的基本形式为：

$$Q_P = K \overline{H}_P F \tag{4-3-2}$$

式中：Q_P——频率为 P 的流量(m³/s)；

K——单位换算系数，取 0.278；

$\overline{H}_P$——频率为 P 的平均净雨强度(mm/h)；

F——流域面积(km²)。

由于研究者对平均净雨强度 $\overline{H}_P$ 的推算和简化方法不同，推理公式形式亦不同。1958 年我国水利科学研究院水文研究所制定了下列推理公式：

$$Q_P = 0.278 \frac{\psi S_P}{\tau^n} F \tag{4-3-3}$$

式中：ψ——降雨损失参数(mm/h)；

n——暴雨递减指数；

τ——汇流时间(h);

其他符号意义同前。

式(4-3-3)已广泛应用于我国各地区的水利工程。各地区的水文手册中均有该公式在当地的有关参数等数据资料,桥涵设计时可作为重要的参考资料。

20世纪80年代初,原交通部公路科学研究所和各省(自治区)交通设计院共同制定了小流域暴雨径流的推理公式:

$$Q_P = 0.278 \left(\frac{S_P}{\tau^n} - \mu \right) F \quad (4\text{-}3\text{-}4)$$

式中:Q_P——设计频率为 P 时的洪峰流量(m³/s);

S_P——设计频率为 P 时的雨力(mm/h),可查各地水文手册中的雨力等值线或图表资料,或全国雨力等值线图(图4-3-1、图4-3-2和图4-3-3);

μ——降雨损失参数(mm/h):

北方地区 $\qquad \mu = K_1 (S_P)^{\beta_1} \qquad (4\text{-}3\text{-}5)$

南方地区 $\qquad \mu = K_2 (S_P)^{\beta_2} F^{-\lambda} \qquad (4\text{-}3\text{-}6)$

K_1、K_2——系数,查表4-3-1,表中土壤植被分区见表4-3-2;

β_1、β_2、λ——指数,查表4-3-1,表中土壤植被分区见表4-3-2;

n——暴雨递减指数,查图4-3-4和表4-3-3,得n_1、n_2和n_3;$\tau<1h$时,用n_1;$1h<\tau<6h$时,用n_2;$6h<\tau<24h$时,用n_3;

τ——汇流时间(h):

北方地区 $\qquad \tau = K_3 \left(\frac{L}{\sqrt{I_z}} \right)^{\alpha_1} \qquad (4\text{-}3\text{-}7)$

南方地区 $\qquad \tau = K_4 \left(\frac{L}{\sqrt{I_z}} \right)^{\alpha_2} S_P^{-\beta_3} \qquad (4\text{-}3\text{-}8)$

L——主河沟长度(km);

I_z——主河沟平均坡度(比降);

K_3、K_4——系数,查表4-3-4;

α_1、α_2、β_3——指数,查表4-3-4。

损失参数的分区和系数指数值 表4-3-1

省(自治区)	分区	分区指标	系数、指数				
			K_1	β_1	K_2	β_2	λ
河北省	Ⅰ	河北平原区	1.23	0.61			
	Ⅱ	冀北山区	0.95	0.60			
		冀西北盆地区	1.15	0.58			
	Ⅲ	冀西山区	1.12	0.56			
		坝上高原区	1.52	0.50			

续上表

省(自治区)	分区	分区指标	系数、指数				
			K_1	β_1	K_2	β_2	λ
山西省	Ⅰ	煤矿塌陷和森林覆盖较好地区	0.85	0.98			
	Ⅱ	裸露石山区	0.25	0.98			
	Ⅲ	黄土丘陵区	0.65	0.98			
四川省	Ⅰ	青衣江区			0.742	0.542	0.222
	Ⅱ	盆地丘陵区			0.270	0.897	0.272
	Ⅲ	盆缘山区			0.263	0.887	0.281
安徽省	Ⅱ	根据表4-3-2 土壤分区			0.755	0.74	0.017 1
	Ⅲ				0.103	1.21	0.042 5
	Ⅳ				0.406	1.00	0.110 4
	Ⅴ				0.520	0.94	0
	Ⅵ				0.332	1.099	0
宁夏回族自治区	Ⅳ	根据表4-3-2 土壤分区	0.93	0.86			
	Ⅴ		1.98	0.69			
湖南省	Ⅰ	湘资流域	0.697	0.567			
	Ⅱ	沅水流域	0.213	0.940			
	Ⅲ	沣水流域	1.925	0.223			
甘肃省	Ⅱ	根据表4-3-2 土壤分区	0.65	0.82			
	Ⅲ		0.75	0.84			
	Ⅳ		0.75	0.86			
吉林省	Ⅱ	根据表4-3-2 土壤分区	0.12	1.44			
	Ⅲ		0.13	1.37			
	Ⅳ		0.29	1.01			
	Ⅴ		0.29	1.01			
河南省	Ⅰ	根据河南省n值分区	0.002 3	1.75			
	Ⅱ		0.057	1.0			
	Ⅲ		1.0	0.71			
	Ⅳ		0.80	0.51			
青海省	Ⅰ	东部区	0.52	0.774			
	Ⅱ	内陆区	0.32	0.913			
新疆维吾尔自治区	Ⅰ	$50 < F < 200$	0.46	1.09			
	Ⅱ	$F > 200$	0.68	1.09			

续上表

省(自治区)	分区	分区指标	系数、指数				
			K_1	β_1	K_2	β_2	λ
浙江省	Ⅰ	浙北地区	0.08	0.15			
	Ⅱ	浙东南沿海区	0.10~0.11	0.15			
	Ⅲ	浙西南、西北及东部丘陵区	0.13~0.14	0.15			
	Ⅳ	杭嘉湖平原边缘地势平缓区	0.15	0.15			
内蒙古自治区	Ⅳ	大兴安岭中段及余脉山区	0.517~0.83	0.4~0.71			
	Ⅵ	黄河流域山地丘陵区	1.0	1.05			
福建省		全省通用	0.34	0.93			
贵州省	Ⅰ	深山区			1.17	1.099	0.437
	Ⅱ	浅山区			0.51	1.099	0.437
	Ⅲ	平丘区			0.31	1.099	0.437
广西壮族自治区	Ⅰ	丘陵区	0.52	0.774			
	Ⅱ	山区	0.32	0.915			

土壤植被分区 表4-3-2

分区	特征
Ⅱ	黏土、盐碱土地面,土壤瘠薄的岩石地区;植被差,轻微风化的岩石地区
Ⅲ	植被差的砂质黏土地面;土层较薄的土面山区,植被中等、风化中等的山区
Ⅳ	植被差的黏、砂土地面;风化严重、土层厚的山区,草灌较厚的山丘区或草地;人工幼林区;水土流失中等的黄土地面区
Ⅴ	植被差的一般砂土地面,土层较厚、森林较密的地区;有大面积水土保持措施治理较好的土质
Ⅵ	无植被、松散的砂土地面,茂密并有枯枝落叶层的原始森林

暴雨递减指数 n 值分区 表4-3-3

省(自治区)	分区	n 值		
		n_1	n_2	n_3
内蒙古自治区	Ⅰ	0.62	0.79	0.86
	Ⅱ	0.60	0.76	0.79
	Ⅲ	0.59	0.76	0.80
	Ⅳ	0.65	0.73	0.75
	Ⅴ	0.63	0.76	0.81
	Ⅵ	0.59	0.71	0.77
	Ⅶ	0.62	0.74	0.82

续上表

省(自治区)	分区	n 值		
		n_1	n_2	n_3
陕西省	Ⅰ	0.59	0.71	0.78
	Ⅱ	0.52	0.75	0.81
	Ⅲ	0.52	0.72	0.73
福建省	Ⅰ	0.53	0.65	0.70
	Ⅱ	0.52	0.69	0.73
	Ⅲ	0.47	0.65	0.70
	Ⅳ	0.48	0.65	0.73
	Ⅴ	0.51	0.67	0.70
浙江省		0.60	0.65	0.78
		0.49	0.62	0.65
		0.53	0.68	0.73
安徽省	Ⅰ		0.61	0.69
	Ⅱ	0.38	0.69	0.69
	Ⅲ	0.39	0.76	0.77
甘肃省	Ⅰ	0.69	0.72	0.78
	Ⅱ	0.61	0.76	0.82
	Ⅲ	0.62	0.77	0.85
	Ⅳ	0.55	0.65	0.82
	Ⅴ	0.58	0.74	0.85
	Ⅵ	0.49	0.59	0.84
	Ⅶ	0.53	0.66	0.75
宁夏回族自治区	Ⅰ	0.52	0.62	0.81
	Ⅱ	0.58	0.66	0.75
湖南省	Ⅰ	0.45	0.62~0.63	0.70~0.75
	Ⅱ	0.30~0.40	0.65~0.70	0.75
	Ⅲ	0.40~0.50	0.55~0.60	0.70~0.80
	Ⅳ	0.40~0.50	0.65~0.70	0.75~0.80
	Ⅴ	0.40~0.50	0.70~0.75	0.75~0.80
辽宁省	Ⅰ	0.55~0.60	0.60~0.70	
	Ⅱ	0.55~0.60	0.60~0.70	
	Ⅲ	0.50~0.55	0.55~0.60	
四川省	Ⅰ	0.50	0.60~0.65	
	Ⅱ	0.45	0.70~0.75	
	Ⅲ	0.73	0.70~0.75	

续上表

省(自治区)	分区	n 值		
		n_1	n_2	n_3
青海省	Ⅰ	0.49	0.75	0.87
	Ⅱ	0.47	0.76	0.82
	Ⅲ	0.65	0.78	
吉林省	Ⅰ	0.56	0.70	0.76
	Ⅱ	0.56	0.75	0.82
	Ⅲ	0.60	0.69	0.75
河南省	Ⅰ	0.55~0.60	0.65~0.70	0.75~0.80
	Ⅱ	0.50~0.55	0.70~0.75	0.75~0.80
	Ⅲ	0.45~0.50	0.60~0.65	0.75
广西壮族自治区	Ⅰ	0.38~0.43	0.65~0.70	0.70~0.73
	Ⅱ	0.40~0.45	0.70~0.75	0.75~0.85
	Ⅲ	0.40~0.45	0.60~0.65	0.75~0.85
新疆维吾尔自治区	Ⅰ	0.63	0.70	0.84
	Ⅱ	0.73	0.78	0.85
	Ⅲ	0.56	0.72	0.88
	Ⅳ	0.45	0.64	0.80
	Ⅴ	0.63	0.77	0.91
	Ⅵ	0.62	0.74	0.80
	Ⅶ	0.60	0.72	0.86
山西省	Ⅷ	0.60	0.66	0.85
贵州省		0.47	0.69	0.80
河北省	Ⅰ	0.40~0.50	0.50~0.60	0.65
	Ⅱ	0.50~0.55	0.60~0.70	0.70
	Ⅲ	0.55	0.60	0.60~0.70
	Ⅳ	0.30~0.40	0.70~0.75	0.75~0.80
云南省	Ⅰ	0.50~0.55	0.75~0.80	0.75~0.80
	Ⅱ	0.45~0.55	0.70~0.80	0.75~0.80
	Ⅲ	0.55	0.60	0.65
	Ⅳ	0.45~0.50	0.65~0.75	0.70~0.80

注:n_1-小于1h的暴雨递减指数;n_2-1~6h的暴雨递减指数;n_3-6~24h的暴雨递减指数。

汇流时间分区和系数指数 表 4-3-4

省（自治区）	分区	分区指标	系数、指数				
			K_3	α_1	K_4	α_2	β_3
河北省	I	河北平原	0.70	0.41			
	II	冀北山区	0.65	0.38			
		冀西北盆地	0.58	0.39			
		冀西山区	0.54	0.40			
	III	坝上高原	0.45	0.18			
山西省		土石山覆盖的林区	0.15	0.42			
		煤矿塌陷漏水区和严重风化区	0.13	0.42			
		黄土丘陵区	0.10	0.42			
四川省		盆地丘陵区 $I_z \leqslant 10‰$			3.67	0.620	0.203
		青衣江区 $I_z > 10‰$			3.67	0.516	0.203
		盆缘山区 $I_z \leqslant 15‰$ 及西昌区			3.29	0.696	0.239
		盆缘山区 $I_z > 15‰$			3.29	0.536	0.239
安徽省	I	$I_z > 15‰$			$\begin{cases} F<(90)37.5 \\ F>(90)26.3 \end{cases}$	0.925	0.725
	II	$I_z = 10‰ \sim 15‰$			11	0.512	0.395
	III	$I_z = 5‰ \sim 10‰$			29	0.810	0.544
	IV	$I_z < 5‰$			14.3	0.30	0.330
湖南省	I	湘资水系	5.59	0.380			
	II	沅水系	3.79	0.197			
	III	沣水系	1.57	0.636			
宁夏回族自治区	I	山区	0.14	0.44			
	II	丘陵区	0.38	0.21			
广西壮族自治区	I	山区	0.56	0.306			
	II	丘陵区	0.42	0.419			
甘肃省	I	平原区	0.96	0.71			
	II	丘陵区	0.62	0.71			
	III	山区	0.39	0.71			
吉林省	I	平原区	0.000 35	1.40			
	II	丘陵区	0.032	0.84			
	III	山区	0.022	1.45			
河南省	I	根据河南省 n 值分区	0.73	0.32			
	II		0.038	0.75			
	III		0.63	0.15			
	IV		0.80	0.20			

续上表

省(自治区)	分区	分区指标	系数、指数				
			K_3	α_1	K_4	α_2	β_3
青海省	Ⅰ	东部区	0.871	0.75			
	Ⅱ	内陆区	0.96	0.747			
新疆维吾尔自治区	Ⅰ	$50<F<200$	0.60	0.65			
	Ⅱ	$F>200$	0.20	0.65			
浙江省	Ⅰ	浙北地区			72.0	0.187	0.90
	Ⅱ	浙东南沿海区			72.0	0.187	0.90
	Ⅲ	浙西南、西北山区及中部丘陵区			72.0	0.187	0.90
	Ⅳ	杭嘉湖平原边缘地势平缓地区			105.0	0.187	0.90
内蒙古自治区	Ⅰ	大兴安岭中段及余脉山地丘陵区	0.334~0.537	0.16			
	Ⅱ	黄河流域山地丘陵区	0.334~0.537	0.16			
福建省	Ⅰ	平原区			1.8	0.48	0.51
	Ⅱ	丘陵区			2.0	0.48	0.51
	Ⅲ	山区			2.6	0.48	0.51
贵州省	Ⅰ	平原丘陵区	0.080	0.713			
	Ⅱ	浅山区	0.193	0.713			
	Ⅲ	深山区	0.302	0.713			

二、经验公式

20世纪80年代初,交通部在制定推理公式的基础上,又制定了简单的小流域暴雨径流的经验公式。

公式1:

$$Q_P = \psi (S_P - \mu)^m F^{\lambda_2} \quad (4\text{-}3\text{-}9)$$

式中:S_P、μ、F——意义同前;

ψ——地貌系数,查表4-3-5;

m、λ_2——指数,查表4-3-5。

经验公式(4-3-9)的各区系数、指数　　　　表4-3-5

省(自治区)	分区	分区指标		系数、指数		
				ψ	m	λ_2
四川省	Ⅰ	盆地丘陵区	$I_z \leq 2‰$	0.086	1.18	0.712
			$2‰<I_z<10‰$	0.105		0.730
			$I_z \geq 10‰$	0.124		0.747
	Ⅱ	盆缘山区青衣江区	$I_z \leq 10‰$	0.102	1.20	0.724
			$10‰<I_z<20‰$	0.123		0.745
			$I_z \geq 20‰$	0.142		0.788

续上表

省(自治区)	分区	分区指标	系数、指数				
			ψ			m	λ_2
安徽省	Ⅰ	$I_z > 15‰$	P	4%	1.2×10^{-4}	2.75	0.896
				2%	1.4×10^{-4}		
				1%	1.6×10^{-4}		
	Ⅱ	$I_z = 5‰ \sim 15‰$	P	4%	4.8×10^{-4}	2.75	1.0
				2%	5.5×10^{-4}		
				1%	7.0×10^{-4}		
安徽省	Ⅲ	$I_z < 5‰$	P	4%	1.8×10^{-4}	2.75	0.965
				2%	1.9×10^{-4}		
				1%	2.0×10^{-4}		
宁夏回族自治区	Ⅰ	丘陵区	0.308			1.32	0.60
	Ⅱ	山区	0.542			1.32	0.60
	Ⅲ	林区	0.085			1.32	0.75
甘肃省	Ⅰ	平原区	0.08			1.08	0.96
	Ⅱ	丘陵区	0.14			1.08	0.96
	Ⅲ	山区	0.27			1.08	0.96
吉林省	Ⅰ	平原区	$0.0076 \sim 5.6$			1.50	0.80
	Ⅱ	丘陵区	$0.0053 \sim 7.0$			1.50	0.80
	Ⅲ	山区	$0.003 \sim 0.68$			1.50	0.80
河南省	Ⅰ	根据河南省 n 值分区	0.22			0.98	0.86
	Ⅱ		0.66			1.03	0.65
	Ⅲ		0.76			1.00	0.67
	Ⅳ		0.28			1.07	0.81
新疆维吾尔自治区	Ⅰ	林区土石山	0.0065			1.5	0.80
	Ⅱ	土石山	0.035			1.5	0.80
内蒙古自治区	Ⅰ	大青山东端山区	P	4%	8.4	0.41	0.55
				2%	12.3		
				1%	19.2		
	Ⅱ	大青山东部和蛮汉山山地丘陵区	P	4%	7.8	0.41	0.55
				2%	11.8		
				1%	16.5		
	Ⅲ	大青山西端山区	P	4%	7.4	0.41	0.55
				2%	11.2		
				1%	15.0		
福建省	Ⅰ	平原区	0.09			1.0	0.96
	Ⅱ	丘陵区	0.10				
	Ⅲ	浅山区	0.16				
	Ⅳ	深山区	0.25				

续上表

省(自治区)	分区	分区指标	系数、指数		
			ψ	m	λ_2
贵州省	Ⅰ	平原丘陵区	0.022	1.085	0.98
	Ⅱ	浅山区	0.038		
	Ⅲ	深山区	0.066		

公式2：

$$Q_P = CS_P^\beta F^{\lambda_3} \qquad (4\text{-}3\text{-}10)$$

式中：S_P、F——意义同前；

C、β、λ_3——系数、指数，查表4-3-6。

经验公式(4-3-10)的各区系数、指数　　　表4-3-6

省(自治区)	分区	分区指标			系数、指数		
					C	β	λ_3
山西省	Ⅰ	石山、黄土丘陵，植被差			0.24~0.20	1.0	0.78
	Ⅱ	土石山、风化石山，植被一般			0.19~0.16		
	Ⅲ	煤矿漏水区，植被较好地区			0.15~0.12		
四川省	Ⅰ	盆地丘陵区	$I_z \leq 10‰$		0.125	1.10	0.723
			$I_z > 5‰$		0.145		
	Ⅱ	盆缘山区	$I_z \leq 10‰$		0.140	1.14	0.737
	Ⅲ	青衣江区	$I_z > 10‰$		0.160		
安徽省	Ⅰ	$I_z > 15‰$	P	4%	2.92×10^{-4}	2.414	0.896
				2%	3.15×10^{-4}		
				1%	3.36×10^{-4}		
	Ⅱ	$I_z = 5‰ \sim 15‰$	P	4%	1.27×10^{-4}	2.414	1.0
				2%	1.32×10^{-4}		
				1%	1.50×10^{-4}		
	Ⅲ	$I_z < 5‰$	P	4%	2.35×10^{-4}	2.414	0.965
				2%	2.66×10^{-4}		
				1%	2.75×10^{-4}		
宁夏回族自治区	Ⅰ	丘陵区			0.061	1.51	0.60
	Ⅱ	山区			0.082		0.60
	Ⅲ	林区			0.013		0.75
甘肃省	Ⅰ	平原区			0.016	1.40	0.95
	Ⅱ	丘陵区			0.025		
	Ⅲ	山区			0.05		

续上表

省(自治区)	分区	分区指标		系数、指数		
				C	β	λ_3
吉林省	I	松花江、图们江、牡丹江水系	山岭	0.075	0.8	1.12
			丘陵	0.035		
			平原	0.013 5		
吉林省	II	拉林河、饮马河水系	山岭	0.31	0.8	1.37
			丘陵	—		
			平原	0.14～0.618		
吉林省	III	东运河水系	山岭	—	0.8	0.52
			丘陵	—		
			平原	0.275		
河南省	I	根据河南省 n 值分区		0.18	1.0	0.86
	II			0.45	1.09	0.65
	III			0.36	1.07	0.67
	IV			0.48	0.95	0.80
浙江省	I	钱塘江流域		0.01	1.37	1.11
	II	浙北地区		0.02		
	III	其他		0.015		
福建省	I	平原区		0.030	1.25	0.90
	II	丘陵区		0.034		
	III	浅山区		0.050		
	IV	深山区		0.071		
贵州省	I	平原丘陵区		0.016	1.112	0.985
	II	浅山区		0.030		
	III	深山区		0.056		

以上交通系统制定的推理公式和经验公式,一般应用于流域面积为 $100km^2$ 以下的小河沟。水利科学研究院水文研究所1958年制定的推理公式的应用范围为:对于多雨湿润地区,流域面积一般在 $300～500km^2$ 以下;对于干旱地区,流域面积一般在 $100～200km^2$ 以下。

第四节　桥位断面设计流量与设计水位的推算

设计流量是根据水文站的测流断面或桥位附近的形态断面计算而得,因而需要换算到桥位断面的设计流量与其相应的设计水位。

如果水文站的测流断面或形态断面距离桥位断面较近,流域面积相差不超过5%时,推算的设计流量可以不必换算,而直接作为桥位断面的设计流量;如果距离桥位断面较远,则应进行换算。当流域面积相差不超过20%时,可按下式换算:

$$Q_{BP} = \left(\frac{F_1}{F_2}\right)^n Q_P \qquad (4\text{-}4\text{-}1)$$

式中：Q_{BP}、F_1——桥位断面的设计流量(m^3/s)和流域面积(km^2)；

Q_P、F_2——水文站测流断面或水文计算断面的设计流量(m^3/s)和流域面积(km^2)；

n——指数，按地区经验值取用，一般大中河流 $n = 0.5 \sim 0.7$。

当流域面积相差超过20%时，按上式计算的结果误差较大，应结合实际情况，从多方面分析比较后确定。

桥位断面的设计流量确定后，还需要计算桥位断面的设计水位。

(1) 当桥位计算断面与水文断面间的河段顺直，断面规整，河底纵坡均一时，宜按式(4-4-2)计算历史洪水流量，绘制水文断面的水位流量关系曲线，利用已知设计流量确定设计水位，再利用水面比降推算出桥位计算断面的设计水位。

$$Q = A_c V_c + A_t V_t \qquad (4\text{-}4\text{-}2)$$

$$V_c = \frac{1}{n_c} R_c^{2/3} I^{1/2} \qquad (4\text{-}4\text{-}3)$$

$$V_t = \frac{1}{n_t} R_t^{2/3} I^{1/2} \qquad (4\text{-}4\text{-}4)$$

式中：Q——历史洪水流量(m^3/s)；

A_c、A_t——河槽、河滩过水面积(m^2)；

V_c、V_t——河槽、河滩平均流速(m/s)；

n_c、n_t——河槽、河滩糙率；

R_c、R_t——河槽、河滩水力半径(m)，当宽深比大于10时，可用平均水深代替；

I——水面比降。

(2) 当桥位计算断面与水文断面上、下游有卡口、人工建筑物或断面的形状和面积相差较大，河底纵坡有明显曲折时，宜按式(4-4-5)采用试算法求设计流量时的水面线，推算桥位处设计水位。

$$H_1 = H_2 + \frac{Q^2}{2}\left[\left(\frac{1}{K_1^2} + \frac{1}{K_2^2}\right)L - \frac{1-\xi}{g}\left(\frac{1}{A_1^2} - \frac{1}{A_2^2}\right)\right] \qquad (4\text{-}4\text{-}5)$$

式中：H_1、H_2——上、下游断面的水位(m)；

L——上、下游断面间距离(m)；

A_1、A_2——上、下游断面总过水断面面积(m^2)，$A_1 = A_{c1} + A_{t1}$，$A_2 = A_{c2} + A_{t2}$；

K_1、K_2——上、下游断面的输水系数(m^3/s)，

$$K_1 = \frac{1}{n_{c1}} A_{c1} R_{c1}^{2/3} + \frac{1}{n_{t1}} A_{t1} R_{t1}^{2/3} \qquad (4\text{-}4\text{-}6)$$

$$K_2 = \frac{1}{n_{c2}} A_{c2} R_{c2}^{2/3} + \frac{1}{n_{t2}} A_{t2} R_{t2}^{2/3} \qquad (4\text{-}4\text{-}7)$$

g——重力加速度(m/s^2)，$g = 9.81 m/s^2$；

ξ——局部水头损失系数，断面向下游收缩时，取 $\xi = 0 \sim 0.1$；向下游逐渐扩散时，$\xi = 0.3 \sim 0.5$；向下游突然扩散时，$\xi = 0.5 \sim 1.0$。

习　题

1. 什么是设计洪水频率？什么是设计流量？
2. 利用流量观测资料推算设计流量时，需要做哪些工作？
3. 什么是适线法？试述其一般步骤。
4. 什么是特大值的处理？为什么要进行特大值的处理？
5. 缺乏流量观测资料时，对于跨越中小河流的桥梁，怎样推算设计流量？
6. 如何进行小流域设计流量的计算？
7. 在东北大、小兴安岭地区，某桥位上游流域面积为 123km^2，计算其桥位断面 $Q_{1\%}$ 和 $Q_{2\%}$ 的流量。
8. 根据原交通部公路科学研究所的推理公式及经验公式，确定小流域暴雨径流流量。已知甘肃省西部丘陵地区的流域面积 $F=95\text{km}^2$，设计洪水频率 $P=1\%$，$S_P=50\text{mm/s}$，主河沟长度 $L=13\text{km}$，坡度 $I_z=0.8\%$，计算设计流量 Q_s（即 $Q_{1\%}$）。

第五章 大中桥孔径计算

【学习目的与要求】

通过本章学习,学生能够了解桥位河段水流图式和桥孔布设原则以及不同河段上桥孔布设特点;掌握桥孔最小净长度的计算方法;了解引起桥下水位升高的因素及计算方法;掌握桥面最低设计高程的计算方法。

大中桥的孔径计算,主要是根据桥位断面的设计流量和设计水位,推算需要的桥孔最小长度和桥面中心线上的最低高程,为确定桥孔设计方案提供依据。

建桥以后,河流受到桥头引道的压缩和墩台阻水的影响,改变了水流和泥沙运动的天然状态,将引起河床的冲淤变形,导致水流对桥梁墩台基础的冲刷,危及桥梁的安全。因此,孔径的计算和布置,应以建桥前后桥位河段内水流和泥沙运动变化的客观规律为依据。由于对这种客观规律的认识还很不够,目前所用的孔径计算方法,都是建立在某种假定和实验的基础之上,带有一定的经验性,尚待改进。但生产实践表明,这些方法目前仍有实用价值。

大中桥的桥孔设计方案,应符合有关规范的要求,除进行必要的水力计算以外,还必须结合桥位河段的实际情况,全面分析各种有关因素,多方案进行技术经济比较,研究确定最终方案。对于水力水文条件复杂的大桥,可借助水力模型试验,探求合理的桥孔设计方案。

第一节　桥位河段水流图式和桥孔布设

一、桥位河段的水流图式

建桥后桥位河段的水流和泥沙运动状态是桥孔水力计算的依据。但是,桥位河段的水流和泥沙运动十分复杂,目前只能在某些假定和实验的基础上,对缓流河段(弗劳德数 $Fr<1$)提出简化的水流图式。由于只有很少部分峡谷型河段和变迁型河段的桥位,设计洪水的流态可接近或达到急流($Fr>1$),而绝大多数的桥位处于缓流河段。因此,缓流河段的水流图式及其孔径计算方法,对大多数桥梁的孔径计算是适用的。

桥位河段的水流图式如图 5-1-1 所示。桥位河段的平面如图 5-1-1a)和 b)所示,河流的天然水面宽度为 B,桥孔长度为 L,正常水深(均匀流水深)为 h_0。由于桥孔对水流的压缩,从桥位上游相当远处的断面①起,水面就开始壅高,并呈 a_1 型壅水曲线,无导流堤时,直到桥位上游大约一个桥孔长度 L 处的断面②(有导流堤时则为上游堤端附近),达到最大壅水高度 Δz。水流接近桥孔时,急剧收缩而呈"漏斗"状,无导流堤时,直到桥位下游附近的断面③′(有导流堤时则到桥位中线断面③),水面最窄,流速最大,形成桥位河段的"颈口",称为收缩断面。收缩断面下游,水流又逐渐扩散,到断面④才恢复天然状态。并且在水流收缩段的主流与河岸之间,由于水流分离现象,桥台上下游两侧将形成回水区。

桥位河段的河槽纵断面,缓流河段($Fr<1.0$)如图 5-1-1c)所示,在壅水范围内,水流流速减小,挟沙能力降低,泥沙沉积。最大壅水断面的下游,水流流速增大,挟沙能力加强,河床被冲刷,而且收缩断面处的河床受冲刷最严重。

桥位河段的河槽纵断面,急流河段($Fr>1.0$)如图 5-1-1d)所示,桥下水深和桥前水深均为正常水深 h_0,但在桥墩迎水面出现一定高度的冲击波。

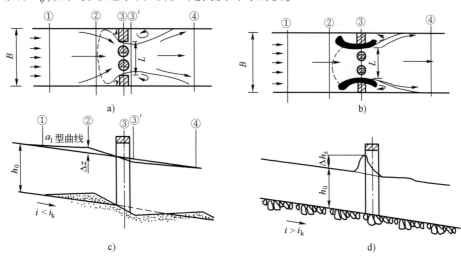

图 5-1-1　桥位河段水流图式(桥长、壅水和桥下冲刷的整体水力计算,高冬光,1986)
a)平面(无导流堤);b)平面(有导流堤);c)河流中心纵断面($Fr<1.0$);d)河流中心纵断面($Fr>1.0$)

桥位河段的水流图式,反映了建桥后水流和泥沙运动的变化,并表现了桥孔长度、桥前壅水和桥下冲刷三者之间的关系,应作为桥孔计算的分析依据。

二、桥孔布置的原则

桥孔布置应符合下列一般规定:

(1) 桥孔设计必须保证设计洪水以内的各级洪水和泥沙安全通过,并满足通航、流冰、流木及其他漂浮物安全通过的要求。

(2) 桥孔布置应适应各类河段的特性及演变特点,避免河床产生不利变形,且做到经济合理。各类河段的特性及河床演变特点见表5-1-1。

(3) 建桥后引起的桥前壅水高度、流势变化和河床变形,应在安全允许范围之内。

(4) 桥孔设计应考虑桥位上下游已建或拟建的水利工程、航道码头和管线等引起的河床演变对桥孔的影响。

(5) 桥位河段的天然河道不宜开挖或改移。需要开挖、改移河道时,应通过可靠的技术、经济论证。

(6) 跨越河口、海湾及海岛之间的桥梁,必须保证在潮汐、海浪、风暴潮、海流及海底泥沙运动等各种海洋水文条件影响下正常使用和满足通航的要求。

(7) 应与天然河流断面流量分配相适应。在稳定河段上,左右河滩桥孔长度之比应近似与左右河滩流量之比相当;在次稳定和不稳定河段上,桥孔布设必须考虑河床变形和流量分布变化趋势的影响。桥孔不宜压缩河槽,可适当压缩河滩。

(8) 在内河通航的河段上,通航桥孔布设应符合《内河通航标准》(GB 50139—2014),并应充分考虑河床演变和不同水位所引起的航道变化。海轮通航的桥孔布设应符合《海轮航道通航标准》(JTS 180-3—2018)。

(9) 应按《公路工程技术标准》(JTG B01—2014)中的规定,对跨径小于或等于50m的桥孔,宜采用标准化跨径。

(10) 应注意地质情况,桥梁的墩台基础避免设在断层、溶洞等不良地质处。

河 段 分 类 表　　　　　　　　　　　表 5-1-1

河流类型	河段类型	稳定程度		河流特性及河床演变特点			
		级别	分类	形态特征	水文泥沙特征	河床演变特征	河段区别要点
山区河流	峡谷河段	I	稳定	1. 在平面上多急弯卡口,宽窄相间,河床为V形或U形; 2. 河流纵断面多呈凸形,比降缓陡相连; 3. 峡谷河段,河床狭窄,河岸陡峭多石质,中、枯水河槽无明显区别; 4. 开阔河段,河面较宽,有边滩,有时也有不大的河漫滩和明显阶地,有的地方也会出现心滩和沙洲,比降较缓,河床泥沙较细	1. 河床比降陡,一般大于2‰; 2. 流速大,洪水时河槽平均流速可达5~8m/s; 3. 水位变幅大,个别达到50m左右; 4. 含沙量小,河床泥沙颗粒较大;由于流速大,搬运能力强,故洪水时河床上有卵石运动	1. 河流稳定,变形多为单向的切蚀作用,速度相当缓慢; 2. 峡谷河段的进口或窄口上游,受壅水的影响,洪淤、枯冲; 3. 开阔河段有时有较厚的颗粒较细的沉积物,且多呈洪冲、枯淤变化; 4. 两岸对河流的约束和牵制作用大	峡谷河段,河床窄深,床面岩石裸露或为大漂石覆盖,河床比较大,多急弯、卡口,断面呈V形或U形; 开阔河段和顺直微弯河段,岸线整齐,河槽稳定,断面多呈U形,滩、槽分明,各级洪水流向基本一致
	开阔河段	II III					

续上表

河流类型	河段类型	稳定程度		河流特性及河床演变特点			
		级别	分类	形态特征	水文泥沙特征	河床演变特征	河段区别要点
平原区河流	顺直微弯河段	Ⅱ Ⅲ	稳定	1. 平原区河流，平面外形可分为顺直微弯型、分汊型、弯曲型、宽滩型和游荡型； 2. 河谷开阔，有时河槽高出地面，靠两岸堤防束水； 3. 河床横断面多呈宽浅矩形，通常横断面呈斜三角形，凹岸侧窄深，凸岸侧为宽且高的边滩，过渡段有浅滩、沙洲； 4. 枯水期河槽中露出多种形态的泥沙堆积体； 5. 由于平原区河流多河湾，浅滩连续分布，因此，河床纵断面亦深浅相间	1. 河床比降平缓，一般小于1‰，有时不到0.1‰； 2. 流速小，洪水时河槽平均流速多为2~4m/s； 3. 洪峰持续时间长，水位和流量变幅小于山区河流； 4. 河床泥沙颗粒较细，水流输送泥沙以悬移质为主，多为砂、粉砂和黏粒，但也有推移质； 5. $\dfrac{Q_t}{Q_p} > 0.4$ 或 $\dfrac{Q_t}{Q_c} > 0.67$ 者为宽滩河流	1. 顺直微弯河段，中水，河槽顺直微弯，边滩呈犬牙交错分布；洪水时边滩向下游平移，对岸深槽亦向下游平移； 2. 分汊河段，中高水，河槽分汊，两汊可能有周期性交替变迁趋势； 3. 弯曲型河段，凹冲凸淤。自由弯曲型河段，由于周而复始的凹冲凸淤，随着凹岸侧冲刷下切和侵蚀，弯顶横移下行，凸岸侧成鬟岗地形并扭曲变向下游；与此同时弯曲路径加长，阻力加大，颈口缩短，洪水时发生裁弯取直； 4. 宽滩蜿蜒型河段，河床演变与弯曲型河段类似； 5. 游荡型河段，河槽宽浅，沙洲众多，且变化迅速，主流、支汊变化无常	稳定型和次稳定型河段的区别：前者河槽岸线、河槽、洪水主流均基本稳定，变形缓慢；后者河湾发展下移，主流在河槽内摆动。分汊河段，两汊有交替变迁的趋势。宽滩河段泛滥宽度很宽，达几千米、十几千米，滩槽宽度比、流量比都较大，滩流速小，槽流速大
	分汊河段	Ⅲ Ⅳ	次稳定				
	河曲河段	Ⅲ Ⅳ					
	宽滩河段	Ⅲ Ⅳ					
	游荡河段	Ⅳ Ⅴ	不稳定				

续上表

河流类型	河段类型	稳定程度		河流特性及河床演变特点			
		级别	分类	形态特征	水文泥沙特征	河床演变特征	河段区别要点
山前区河流	山前变迁河段	Ⅴ	不稳定	1. 山前变迁河段，多出现在较开阔的地面坡度较平缓的山前平原地带，河段距山口较远，其下多是比较稳定的平原河流，水流多支汊，主流迁徙不定，河槽岸线不稳，洪水时主流有滚动可能； 2. 冲积漫流河段，距山口较近，河床坡度较陡；因为地势单调平坦，水流出山口后成喇叭形散开，流速、水深骤减，水流挟带大量泥沙落淤在山口坦坡上形成冲积扇	1. 河床比降介于山区和平原区之间，一般为1‰～10‰；但冲积漫流河段有时大于20‰～50‰； 2. 流速介于山区和平原区之间，洪水时河槽平均流速可达3～5m/s； 3. 水流宽浅，水深变幅不大，小于山区和平原区； 4. 泥沙中等或较大，在干旱、半干旱地区，洪水时往往携带大量细颗粒泥沙（既有悬移质又有推移质），是淤积的主要材料	1. 山前变迁型河段，泥沙与河床演变特点有类似平原游荡型河段之处，但其比降和泥沙颗粒皆大于平原游荡型河段，主要还是山前河流的特点，夺流改道之势更为凶猛迅速。 2. 冲积漫流河段，通常无固定河槽，挟带大量粗颗粒泥沙的水流淤此冲彼；加以坡陡、流急造成水沙混合体奔突冲击，有很大的破坏力。洪水后，河床支汊纵横，支离破碎，没有固定河漫滩，是最不稳定的河段；河床有可能淤高	不稳定河段与次稳定河段的区别：前者主流在整个河床内摆动，幅度大，变化快，河床有可能扩宽；后者主流在河槽内摆动，幅度小。 游荡型河段与山前变迁型河段的区别：前者土质颗粒细，冲刷深，回淤快，主流不仅在河床内摆动，甚至可能造成河道改道；后者颗粒粗，冲刷浅，由于河床淤高扩宽和主流摆动，造成主槽变迁，河岸旁切扩宽幅度小。 冲积漫流河段地貌大致具有冲积扇体特征，床面逐年淤高，较游荡型河段明显，洪水股流按总趋势在高沟槽中通过
	冲积漫流河段	Ⅵ					
河口	三角港河口	Ⅴ	不稳定	1. 三角港河口段为凹向大陆的海湾型河口段； 2. 三角洲河口段为凸出海岸伸向大海的冲积型河口段；河口段沙洲林立，支汊纵横交错	比降一般小于0.1‰，流速也小；由于受潮汐影响，流速呈周期性正负变化；泥沙颗粒极细，多为悬移质	河口除受波浪和海流作用外，河流下泄的部分泥沙（进入河口后），由于受潮流和径流的相互作用，常形成拦门沙，加之咸、淡水交汇造成泥沙颗粒的絮凝现象，促进了泥沙的淤积，洪水期山水占控制的河段，可能有河床冲刷。因此，很多河口段河床的冲淤变化很明显	区别要点同形态特征
	三角洲河口	Ⅵ					

三、各类河段上的桥孔布设

河流受很多因素的影响，一条河流的各个河段往往具有不同的特征。各个河段既有共同的性质,又有不同的特点。

桥位选择、桥孔设计和各项水文计算等,都需要了解桥位河段的这种客观规律,根据桥位河段水文和河床变形的特点,提出切合实际的桥孔设计方案。

为了满足桥位设计的要求,根据河段的稳定性及河床的变形特征,对河段进行分类。各类河段的特性和形态,见河段分类表5-1-1和图5-1-2~图5-1-16。

不同河段上桥孔的布设特点见表5-1-2。

桥位河段的类型,可参照表5-1-1所列河段特性结合实际情况判别,一般应在桥位上游不小于3~4倍河床宽度,下游不小于2倍河床宽度的范围内进行观察分析;对于弯曲的河段,在上游至少要包括一个河湾。河段稳定性及变形程度,可用50年左右的演变过程作为衡量标准。

各类河段具有不同的特性,对桥孔布置也有不同的要求,可结合桥位河段的实际情况布设桥孔,表5-1-2可供参考。

不同河段上桥孔布设特点 表5-1-2

河流类型	河段类型	桥孔布设特点
山区河流	峡谷河段	桥孔不得压缩河槽,一般宜单孔跨越;桥面高程可根据设计洪水位、两岸地形和路线高程等条件确定;墩台基础可置于不同高程的基岩上
	开阔河段	桥孔不得压缩河槽,可适当压缩河滩;桥头河滩路堤应与洪水主流流向正交,否则应增设调治工程
山前区河流	变迁河段	桥孔布设应根据洪水主流总趋势确定;在导流堤等调治构造物配合下,桥孔可对河槽宽度有较大压缩;各墩台基础应设在同一最低高程上;河槽内,桥头引道不应设小桥涵
	冲积漫流河段	采用一河一桥或一河多桥方案;采用一河多桥时各汊流量分配参照《桥梁水力学》(陆浩,高冬光,1991年)确定;桥孔长度不要压缩天然排水、输沙宽度;桥面高程的确定应考虑床面淤高和股流水面涌高
平原区河流	顺直微弯河段	桥孔不得压缩河槽,允许适当压缩河滩;考虑河槽内边滩下移及深槽摆动,河槽内墩台基础应埋置在同一最低高程
	弯曲河段	桥孔布设必要时应考虑河湾凹岸冲刷、凸岸淤积及河湾下移等河床变形。凹岸墩台埋置深度必须计入弯道天然冲刷深度(按有关公式确定)。桥面高程的确定应计入弯道凹岸水面超高
	分汊河段	在滩槽较稳定的分汊河段上,断面流量分布基本稳定,可布设一河多桥;在滩槽不稳定的分汊河段采用一河一桥为宜;采用一河多桥方案进行流量分配时,必须预估各汊流量分配比例的变化,流量分配方法详见《桥梁水力学》
	宽滩河段	一般宜修一河一桥;当河床宽阔,分汊河槽稳定,又不宜合并一处时,可考虑一河多桥,各桥流量分配按《桥梁水力学》给出的方法确定。对河滩可做较大压缩,但注意壅水高度应不致危及农田、牧场、堤坝、居民点等;河槽稳定、河滩冲刷较小时,墩台基础滩槽可置于不同高度
	游荡河段	主流迁徙不定,桥孔不宜过多压缩河床,应在深泓线全部可能摆动的范围内设置桥孔;宜设一河一桥;墩台基础应设在同一最低高程上;配合桥孔布设,应设置适当的调治构造物
潮汐河口河段		桥位应避开涌潮区段和滩岸、凹岸多变区段;潮汐河段上游段的桥位、桥孔设计可按天然状态下的设计方法进行;位于潮汐河段下游段和中间段的桥梁,桥孔长度可按天然状态下的桥孔净长度再加大5%~15%来考虑

四、各类河段的形态和桥梁

(1)河源,如图 5-1-2 所示。

(2)上游山区大峡谷,如图 5-1-3～图 5-1-5 所示。

图 5-1-2 新疆天山一号冰川(高冬光,2002 年 8 月摄)

图 5-1-3 美国科罗拉多山脉大峡谷

图 5-1-4 美国犹他州圣朱安河

图 5-1-5 长江三峡支流干沟子桥

(3)山区河流开阔段,如图 5-1-6～图 5-1-8 所示。

图 5-1-6 秦岭山区开阔段河湾
(高冬光,1994 年摄)

图 5-1-7 新疆昆仑山区上游河段
(高冬光,1999 年摄)

(4)山口冲积扇,如图 5-1-9 所示。
(5)冲积漫流河段,如图 5-1-10、图 5-1-11 所示。

图 5-1-8　长江万县长江大桥(一孔跨越峡谷)

图 5-1-9　新疆天山南麓冲积扇(卫星照片)
(路线布设在冲积扇下游边沿)

图 5-1-10　新疆天山山口下游冲积漫流河段
(阿拉尔塔里木河桥,中等跨径梁
桥,桥面较低,桩墩)

图 5-1-11　汛期的莎车叶尔羌河大桥
(两岸筑有长大导流堤,应
慎用,水流不应过分压缩)

(6)山前变迁型河段,如图 5-1-12 所示。
(7)黄土高原河流,如图 5-1-13 所示。

图 5-1-12　新疆山前变迁河段(高冬光,1997 年摄)

图 5-1-13　陕北洛河 50 年一遇洪水过后
(高冬光,1996 年摄)

(8）长江三角洲河网地区河流,如图 5-1-14 所示。

图 5-1-14　浙江嘉兴河网地区河流(高冬光,1999 年摄)

(9）潮汐河口河段,如图 5-1-15 所示。

(10）近岸波,如图 5-1-16 所示。

图 5-1-15　杭州钱塘江大桥(《桥梁美学》,樊凡)

图 5-1-16　海岸、河口的波浪

第二节　桥孔长度

设计水位上、两桥台前缘之间(埋入式桥台则为两桥台护坡坡面之间)的水面宽度,称为桥孔长度(L),如图 5-2-1 所示;扣除全部桥墩宽度(顺桥方向)后,则称为桥孔净长(L_j)。

桥孔长度的确定,首先应满足排洪和输沙的要求,保证设计洪水及其所挟带的泥沙从桥下顺利通过,并应综合考虑桥孔长度、桥前壅水和桥下冲刷的相互影响。目前,桥孔长度的计算方法有下列两种,均可参照使用。

一、用桥下过水面积计算(冲刷系数法)

冲刷系数法是利用桥位断面的设计流量 Q_s 和设计水位 H_s,根据水力学的连续性原理($Q=Av$),求出桥下顺利宣泄设计洪水时所需要的最小过水面积,用以确定桥孔的最小长度。

在长期生产实践中,人们认识到,建桥后桥孔压缩了水流,桥下流速增大到一定数值时,桥下河槽开始冲刷(称为一般冲刷),随着冲刷后水深的增加,桥下的过水面积逐渐扩大,而桥下流速逐渐降低,河槽的冲刷将相应减缓,最终趋于停止。也就是说,每条河流都有一个特定的流速,达到该流速时,河槽的冲刷即停止。别列柳伯斯基(Н. А. Белелюбский)于1875年提出了下面的假定:桥下过水面积扩大到使桥下流速等于天然河槽流速时,桥下冲刷即停止。他建议用天然河槽平均流速作为河槽冲刷停止时的平均流速。因此,计算桥孔长度时,常采用天然河槽平均流速作为设计流速(即一般冲刷完成后的桥下平均流速)。

建桥后,桥下河槽产生冲刷,桥下的过水面积将随冲刷而变化,设计水位(H_s)下过水面积的组成如图5-2-1所示。其中,桥墩所占的面积阻挡水流,墩台侧面产生涡流所占的面积,形成滞流区而阻断水流,只有剩余的部分,才是桥下实际泄流(排洪或输沙)的面积,称为有效过水面积。根据桥下过水面积的变化情况,采用下列符号,建立桥孔长度的计算公式:

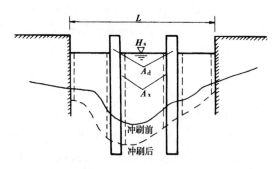

图5-2-1 桥下过水面积示意图

Q_s——设计流量(m^3/s);

v_s——设计流速(m/s),一般采用天然河槽平均流速v_c;

A_d——冲刷前(一般冲刷以前)桥墩所占的桥下过水面积(m^2);

A_x——冲刷前墩台侧面涡流所占的桥下过水面积(m^2);

A_y——冲刷前桥下有效过水面积(m^2),其中不包括桥墩和涡流所占的过水面积;

A_j——冲刷前桥下净过水面积(m^2),其中不包括桥墩所占的过水面积,$A_j = A_y + A_x$;

A_q——冲刷前桥下毛过水面积(m^2),包括有效过水面积以及桥墩和涡流所占的过水面积,$A_q = A_y + A_x + A_d = A_j + A_d$;

μ——因墩台侧面涡流阻水而引起的桥下过水面积折减系数,又称压缩系数,$\mu = A_y/A_j$,可以用公式计算:$\mu = 1 - 0.375 v_s/l_j$(其中l_j为桥墩净间距);对于不等跨的桥孔,采用各孔μ值的加权平均值;

λ——因桥墩阻水而引起的桥下过水面积折减系数,$\lambda = A_d/A_q$;对于一般宽浅河流,可认为各桥墩处的水深近似相等,则$\lambda = b/l$(其中b为桥墩宽度,l为桥墩中心间距)。

为了推算冲刷后(一般冲刷完成以后)的桥下过水面积,引入了一个比值P。P是冲刷后与冲刷前的桥下过水面积之比,即$P = A_{冲后}/A_{冲前}$,称为冲刷系数;冲刷后的桥下过水面积为冲刷前的P倍,冲刷后的桥下有效过水面积、净过水面积和毛过水面积则分别为PA_y、PA_j和PA_q。由于冲刷前后的流量不变,也可以写成$P = v_{冲前}/v_{冲后}$,因而冲刷前的桥下平均流速为冲刷后的P倍。

根据水力学连续性原理,可得:

因为

$$Q_s = PA_y v_s$$
$$A_y = \mu A_j$$

所以

$$A_j = \frac{Q_s}{\mu P v_s} \tag{5-2-1}$$

又因为

$$A_d = \lambda A_q, A_j = A_q - A_d = (1-\lambda)A_q$$

所以

$$A_q = \frac{Q_s}{\mu(1-\lambda)Pv_s} \tag{5-2-2}$$

式中的冲刷系数 P 表示桥下河槽的冲刷程度，也表示桥孔对水流的压缩程度，是桥孔长度计算的控制因素。选用冲刷系数应考虑河段类型和河床变形特点，例如，平原稳定型河段因水流和河床稳定，不宜压缩，P 取较小值；山前区变迁型河段因水流宽浅，多摆动，P 值可取稍大些。一般情况下，平原河段不应大于 1.20，山前区变迁型河段不应大于 1.40。

然后，在桥位断面（河流横断面）上布设桥孔方案，计算实际具有的桥下净过水面积（或毛过水面积），若等于或稍大于上述公式计算的 A_j（或 A_q），则表明布设方案符合所需要的桥下最小过水面积，桥孔净长 L_j（或桥孔长度 L）即为所求。

这种确定桥孔长度的方法，我国铁路系统使用至今。

冲刷系数法适应于细颗粒、均匀的沙质河床、平原稳定型河床。但是，对于我国广大地区存在的大颗粒、宽浅变迁型河床等不稳定型河床，却与实际情况相差较大。1976 年我国公路系统根据我国实桥调查资料，制定了估定桥孔长度的公式，自 1982 年起上述冲刷系数法已不再推荐使用，但它仍是一种方便合理的参考办法。

二、用桥孔净长度经验公式计算

1974～1976 年，原交通部"大中桥孔设计"研究课题，组织全国交通部门全面进行了桥孔水文调查，调查成果由"大中桥孔设计研究全国资料汇总会议"（南宁，1976 年）编制成了《大中桥孔设计研究实桥调查汇总表》（1976 年），它是新中国成立 20 余年公路桥孔设计成果的总结，是制定和检验我国公路桥孔长度计算方法的依据。会议的研究报告还制定和提出了桥孔净长度的计算公式，这些公式经多次验证、修订，先后写入历经四次修订的《公路桥位勘测设计规范》（1982 年、1991 年）和《公路工程水文勘测设计规范》（2002 年、2015 年），推荐在全国公路桥位勘测设计中应用。

这些公式算出的桥孔长度是指在一定的水力、泥沙及河床条件下，通过设计洪水流量时，桥下过水断面（与流向垂直的横断面）必须具有的桥孔最小净长度。

应当注意以下两点，这里算出的是最小桥孔净长度，实际桥孔长度（桥台前缘之间设计水位上的水面宽度）为算出的最小桥孔净长度再加所有桥墩的宽度；另外，算出的最小桥孔净长度是指水流与桥轴正交时的长度，如果是斜桥，则应换算为斜桥轴线方向的长度。

1. 对于峡谷河段

峡谷河段，可按河床地形布孔，不宜压缩河槽，可不作桥孔最小净长度计算。

2. 对于有明显河槽的各类河段

开阔、顺直微弯、分汊、弯曲河段及滩、槽可分的不稳定河段，宜按下式计算桥孔最小净长度：

$$L_j = K \left(\frac{Q_s}{Q_c}\right)^n B_c \qquad (5\text{-}2\text{-}3)$$

式中：L_j——最小桥孔净长度(m)；

Q_s——设计洪水流量(m^3/s)；

Q_c——设计洪水的河槽流量(m^3/s)；

B_c——河槽宽度(m)；

K、n——反映河床稳定性的系数和指数，查表5-2-1。

K、n 值 表　　　　表5-2-1

河 段 类 型	K	n
开阔、顺直微弯等稳定型河段	0.84	0.90
分汊、弯曲、宽滩等次稳定型河段	0.95	0.87
滩、槽可分的不稳定河段	0.69	1.59

式(5-2-3)是由《大中桥孔设计研究报告》(1976年)中，以能量方程和连续性方程导出的桥孔长度公式(能量平衡公式)，在四次规范修订时经验证、修订而逐步形成的。

上式中主要因素有三方面，河槽宽度 B_c 是最重要因素，其次是河槽、河滩流量的分配比即 Q_s/Q_c，以及反映河床稳定性的系数 K 和指数 n。

3. 对于无明显河槽的变迁型、游荡型河段

河槽宽度 B_c(或两岸间的宽度)是选定桥孔长度的重要参考因素，但是，我国新疆、青海、内蒙古等地大型冲积扇及戈壁滩上的一些变迁型河流，无明显的河床形态，滩槽难分；另外，平原游荡型河流也有类似河床形态，河床宽浅，水流摆动不定。水流横向摆动的范围大大超过多年泄洪需要的河槽宽度(习惯上称为基本河宽 B_0)。

根据我国新疆、青海、内蒙古、河北等地实桥调查资料，多元逐步回归分析得到基本河宽 B_0 与多年洪水平均流量 $\overline{Q}$ 和河床质平均粒径 $\overline{d}$ 存在下列关系：

$$B_0 = 16.07 \frac{\overline{Q}^{0.24}}{\overline{d}^{0.30}} \qquad (5\text{-}2\text{-}4)$$

式中：$\overline{Q}$——多年洪水平均流量(m^3/s)；

$\overline{d}$——河床质平均粒径(m)。

基本河宽 B_0 是多年来不同大小洪水过程平均作用的结果，具有河相关系的意义。

桥孔长度则具有与设计洪水流量对应的设计频率 P 有关的意义。引入一个与设计洪水频率 P 有关的系数 C_P：

$$C_P = \left(\frac{Q_P}{Q_{2\%}}\right)^{\frac{1}{3}} \qquad (5\text{-}2\text{-}5)$$

或

$$C_P = \left(\frac{1 + C_v \phi_P}{1 + C_v \phi_{2\%}}\right)^{\frac{1}{3}} \qquad (5\text{-}2\text{-}6)$$

取最小桥孔净长度 L_j 为

$$L_j = C_P B_0 \tag{5-2-7}$$

将式(5-2-4)代入上式,得:

$$L_j = 16.07 C_P \frac{\overline{Q}^{0.24}}{\overline{d}^{0.30}} \tag{5-2-8}$$

式中:L_j——最小桥孔净长度(m);

B_0——基本河宽(m);

C_P——设计洪水频率系数;

Q_P——设计频率为 P 的流量,即设计流量 Q_s(m^3/s);

$Q_{2\%}$——频率为 2% 的洪水流量(m^3/s)。

式(5-2-3)和式(5-2-8)是《公路桥位勘测设计规范》(JTJ 062—91)和《公路工程水文勘测设计规范》(JTG C30—2015)的推荐公式(《公路桥位勘测设计规范》专题研究报告,原西安公路交通大学高冬光,原交通部公路规划设计院徐国平,1990年)。

4.宽滩河段

宽滩河段,宜按下列公式计算桥孔最小净长度:

$$L_j = \frac{Q_P}{\beta q_c} \tag{5-2-9}$$

$$\beta = 1.19 \left(\frac{Q_c}{Q_t}\right)^{0.10} \tag{5-2-10}$$

式中:L_j——最小桥孔净长度(m);

β——水流压缩系数;

q_c——河槽平均单宽流量[$m^3/(s \cdot m)$];

Q_c——河槽流量(m^3/s);

Q_t——河滩流量(m^3/s)。

这些经验公式具有一定的理论依据,是根据水力学原理和我国公路桥梁的实际资料,应用数理统计法制定的,形式简单,便于应用。二十余年来,得到了广泛应用和验证。

利用上述公式计算桥孔净长度后,尚应结合断面形态、主流位置、通航要求、河床演变趋势、桥位河段地质等情况,做出不同桥长的技术经济比较,综合论证后确定最终方案。

第三节 桥面高程

桥面高程是指桥面中心线上最低点的高程,必须满足桥下通过设计洪水、流冰、流木和通航的要求,并且应该考虑壅水、波浪、水拱、河湾凹岸水面超高以及河床淤积等各种因素引起的桥下水位升高。

一、引起桥下水位升高的因素

1.壅水

建桥后,天然水流受到桥孔压缩,桥梁上游形成壅水。天然水面(正常水深)以上被壅起的高度,称为壅水高度。最大壅水高度的位置,随水流压缩程度、河床形态而变,经验认为,无导流堤时大约在桥位中线上游一个桥孔长度(L)附近;有导流堤时大约在导流堤的上游堤端附近。

(1)桥前最大壅水高度 Δz

根据水力学原理,列出图5-1-1中最大壅水高度断面②和收缩断面③(或下游断面④)的能量方程,应该能够解出 Δz。但是,由于桥位附近的水流及河床变形非常复杂,能量损失等很多因素难以准确地求得,至今仍是有待研究的课题。

《公路工程水文勘测设计指南》(2001年)推荐使用下式计算桥前最大壅水高度:

$$\Delta z = \frac{K_N K_y}{2g}(v_M^2 - v_{0M}^2) \tag{5-3-1}$$

$$K_y = \frac{0.5}{\dfrac{v_M}{\sqrt{g}} - 0.1} \tag{5-3-2}$$

$$K_N = \frac{2}{\sqrt{\dfrac{v_M}{v_{0M}} - 1}} \tag{5-3-3}$$

$$v_M = \frac{v_M'}{1 + 0.5 d_{50}^{-0.25}\left(\dfrac{v_M'}{v_c} - 1\right)} \tag{5-3-4}$$

式中:Δz——桥前最大壅水高度(m);

K_y——修正系数,当桥下河床为岩石或有铺砌时,取1.0;

K_N——定床壅水系数;

g——重力加速度(m/s^2),取9.80m/s^2;

v_M——冲刷后桥下平均流速(m/s),当桥下河床为岩石或有铺砌时,即为 v_M';

v_M'——冲刷前桥下平均流速(m/s),为设计流量除以桥下净过水面积;

v_{0M}——天然状态下桥孔部分的平均流速(m/s);

v_c——河槽平均流速(m/s);

d_{50}——河床质中值粒径,即按质量计50%都较它为小的粒径(mm),对黏性土河床,可按表5-3-1换算。

黏性土换算粒径 d_{50}　　　　表5-3-1

天然空隙比 e	>1.2	0.6~1.2	0.3~0.6	0.2~0.3
换算粒径 d_{50}(mm)	0.15	3	10	50

公式(5-3-1)~式(5-3-4)是原铁道部科学研究院陆浩、曹瑞章、王玉洁1998年完成的铁道部课题成果。2000年曹瑞章对公式进行了简化。桥前壅水问题的详细讨论,可参阅《桥梁水力学》(陆浩,高冬光,1991年)。

(2)桥下壅水高度 $\Delta z'$

桥下壅水高度 $\Delta z'$ 是指桥下断面处的壅水高度,可根据洪水情势和土质易冲程度参照表5-3-2取值。

桥下壅水高度 $\Delta z'$ 取值　　　　表 5-3-2

序　号	洪水和河床土质条件	$\Delta z'$ 取值
1	一般情况	$0.5\Delta z$
2	洪水暴涨暴落,土壤坚实,不易冲刷时	Δz
3	洪水涨落缓慢,土壤松软,易冲刷时	不计

（3）壅水曲线

最大壅水断面以下的壅水曲线,对于缓坡（$i<i_k$）河流为 a_1 型壅水曲线,曲线的精确绘制可按水力学中的"水面曲线绘制方法"进行,但在桥位设计中,一般可近似地看作二次抛物线进行计算,如图 5-3-1 所示。

壅水曲线的全长 L 和任意断面 A 处的壅水高度 Δz_A 可近似按下列公式计算：

$$L = \frac{2\Delta z}{i} \tag{5-3-5}$$

$$\Delta z_A = \left(1 - \frac{iL_A}{2\Delta z}\right)^2 \Delta z \tag{5-3-6}$$

式中：L——壅水曲线的全长(m)；

　　　Δz——桥前最大壅水高度(m)；

　　　i——河床比降(以小数计)；

　　　Δz_A——任意断面 A 处的壅水高度(m)；

　　　L_A——任意断面 A 至最大壅水断面的距离(m)。

2. 波浪

水面受风的作用而呈现起伏波动,并沿风向传播,形成波浪,如图 5-3-2 所示（波浪的实际表面形状非常复杂,并不是整齐、对称的）。波面凸起的最高点称为波峰,波面凹下的最低点称为波谷,相邻的波峰与波谷之间的垂直距离称为波浪高度,相邻两个波峰（或两个波谷）之间的水平距离称为波浪长度,波浪传播的距离称为浪程（风距）。桥位处波浪的大小与风速、风向、浪程、水深及桥位处的自然环境等都有直接关系。跨越河流、水库、湖泊以及其他宽阔水域的桥梁,均需要考虑波浪对桥面设计高程的影响。

对波浪的讨论详见第八章第四节。

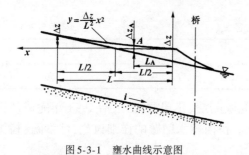

图 5-3-1　壅水曲线示意图

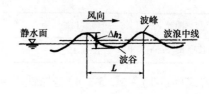

图 5-3-2　波浪(风浪)示意图

（1）桥位处的波浪高度

桥位处河流洪水的波浪高度一般通过调查确定。

计算桥面高程时,以桥位静水面以上,波浪高度的三分之二计入。另外,行进波在墩前受阻,还应计入波高增大。

调查困难时,可按有关规范或设计手册推荐的方法确定,用公式计算如下:

$$\Delta h_2 = K_F \Delta \overline{h}_2$$

$$\Delta \overline{h}_2 = \frac{0.13\tanh\left[0.7\left(\frac{g\overline{h}}{v_w^2}\right)^{0.7}\right]\tanh\left\{\frac{0.0018\left(\frac{gD}{v_w^2}\right)^{0.45}}{0.13\tanh\left[0.7\left(\frac{g\overline{h}}{v_w^2}\right)^{0.7}\right]}\right\}}{\frac{g}{v_w^2}} \quad (5\text{-}3\text{-}7)$$

式中:Δh_2——波浪高度(m),从波谷至波峰的高度;

　　　$\Delta \overline{h}_2$——波浪平均高度(m);

　　　K_F——系数,当 $\Delta \overline{h}_2/\overline{h} < 0.1$ 时,取 2.42;当 $\Delta \overline{h}_2/\overline{h} \geq 0.1$ 时,取 2.30;

　　　$\tanh(\cdot)$——双曲正切函数;

　　　$\overline{h}$——平均水深(m);

　　　D——计算浪程(m);

　　　g——重力加速度(m/s²),取 9.80m/s²;

　　　v_w——风速(m/s),水面以上 10m 高度处多年所测洪水期间自记 2min 平均最大风速的平均值:

$$v_w = \frac{v_{wo} - 0.80}{0.88}$$

　　　v_{wo}——风速(m/s),水面以上 10m 高度处多年所测洪水期间自记 10min 平均最大风速的平均值。

上列波浪高度公式是根据内陆水库观测资料制定的,适用于大陆地区河流、湖泊的桥梁设计。

跨海域桥梁设计的波浪高度计算见第八章。

风速资料可由气象站搜集,但需按《公路工程水文勘测设计规范》(JTG C30—2015)的要求进行审查和换算。缺少实测风速资料时,可按风力等级估算风速。平均水深一般采用沿计算浪程方向的平均水深,可根据河流横断面及河床沿计算浪程方向的起伏情况估算。计算浪程是波浪沿一定风向可能传播的距离,应根据汛期风玫瑰图和桥位地形图确定。沿波浪传播方向(或风向),从泛滥边界至桥位计算波浪处的距离为最大浪程,如图 5-3-3a)所示(最大浪程的方向与风向之间的夹角不超过 22.5°时,即可认为方向一致),一般可作为计算浪程,对于水面狭窄和形态复杂的河流则需要修正。风速、平均水深和计算浪程相互关联,通常是先利用气象站的实测风速和风向资料绘制风玫瑰图,如图 5-3-3b)所示,求出相应的风速、平均水深和计算浪程,然后选定最不利的组合来计算最大的波浪高度。

(2)路堤(或导流堤等)边坡处的波浪爬高

波浪冲向路堤(或导流堤等)边坡而爬升的高度,称为波浪爬高或波浪侵袭高度(图 5-3-4)。确定河滩路堤和导流堤等顶面高程时,应计入这一高度。可按《公路工程水文勘测设计规范》(JTG C30—2015)推荐的公式计算:

$$h_e = K_\Delta K_v R_0 \Delta h_2 \quad (5\text{-}3\text{-}8)$$

式中：h_e——波浪爬高(m)，其高度自静水位算起；

K_Δ——边坡糙渗系数，查表5-3-3；

K_v——与风速有关的参数，查表5-3-4；

R_0——相对波浪侵袭高度，即当$K_\Delta=1.0$，$K_v=1.0$，$\Delta h_2=1.0$m 时的波浪侵袭高度，查表5-3-5。

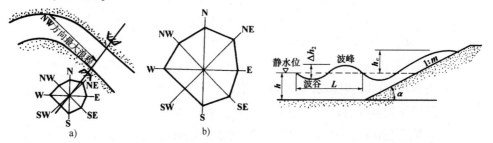

图 5-3-3 浪程示意图
a)最大浪程；b)风玫瑰图

图 5-3-4 波浪爬高

边坡糙渗系数 K_Δ 表 5-3-3

边坡护面类型	整片光滑不透水护面（沥青混凝土）	混凝土及浆砌片石护面与光滑土质边坡	干砌片石及植草皮	一两层抛石加固	抛石组成的建筑物
K_Δ	1.0	0.9	0.75～0.80	0.6	0.50～0.55

与风速有关的系数 K_v 表 5-3-4

风速(m/s)	5～10	10～20	20～30	>30
K_v	1.0	1.2	1.4	1.6

相对波浪侵袭高度 R_0 表 5-3-5

边坡系数	1.00	1.25	1.50	1.75	2.00	2.50	3.00
R_0	2.16	2.45	2.52	2.40	2.22	1.82	1.50

(3)斜向的波浪爬高

当波浪斜向侵袭时，侵袭高度有所减弱，当边坡系数 $m>1$（或 $\alpha<45°$）、斜向角度 $\beta\geqslant30°$ 时，可按下列有关规范推荐的公式计算：

$$h_e' = \frac{1+2\sin\beta}{3}h_e \tag{5-3-9}$$

式中：h_e'——修正后的波浪侵袭高度(m)；

β——构造物边坡上水边线与浪射线的夹角；

h_e——波浪侵袭高度(m)，按式(5-3-8)计算。

3. 其他

确定桥面高程时，应计入各种原因引起的水位升高，如：河流涨水时同一断面的主槽流速比两侧河滩的流速大，主槽水位比河滩水位上涨快，形成河心水位高、两边河滩水位低的水拱现象；在洪水由峡谷山口流出时，也会出现水拱现象；河湾处形成水面横比降，引起凹岸水位超高；还有局部股流壅高（与水拱比较，只取其中较大者）及河床淤积等。这些因素，一般以调查和实测确定。河湾处的水位超高值可按下式计算：

$$\Delta h = \frac{v^2 B}{gR} \tag{5-3-10}$$

式中：Δh——河湾水位超高值(m)；

v——断面平均流速(m/s)；

B——水面宽度(m)，如滩地有密草、丛林或死水时，该部分水面宽应予扣除；

g——重力加速度(m/s²)，取 9.80m/s²；

R——河湾凸凹岸曲率半径的平均值(m)。

计算桥面高程时，可计入河湾水位超高值的二分之一。

4. 急流河槽中桥墩的水流冲击高度 Δh_d

急流($\overline{Fr} > 1.0$)河槽修建桥梁后，桥梁上游河槽不出现 a_1 型壅水曲线，即不存在桥前壅水高度和桥下壅水高度，但是出现在桥墩迎水面，水流溅起很高的冲击高度 Δh_d[图 5-1-1d)]。在确定桥面高程时，不计壅水高度 Δz，而以水流冲击高度计入。墩前水流冲击高度 Δh_d 由水力学动量方程和连续方程得到：

$$\Delta h_d = 0.5\left[\left(h_0^2 + 16h_0 \frac{v_0^2}{2g}\right)^{0.5}\right] - 1.5h_0 \tag{5-3-11}$$

式中：Δh_d——急流河槽桥墩水流冲击高度(m)；

h_0、v_0——墩前河槽的天然水深(m)和流速(m/s)。

二、桥下净空安全值

1. 不通航河段

按《公路桥涵设计通用规范》(JTG D60—2015)规定，桥涵下净空高度如表 5-3-6 所示。

非通航河流桥下最小净空　　　　表 5-3-6

桥梁的部位		高出计算水位(m)	高出最高流冰面(m)
梁底	洪水期无大漂流物	0.50	0.75
	洪水期有大漂流物	1.50	—
	有泥石流	1.00	—
支承垫石顶面		0.25	0.50
拱脚		0.25	0.25

注：1. 计算水位即设计水位加壅水、浪高等。
　　2. 无铰拱的拱脚允许被设计洪水淹没，但不宜超过拱圈高度的2/3，且拱顶底面至计算水位的净高不得小于1.0m。
　　3. 在不通航和无流筏的水库区域内，梁底面或拱顶底面离开水面的高度不应小于计算浪高的 0.75 倍加上 0.25m。

2. 有流冰、流木的河段

应考虑流冰、流木主要从河槽桥孔通过，河槽内桥孔的净跨径不宜小于表 5-3-7 中的规定，并应大于实地调查的最大流冰、流木尺寸。

流冰、流木河流上桥梁最小净跨径　　　　　　　　　　　　　　　　表 5-3-7

类　　型		净跨径(m)		备　　注
		主槽桥孔	边滩桥孔	
流冰	微弱	16	10	冰块小于 0.7m 厚×50m²
	中等	20	13	冰块大于 0.7m 厚×50m²
	强烈	40	30	冰块大于 1.0m 厚×110m²
流木	中等	流木长度加 1m		
	强烈	流木长度加 2m		

注:1. 本表应根据桥址附近调查资料校正。
　　2. 有冰塞或流木堵塞堆积的河流,桥跨要根据需要加大。

三、通航河流的桥下净空

通航河段桥下净空尺度的规定见图 5-3-5 和表 5-3-8～表 5-3-11。图中的桥下净空高度 H_M 从设计最高通航水位算起;桥下净宽 B_M 是指设计最低通航水位时桥墩之间的净距。

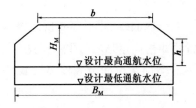

图 5-3-5　水上过河建筑物通航净空

天然和渠化河流航道尺度　　　　　　　　　　　　　　　　表 5-3-8

航道等级	船舶吨级(t)	代表船型尺度(m)(总长×型宽×设计吃水)	代表船舶、船队	船舶、船队尺度(m)(长×宽×设计吃水)	航道尺度(m)			
					水深	直线段宽度		弯曲半径
						单线	双线	
Ⅰ	3 000	驳船 90.0×16.2×3.5 货船 110.0×16.2×3.0	(1)	406.0×64.8×3.5	3.5～4.0	125	250	1 200
			(2)	316.0×48.6×3.5		100	195	950
			(3)	223.0×32.4×3.5		70	135	670
Ⅱ	2 000	驳船 75.0×16.2×2.6 货船 90.0×16.2×2.6	(1)	270.0×48.6×2.6	2.6～3.0	100	190	810
			(2)	186.0×32.4×2.6		70	130	560
			(3)	182.0×16.2×2.6		40	75	550
Ⅲ	1 000	驳船 67.5×10.8×2.0 货船 85.0×10.8×2.0	(1)	238.0×21.6×2.0	2.0～2.4	55	110	720
			(2)	167.0×21.6×2.0		45	90	500
			(3)	160.0×10.8×2.0		30	60	480
Ⅳ	500	驳船 45.0×10.8×1.6 货船 67.5×10.8×1.6	(1)	167.0×21.6×1.6	1.6～1.9	45	90	500
			(2)	112.0×21.6×1.6		40	80	340
			(3)	111.0×10.8×1.6				
			(4)	67.5×10.8×1.6		30	50	330

续上表

航道等级	船舶吨级(t)	代表船型尺度(m)（总长×型宽×设计吃水）	代表船舶、船队	船舶、船队尺度(m)（长×宽×设计吃水）	航道尺度(m)			
					水深	直线段宽度		弯曲半径
						单线	双线	
Ⅴ	300	驳船35.0×9.2×1.3 货船55.0×8.6×1.3	(1)	94.0×18.4×1.3	1.3～1.6	35	70	280
			(2)	91.0×9.2×1.3		22	40	270
			(3)	55.0×8.6×1.3				
Ⅵ	100	驳船32.0×7.0×1.0 货船45.0×5.5×1.0	(1)	188.0×7.0×1.0	1.0～1.2	15	30	180
			(2)	45.0×5.5×1.0				
Ⅶ	50	驳船24.0×5.5×0.7 货船32.5×5.5×0.7	(1)	145.0×5.5×0.7	0.7～0.9	12	24	130
			(2)	32.5×5.5×0.7				

注：1. 当航队推轮吃水等于或大于驳船吃水时，应按推轮设计吃水确定航道水深。
2. 流速3m/s以上、水势汹乱的航道，直线段航道宽度应在表列宽度的基础上适当加大。
3. 航道最小弯曲半径应结合《内河通航标准》(GB 50139—2014)第3.0.5条的有关规定确定。

限制性航道尺度　　　　表5-3-9

航道等级	船舶吨级(t)	代表船型尺度(m)（总长×型宽×设计吃水）	代表船舶、船队	船舶、船队尺度(m)（长×宽×设计吃水）	航道尺度(m)		
					水深	直线段双线底宽	弯曲半径
Ⅱ	2 000	驳船75.0×14.0×2.6 货船90.0×15.4×2.6	(1)	180.0×14.0×2.6	4.0	60	540
Ⅲ	1 000	驳船67.5×10.8×2.0 货船80.0×10.8×2.0	(1)	160.0×10.8×2.0	3.2	45	480
Ⅳ	500	驳船42.0×9.2×1.8 货船45.0×7.3×1.9	(1)	108.0×9.2×1.9	2.5	40	320
			(2)	45.0×7.3×1.9			
Ⅴ	300	驳船30.0×8.0×1.8 货船36.7×7.3×1.9	(1)	210.0×8.0×1.9	2.5	35	250
			(2)	82.0×8.0×1.9			
			(3)	36.7×7.3×1.9			
Ⅵ	100	驳船25.0×5.5×1.5 货船28.0×5.5×1.5	(1)	298.0×5.5×1.5	2.0	20	110
			(2)	28.0×5.5×1.5			
Ⅶ	50	驳船19.0×4.5×1.2 货船25.0×5.5×1.2	(1)	230.0×4.7×1.2	1.5	16	100
			(2)	25.0×5.5×1.2			

注：航道最小弯曲半径应结合《内河通航标准》(GB 50139—2014)第3.0.5条的有关规定确定。

天然和渠化河流水上过河建筑物通航净空尺度(m)　　　表 5-3-10

航道等级	代表船舶、船队	净 高	单向通航孔			双向通航孔		
			净宽	上底宽	侧高	净宽	上底宽	侧高
Ⅰ	(1)4排4列	24.0	200	150	7.0	400	350	7.0
	(2)3排3列	18.0	160	120	7.0	320	280	7.0
	(3)2排2列		110	82	8.0	220	192	8.0
Ⅱ	(1)3排3列	18.0	145	108	6.0	290	253	6.0
	(2)2排2列		105	78	8.0	210	183	8.0
	(3)2排1列	10.0	75	56	6.0	150	131	6.0
Ⅲ	(1)3排2列	18.0* 10.0	100	75	6.0	200	175	6.0
	(2)2排2列	10.0	75	56	6.0	150	131	6.0
	(3)2排1列		55	41	6.0	110	96	6.0
Ⅳ	(1)3排2列	8.0	75	61	4.0	150	136	4.0
	(2)2排2列		60	49	4.0	120	109	4.0
	(3)2排1列		45	36	5.0	90	81	5.0
	(4)货船							
Ⅴ	(1)2排2列	8.0	55	44	4.5	110	99	4.5
	(2)2排1列	8.0 或 5.0▲	40	32	5.5 或 3.5▲	80	72	5.5 或 3.5▲
	(3)货船							
Ⅵ	(1)1拖5	4.5	25	18	3.4	40	33	3.4
	(2)货船	6.0			4.0			4.0
Ⅶ	(1)1拖5	3.5	20	15	2.8	32	27	2.8
	(2)货船	4.5						

注：1. 脚注 * 的尺度仅适用于长江。
　　2. 脚注 ▲ 的尺度仅适用于通航拖带船队的河流。

限制性航道水上过河建筑物通航净空尺度(m)　　　表 5-3-11

航道等级	代表船舶、船队	净 高	双向通航孔		
			净宽	上底宽	侧高
Ⅱ	(1)2排1列	10.0	70	52	6.0
Ⅲ	(1)2排1列	10.0	60	45	6.0
Ⅳ	(1)2排1列	8.0	55	45	4.0
	(2)货船				
Ⅴ	(1)1拖6	5.0	45	36	3.5
	(2)2排1列	8.0			5.0
	(3)货船				
Ⅵ	(1)1拖11	4.5	22	16	3.4
	(2)货船	6.0	30	22	3.6
Ⅶ	(1)1拖11	3.5	18	13	2.8
	(2)货船	4.5	25	18	2.8

注：Ⅲ级及Ⅲ级以上的航道，通航净宽应根据船舶通航要求研究确定。

设计最高通航水位根据各种河流具体情况确定。一般天然河流的设计最高通航水位可采用表 5-3-12 中规定的各级洪水重现期水位；山区河流如经多年水文资料查证，出现高于设计最高通航水位历时很短,则根据具体情况,Ⅲ级航道的设计最高通航水位标准可降为10年一遇,Ⅳ级和Ⅴ级航道的设计最高通航水位标准可采用3~5年一遇,Ⅵ级和Ⅶ级航道可按2~3年一遇的标准执行;综合利用的排灌和引水渠道、运河和河网航道、通航的水利枢纽上下游,以及渠化河流的设计最高通航水位可按《内河通航标准》(GB 50139—2014)规定执行。

天然河流设计最高通航水位标准　　　　表5-3-12

航道等级	Ⅰ~Ⅲ	Ⅳ、Ⅴ	Ⅵ、Ⅶ
洪水重现期(年)	20	10	5

四、桥面最低高程

1. 不通航河段(图5-3-6)

(1)按设计洪水位计算桥面高程:

$$H_{\min} = H_s + \sum \Delta h + \Delta h_j + \Delta h_D \tag{5-3-12}$$

式中:$H_{\min}$——桥面最低高程(m);

H_s——设计水位(m);

Δh_j——桥下净空安全值(m),查表5-3-6;

Δh_D——桥梁上部构造建筑高度(m),包括桥面铺装高度;

$\sum \Delta h$——各种水面升高值总和(m)。

(2)按流冰水位计算桥面高程:

$$H_{\min} = H_{SB} + \Delta h_j + \Delta h_D \tag{5-3-13}$$

式中:H_{SB}——设计最高流冰水位(m),应考虑床面淤高;

其他符号意义同前。

2. 通航河流(图5-3-7)

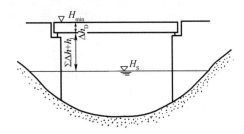

图5-3-6　不通航河段桥面高程示意图

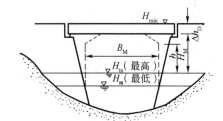

图5-3-7　通航河流桥面高程示意图

通航河流的桥面高程除应满足不通航河流的要求外,同时还应满足下式的要求:

$$H_{\min} = H_{tn} + H_M + \Delta h_D \tag{5-3-14}$$

式中:H_{tn}——设计最高通航水位(m);

H_M——通航净空高度(m);

其他符号意义同前。

采用式(5-3-12)~式(5-3-14)计算结果中的最大值作为桥面最低高程。

3. 跨越海域水面的桥梁

详见第八章第七节通航海轮桥梁的通航标准。

第四节 计 算 实 例

【例 5-4-1】 某一级公路跨越平原区次稳定型河段修建一座桥梁,桥位勘测搜集的桥梁基本资料、跨越河流基本资料和桥位断面测量资料等,如图2-4-3～图2-4-5所示。根据多方面水文资料分析计算,采用设计流量 $Q_s = Q_{1\%} = 3\,500\,\mathrm{m^3/s}$,应用例2-4-1的原理,由电算得到设计水位 $H_s = 63.65\,\mathrm{m}$,相应的河槽、河滩及全断面(河床断面)的各项水力因素如图5-4-1所示。

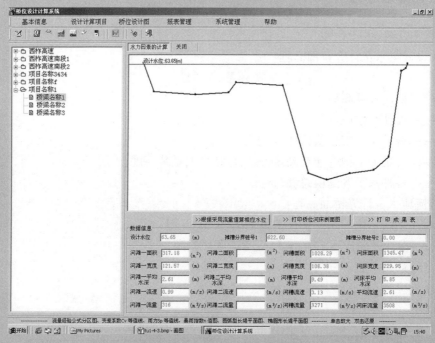

图 5-4-1 设计流量时的各项水力因素(QW2.0界面)

桥位河段为河湾段,中心半径为430m;桥位河段为Ⅵ-(1)级航道;桥位河段无凌汛、无流冰。

1. 桥孔长度

根据我国公路桥梁最小桥孔净长度 L_j 公式计算(图5-4-2)。

该桥位在次稳定河段有明显的河槽,宽度为 B_c,可根据式(5-2-3)计算,即:

$$L_j = K \left(\frac{Q_s}{Q_c}\right)^n B_c = 0.95 \times \left(\frac{3\,500}{3\,271}\right)^{0.87} \times 108.38 = 109.21(\mathrm{m})$$

2. 桥孔布设(图5-4-3)

根据桥位河床横断面形态,将左岸桥台桩号布置在 K0000+604.00;取4孔30m预应力混凝土箱梁为上部结构;双柱式桥墩,墩径取1.60m;各墩位置和桩号如图5-4-3所示;右桥台桩号为 K0000+724.00。该桥孔布设方案的桥孔净长度为115.20m,大于最小桥孔净长度111.52m,是合理的。

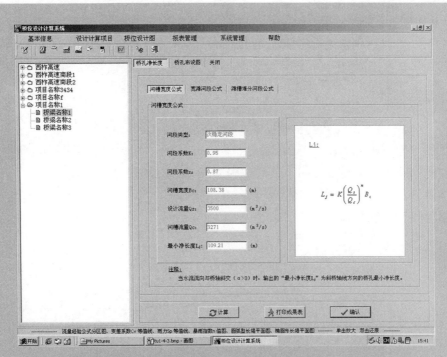

图 5-4-2　最小桥孔净长度计算（QW2.0 界面）

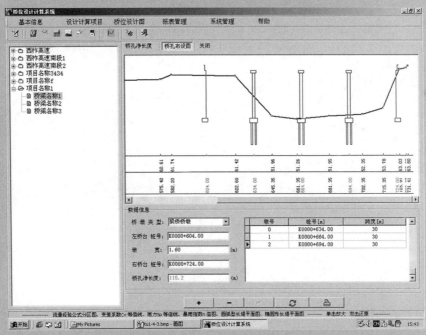

图 5-4-3　桥孔布设图（QW2.0 界面）

3. 桥面最低高程

河槽弗劳德数 $Fr = v_c^2/gh_c = 3.13^2/9.80 \times 9.49 = 0.105 < 1.0$，即设计流量通过时为缓流。桥前出现壅水，而不出现桥墩迎水面的急流冲击高度。应当注意,当河槽水流 $Fr > 1.0$

时,桥前不存在壅水,而出现桥墩迎水面急流冲击高度(溅高)。在《桥位设计计算系统(QW2.0)》中,自动判别急流或缓流后,可自行计算壅水高度或溅高。

1)桥前壅水高度 Δz 和桥下壅水高度 $\Delta z'$

冲刷前桥下流速:

$$v'_m = \frac{Q_s}{A_j} = \frac{3\,500}{1\,063 - 3 \times 1.60 \times 9.49} = 3.43(\text{m/s})$$

A_j 为桥下净过水面积(m^2),等于冲刷前两桥台间的总面积扣除3个桥墩的阻水面积。墩宽1.60m,河槽平均水深9.49m。

天然桥下平均流速 v_{0M},计算得: $v_{0M} = v_c = 3.13\text{m/s}$

冲刷后桥下平均流速:

$$v_M = \frac{v'_M}{1 + 0.5 d_{50}^{-0.25}\left(\frac{v'_M}{v_c} - 1\right)} = \frac{3.43}{1 + 0.5 \times 2^{-0.25}\left(\frac{3.43}{3.13} - 1\right)} = 3.30(\text{m/s})$$

系数:

$$K_N = \frac{2}{\sqrt{\frac{v_M}{v_{0M}} - 1}} = \frac{2}{\sqrt{\frac{3.30}{3.13} - 1}} = 8.58$$

$$K_y = \frac{0.5}{\frac{v_M}{\sqrt{g}} - 0.1} = \frac{0.5}{\frac{3.30}{\sqrt{9.80}} - 0.1} = 0.52$$

桥前最大壅水高度:

$$\Delta z = \frac{K_N K_y}{2g}(v_M^2 - v_{0M}^2) = \frac{8.58 \times 0.52}{2 \times 9.80}(3.30^2 - 3.13^2) = 0.25(\text{m})$$

桥下壅水高度 $\Delta z'$ 取 $0.5\Delta z$,则:

$$\Delta z' = 0.5 \times 0.25 = 0.13(\text{m})$$

2)浪高 Δh_2(图5-4-4)

桥位处于空旷平原,由实测风速换算得到的计算风速为21.53m/s,浪程内平均水深取河床平均水深5.85m,汛期顺风向到达桥位断面,形成的最大水面风距为1 450m。浪高按式(5-3-7)计算:

$$\frac{g}{v_w^2} = \frac{9.80}{21.53^2} = 0.021\,14, \quad \frac{v_w^2}{g} = 47.300\,09, \quad \frac{gD}{v_w^2} = \frac{9.80 \times 1\,450}{21.53^2} = 30.655\,33$$

$$\frac{g\bar{h}}{v_w^2} = \frac{9.80 \times 5.85}{21.53^2} = 0.123\,68$$

代入式(5-3-7),得:

$$\Delta \bar{h}_2 = 0.42\text{m}$$

因 $\Delta \bar{h}_2 / \bar{h} = 0.42/5.85 = 0.07 < 0.1$,应取 $K_F = 2.42$,则波浪高度为:

$$\Delta h_2 = K_F \Delta \bar{h}_2 = 2.42 \times 0.42 = 1.02(\text{m})$$

按《公路工程水文勘测设计规范》(JTG C30—2015),静水面以上波浪高度按2/3的波浪高度计,即$0.66\Delta h_2$;另外,波浪在墩前被阻挡时,墩前波浪高度将会壅高,近似取壅高值为$0.2\Delta h_2$,这样,静水面以上的波浪高度为波浪全高Δh_2的0.86倍,即$0.86\Delta h_2 = 0.86 \times 1.02 = 0.88(\text{m})$。

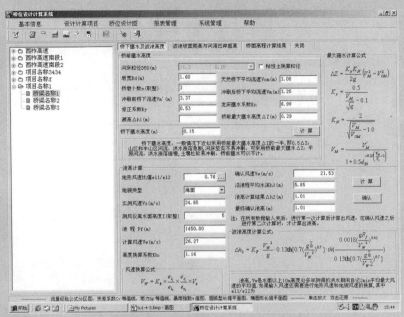

图 5-4-4 桥梁壅水和波浪高度计算(QW2.0 界面)

3)波浪坡面爬高和河湾凹岸超高(图 5-4-5)

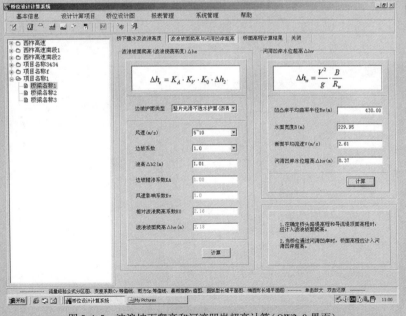

图 5-4-5 波浪坡面爬高和河湾凹岸超高计算(QW2.0 界面)

桥头路堤和导流堤顶面高程应计入波浪坡面爬高,按式(5-3-8)计算。

桥位在河湾内,桥面最低高程应计入两岸超高的一半,即 $0.5\Delta h_w$。

$$\Delta h_w = \frac{v^2}{g} \frac{B}{R}$$

$$\Delta h_w = \frac{2.62^2}{9.80} \times \frac{229.95}{430.00} = 0.37(\text{m})$$

凹岸对水流中线的超高为 $0.5\Delta h_w = 0.5 \times 0.37 = 0.19(\text{m})$。

4) 桥面最低高程(图5-4-6)

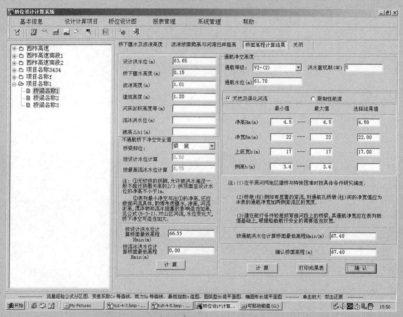

图5-4-6 桥面高程计算(QW2.0界面)

(1) 按设计洪水通过要求的桥面最低高程

$$H_{\min} = H_s + \sum \Delta h + \Delta h_j + \Delta h_D$$
$$= H_s + 0.5\Delta z + 0.86\Delta h_2 + 0.5\Delta h_w + \Delta h_j + \Delta h_D$$
$$= 63.65 + 0.13 + 0.88 + 0.19 + 0.50 + 1.20$$
$$= 66.55(\text{m})$$

(2) 按Ⅵ-(1)级航道通航标准要求的桥面最低高程

Ⅵ-(1)级航道最高通航水位的重现期为5年,由 $P=1/5$ 的流量即 $Q_{20\%}$ 计算相应的水位 $H_{20\%}$,求得 $H_{tn} = H_{20\%} = 61.70\text{m}$;通航净空高度为4.50m;通航净宽为22.00m。

$$H_{\min} = H_{tn} + H_M + \Delta h_D$$
$$= 61.70 + 4.50 + 1.20$$
$$= 67.40(\text{m})$$

以上计算结果表明,通航要求控制桥面高程,桥面最低高程确定为 $H_{\min} = 67.40\text{m}$。

习　题

1. 桥位河段水流建桥前后有何变化？各具有什么特点？
2. 桥梁工程师必须了解桥位河段的水文和河床演变特性，试述桥位河段怎样分类。不同河段应怎样布设桥孔及墩台？
3. 什么是桥孔长度和桥孔净长？目前有哪几种计算方法？
4. 桥孔长度的确定应考虑哪些因素？桥孔布置应注意哪些问题？
5. 试说明冲刷系数的物理意义。
6. 什么是桥面高程？影响桥面高程的因素有哪些？如何确定桥面高程？

第六章
桥墩和桥台冲刷

【学习目的与要求】

通过本章学习,学生能够了解建桥后墩台冲刷类型,明确墩台冲刷计算是确定基础埋深的设计依据。了解泥沙运动特性和河床演变的基本知识;掌握桥下一般冲刷计算方法;掌握桥墩局部冲刷计算方法;了解桥台冲刷计算方法;掌握桥梁墩台最低冲刷线高程的计算方法。

为了使设计洪水在桥下安全通过,不但要有足够的桥孔长度和桥梁高度,而且桥梁墩台、桥塔的基础,也必须有足够的埋置深度。

河流和海洋中的水流作用于床面泥沙(砂、石、泥、土等),泥沙颗粒伴随水流在不停地运动,河(海)水流的床面形态也相应地在不停进行着冲淤变化,呈现了河(海)水流床面的自然演变。

建桥后,除河床的自然演变外,还有桥梁孔径压缩水流和墩台阻挡水流引起的冲刷,各种冲刷交织在一起同时进行,冲刷过程十分复杂。墩台周围河床的最大冲刷深度,是各种冲刷综合作用的结果,它直接威胁着墩台基础的安全。为了便于研究,把这一非常复杂的综合冲刷过程,分为独立的三部分,即自然(演变)冲刷、一般冲刷和局部冲刷。假定三者独立地、相继地进行,可以分别计算,最后叠加,作为墩台的最大冲刷深度,并作为确定墩台基础埋置深度的依据。

目前,国内外对于跨越河流的桥梁墩台,已有不少冲刷计算公式,但都是在一定水力模式的基础上,根据水力模型试验和现场观测资料建立的,具有一定的局限性。在实际工作中,应考虑制定公式的水力模式特点和数据资料范围,结合河流具体情况,判断各制定公式计算结果的可靠性,然后确定采用值。

跨海桥梁的桥塔、墩台的基础冲刷,因涉及海中潮汐、波浪、海流引起的泥沙运动,十分复杂,因地而异,难以应用一般公式计算。可结合水力模型试验及数值模型分析,研究确定。

对于潮汐河口河段桥梁墩台冲刷,钱塘江二桥等水力模型试验表明:洪水来流和潮汐方向相反,交替出现,冲刷深度较单向洪水冲刷小,而最大冲刷深度的位置在墩的两侧,有较大变化。

十多年来,数值模拟技术已开始进入桥位河段水流和冲淤变形的模拟分析,应用流体力学基本微分方程组,如纳维-斯托克斯(Navier-Stokes)方程及其相应的定解条件(如河道地形边界作为边界条件、水流过程作为初始、终止条件等),再引入描述水流黏性及紊动切应力的计算模型,应用有限元进行离散化分析,可得到流场数值解(流场内各个空间节点的流速、水深等数值的分布);在水力数值模型的基础上,加入泥沙运动连续性方程等,进行数值计算和图像模拟分析,称为水流泥沙数值模型(水沙模型),可得到计算流场各节点冲淤变形后的流速、水深等数值。目前,如桥墩局部冲刷等因为边界突变,形成边界层分离,产生随机漩涡体系引起局部冲刷的河床变形,这种不连续、非恒定的水流泥沙现象,其数值模拟技术还在研究发展当中。数值模拟由计算机完成,较水力模型试验简便、经济、快速、易重复,工程应用日益广泛。

第一节 泥沙运动

天然河床是由大小不同,形状各异的泥沙颗粒组成的。根据泥沙在河槽内运动的状态,分为悬移质和推移质两类。在一定的水力条件下,泥沙处于运动状态,颗粒较细的泥沙被水流中的紊流漩涡带起,悬浮于水中向下游运动,这种泥沙称为悬移质;颗粒稍大的泥沙,则在床面上滚动、滑动或跳跃着间歇性地向下游移动,前进的速度远小于水流的流速,这些泥沙称为推移质。推移质群体的运动形态,呈现为床面上的沙波运动。比推移质颗粒更大的泥沙,则下沉到河床床面静止不动,称为河床质(床沙)。悬移质、推移质和河床质之间颗粒大小的分界是相对的,是随水流流速大小的变化而变化的。

对于桥梁上下游,因水流急剧变化,引起河床变形和墩台附近的冲刷,起主要作用的是推移质和床沙;颗粒很细的悬移质泥沙,对长河段的河床演变才起主要作用,如黄河中游黄土高原很细的黄土颗粒,对黄河下游河南、山东河段的河床淤积,起着决定性的作用。

一、泥沙主要特性

1. 几何特性

河床泥沙是由大小不同、形状各异的泥沙颗粒组成的集合。泥沙的几何特性一般用泥沙颗粒的直径(粒径)、粒径级配曲线(粒配曲线)、平均粒径($\bar{d}$)或中值粒径(d_{50})来表示。

1) 粒径(d)

泥沙颗粒形状极不规则,一般采用与泥沙颗粒同体积的球体直径,即等容直径 d 来表示颗粒的大小,以 mm 计。

粒径大于 0.05mm 的泥沙,可用筛析法量测;粒径小于 0.05mm 的泥沙,则用水析法量测,即根据泥沙在静水中沉降速度与粒径大小的关系,来确定粒径的大小。对大粒径的圆石、孤石可直接量其长、短轴直径。

2)粒径级配曲线(粒配曲线)

粒径级配曲线一般画在半对数坐标纸上,横坐标表示粒径大小,纵坐标表示小于某粒径的颗粒在整个沙样中所占的质量分数(图6-1-1)。

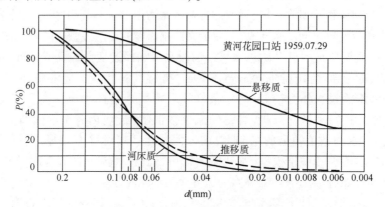

图6-1-1 悬移质、推移质、河床质的粒径级配曲线

粒径级配曲线清楚地表明沙样颗粒的大小和均匀程度。图6-1-1表明黄河花园口河段河床质和推移质粒径大小和比例组成相近,河床质的中值粒径 d_{50} 大约为 0.09mm,而悬移质的 d_{50} 大约为 0.015mm。

3)平均粒径($\bar{d}$)和中值粒径(d_{50})

平均粒径和中值粒径都可以作为沙样的代表粒径。桥梁冲刷计算中多采用平均粒径($\bar{d}$)。若用筛分法得到沙样的各筛径之间的几组泥沙,各组平均粒径为上下两级筛孔的均值,即 $d_i = (d_{大} + d_{小})/2$,每组泥沙的质量(或重量)为 p_i,则该沙样的平均粒径($\bar{d}$)为:

$$\bar{d} = \frac{\sum_{i=1}^{n} d_i p_i}{\sum_{i=1}^{n} p_i} \tag{6-1-1}$$

中值粒径 d_{50},是沙样中大于和小于这种粒径的泥沙质量(或重量)各占一半的粒径,可从沙样的粒径级配曲线上查得。

2.重力特性

泥沙重力特性用泥沙颗粒实体的单位体积的重力来表示,称为重度 γ_s。另外,干重度 γ' 也表示沙样的重力特性,用单位体积的原状土样中颗粒的重力来表示,γ' 越大,泥沙越密实。

3.水力特性

泥沙水力特性,由泥沙颗粒在静止的清水中均匀下沉的速度来表示,称为沉速,符号为 ω(cm/s)。ω 值可查《公路桥涵设计手册·桥位设计》(第二版,2011年)中的数值表。

二、泥沙的起动

在水流推动下,床面泥沙颗粒由静止开始运动,称为泥沙的起动。泥沙起动是泥沙运动和河床变形开始的临界状态。

泥沙颗粒的起动,是床面泥沙颗粒受到的驱动力和抗拒力及这些力产生的力矩失去平衡的结果。泥沙颗粒周围的水流结构和受力状态如图6-1-2所示。

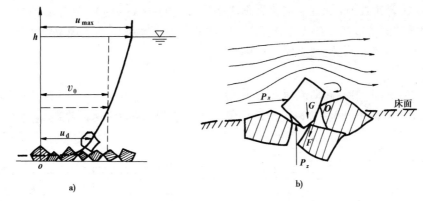

图 6-1-2 泥沙颗粒周围的水流结构和受力状态
a)垂直流速分布;b)床面泥沙颗粒受力状态

接近床面的水流受到泥沙颗粒的阻挡,在颗粒的迎水面产生向前的冲压力;同时,泥沙附近水流绕流,颗粒上方流速加快,压力减小;颗粒下方水流受阻,压力加大;颗粒背水面,因绕流漩涡的存在,使颗粒表面产生向前的负压力。上述水流作用合成为向前的推移力 P_x 和上举力 P_z,它们驱使泥沙颗粒运动。另一方面,泥沙颗粒还受重力 G 和颗粒摩擦力 F 的作用,对于细颗粒还存在颗粒间的黏结力,这些力形成了抗拒泥沙颗粒运动的阻力。

泥沙起动条件可用起动流速 v_0 和起动床面切应力 τ_0 两种形式来表示。我国桥梁冲刷计算中,采用起动流速作为判别床面泥沙是静止还是运动状态的标准。

起动流速就是床面泥沙颗粒在各种外力作用下,失去平衡,泥沙开始运动时的水流垂线平均流速(m/s)。

我国桥梁冲刷计算中,采用张瑞瑾导出的起动流速公式。该公式的系数和指数是以窦国仁整理的各家资料为基础,加上长江的实测记录及武汉水利电力学院关于轻质卵石的试验资料确定的。上述资料包括卵石、粗砂、细砂、黏土等粒径变化很宽的各种泥沙。其公式为:

$$v_0 = \left(29d + 0.000\,000\,605\,\frac{10+h}{d^{0.72}}\right)^{0.5} \left(\frac{h}{d}\right)^{0.14} \quad (6\text{-}1\text{-}2)$$

式中:v_0——起动流速(m/s);
　　　h——水深(m);
　　　d——粒径(m)。

沙玉清根据泥沙颗粒起动时,推动力和阻力相等的条件,建立的起动流速公式为:

$$v_0 = \left[0.43d^{0.75} + 1.1\,\frac{(0.7-\varepsilon)^4}{d}\right]^{0.5} h^{0.2} \quad (6\text{-}1\text{-}3)$$

式中:v_0——起动流速(m/s);
　　　ε——孔隙率,自然淤积稳定孔隙率为 0.4;
　　　其他符号意义同前,但 d 的单位为 mm。

另外,国内外学者因各自采用的试验数据和对黏性项的表达形式不同,根据颗粒受力平衡条件,建立了不同的起动流速公式。但是,这些公式的构成是类似的。例如式(6-1-2)和式(6-1-3)中,括号内的第一项反映重力对起动的抗拒,第二项反映黏结力对起动的抗拒。此外,还有将床面流速或1m深处流速化为垂线平均流速的系数$(h/d)^{0.14}$或$(h/1)^{0.2}$。

对于大颗粒泥沙以第一项重力作用为主,对于极细颗粒则以第二项黏结力为主。当$d \geqslant 2\text{mm}$时,黏结力可忽略不计,则式(6-1-2)简化为:

$$v_0 = 5.39 h^{0.14} d^{0.36} \tag{6-1-4}$$

当水深为1m时,绘制起动流速v_0与粒径d的关系曲线(图6-1-3),两条曲线形状基本相同,在$d = 0.15\text{mm}$附近,起动流速有个最小值。该值右侧,起动流速以克服重力为主,起动流速随粒径增大而增大;该值左侧,起动流速以克服黏结力为主,起动流速随粒径减小而增大。

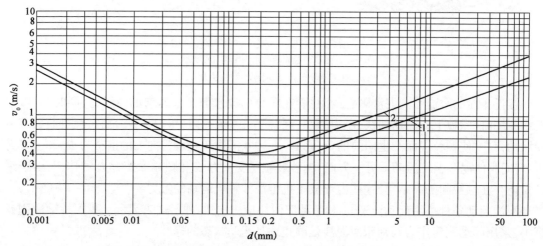

图6-1-3 起动流速v_0与粒径d的关系曲线

1-张瑞瑾公式$(h=1.0\text{m})$;2-沙玉清公式$(h=1.0\text{m}, \varepsilon=0.4)$

三、沙波运动

图6-1-4 试验室拍摄的沙波(原西安公路学院水力实验室,高冬光,1983年摄)

沙质河床的床面泥沙在水流作用下,泥沙起动后出现推移质运动,形成床面沙波。沙波的形态与水流强度有密切关系,当弗劳德数Fr很小时,床面出现沙纹,波高与波长约为几厘米至十几厘米,常见于天然河滩;当弗劳德数Fr增大到一定程度后,沙纹成长为沙垄(图6-1-4);水流强度再增大,则沙垄成长为沙丘,在沙槽内形成结构状泥沙堆,例如平原顺直微弯河段河槽内两岸交错分布的边滩。

大江大河中沙波尺度是很大的(图6-1-5),桥梁墩台及其他河道建筑物基础的埋置深度,应计入沙波波谷移到建筑物附近时床面下降的深度。

四、推移质输沙率

沙波运动是推移质运动的主要形式,而推移质输沙率的大小,反映推移质运动的强烈程度。

推移质输沙率是在过水断面单位河槽宽度上,单位时间内通过的推移质的质量,单位是$\text{kg/s} \cdot \text{m}$。我国桥下河槽一般冲刷计算中,采用以流速为主要参数的推移质输沙率公式。

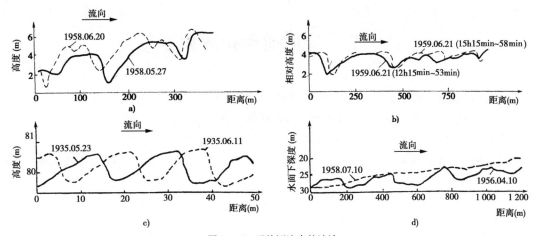

图 6-1-5 天然河流中的沙波
a)长江南京段;b)黄河花园口段;c)伏尔加河;d)密西西比河

窦国仁根据推动推移质的水流能量与泥沙运动动能相平衡的条件,导出的输沙率公式(1977年)为:

$$g_b = \frac{k_0}{C_0^2} \cdot \frac{\gamma_s \gamma}{\gamma_s - \gamma}(v - v_k)\frac{v^3}{g\omega} \quad (6\text{-}1\text{-}5)$$

式中:g_b——推移质输沙率(kg/s·m);

k_0——系数,$k_0 = 0.01$;

C_0——无量纲(无因次),谢才系数 $C_0 = C/\sqrt{g}$;

v——断面平均流速(m/s);

v_k——起动流速(m/s),按窦国仁起动流速计算,见《公路桥涵设计手册·桥位设计》(第二版,2011年);

ω——泥沙沉速(m/s);

γ、γ_s——分别为水和泥沙的重度。

式(6-1-5)表明,推移质输沙率 g_b 与流速4次方成正比,表明推移质输沙率对流速十分敏感。因此,大多数推移质集中在流速最大的主流区内,而且一年中推移质的很大部分是在几次大洪水过程中通过的。

桥梁墩台和丁坝等建筑物附近的冲刷,主要与推移质的运动有关。

五、含沙量和挟沙能力

含沙量是单位体积内水流中所含悬移质的质量,单位是 kg/m³。

在一定的水力条件和边界条件下,单位体积的水流,能够挟带泥沙的最大数量(质量),包括悬移质和推移质的全部泥沙数量,称为水流的挟沙能力。对于颗粒很细的平原区河流,悬移质占绝大部分,挟沙能力可近似地用最大含沙量来表示。

六、河床的粗化

在冲刷河段内,床沙中的细颗粒泥沙被水流冲走,上游来沙中的粗颗粒泥沙慢慢沉下来,这样,河床表面层的泥沙粒径逐渐增大,形成自然铺砌的现象,称为河床床面的粗化。水库下游、桥梁上下游等冲刷河段的床面都有床面粗化现象。

第二节　河床演变和河相关系

水流推动泥沙运动,出现河床变形;变形后的河床又反作用于水流,引起水流结构变化。水流和河床永远处于相互作用、相互制约、不间断的变化过程中。在天然状况下或人类活动干扰后,河床形态逐渐变化,称为河床演变。

水流通过泥沙运动塑造河床形态,一般情况下,在河床演变中水流是最活跃的因素,起着主导作用。

一、副流

河床中的水流,受河床壁面的制约和河床走向的影响,形成了与总的流动趋势一致的主流。由于过水断面形状的改变或河湾的影响,伴随着主流,在水流内部形成一种尺度较大的旋转流动,这种从属主流而存在的旋转流动,称为副流。

副流是一种位置和旋转中心相对稳定的、明显的大尺度的高速漩涡或环流。副流的存在是河床冲淤变形的直接原因,对于河床中建筑物(桥梁、堤坝、涵闸等)引起的各种副流,必须密切注意。

1. 立轴副流(回流)

在桥台前缘、丁坝头部或河槽宽度突变处,水流在桥台、坝头等处绕流,产生边界层分离,在分离点靠近边界一侧不断地生成高速旋转的立轴漩涡,漩涡不停地向下游传播和扩展,形成下游回流区,在桥台前缘、丁坝头部等分离点附近形成很深的冲刷坑,漩涡把这里的床面泥沙挟带到下游回流区内沉积下来。这就是桥台与丁坝出现冲刷和对丁坝下游河岸能起防护作用的原因。图 6-2-1 是丁坝坝头或桥台前缘绕流流线、漩涡生成和向下游发展的照片。

2. 平轴副流(滚流)

小桥、涵洞出口流出的急流与下游天然河床缓流衔接处,出现水跃的面滚部分就是平轴副流;出口河槽铺砌末端的垂裙下游,出现底滚而引起垂裙冲刷,导致小桥涵水毁。底滚也是平轴副流(图 6-2-2)。

图 6-2-1　丁坝坝头或桥台绕流流线、漩涡的生成和发展(平面图)(原西安公路学院试验,高冬光,1994 年摄)

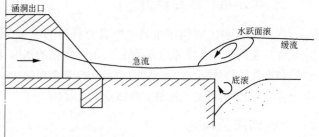

图 6-2-2　涵洞出口的平轴副流(立面图)

3. 顺轴副流(螺旋流)

通过弯道的水流在重力和离心力的共同作用下,面流流向凹岸,底流流向凸岸,形成向前流动的螺旋流,如图6-2-3所示。河湾螺旋流的旋转轴方向与主流流向一致,称为顺轴副流。

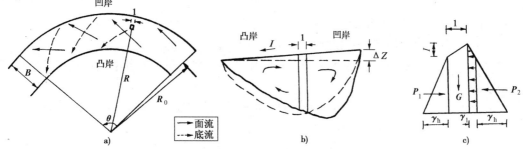

图6-2-3 河湾螺旋流
a)平面图;b)横断面;c)水柱受力图
注:"1"表示在水体内取一个单元体进行分析,为单位长度。

螺旋流在横断面上的投影,称为断面横向环流,如图6-2-3b)所示。在螺旋流作用下,自弯道进口断面水流逐渐流向凹岸,如图6-2-4a)、图6-2-5所示,使凹岸冲刷,凸岸淤积;凹岸冲刷在弯道出口断面附近冲刷最深,如图6-2-4b)、图6-2-5所示。

图6-2-4 弯道水流和凹岸冲刷(原西安公路学院动床试验,高冬光,1987年摄)

根据对水力模型试验资料和沿河公路凹岸冲刷现场实测资料进行多元逐步回归分析,凹岸最大冲刷水深h_{smax}可按下式计算(高冬光,钟晓山,1987年,1995年):

$$h_{smax} = 1.48 \left(\frac{B}{R_c}\right)^{0.24} \left(\frac{B}{\bar{h}}\right)^{0.17} \left(\frac{\bar{h}}{d}\right)^{0.05} \bar{h} C_m$$

(6-2-1)

式中:h_{smax}——弯道出口断面附近凹岸最大冲刷水深(m);

$\bar{h}$——弯道进口或上游直段平均水深(m),可近似取弯道段平均水深;

B——弯道进口或上游直段水面宽度(m);

图6-2-5 河湾桥梁墩台的冲刷
(*Fluvial Processes in River Engineering*,Howard H. Chang)

R_c——弯道中线半径(m);

d——河床质平均粒径(m);

C_m——凹岸冲刷边坡折减系数:

$$C_m = e^{-0.16m} \quad (6\text{-}2\text{-}2)$$

m——边坡系数,即边坡为 $1:m$;

e——自然对数的底,$e = 2.71828$。

式(6-2-1)在我国沿河公路河湾凹岸冲刷防护及桥台河岸防护工程中已得到广泛应用,得到了实践的验证。

根据弯道水流径向力(水平力)平衡条件,可导出凹岸对凸岸超高 Δh 的计算公式,对于 R_c 较 h 大得多时,近似地按下式计算:

$$\Delta h = \frac{v^2}{gR_c}B \quad (6\text{-}2\text{-}3)$$

式中:Δh——凹岸对凸岸的超高(m);

v——断面平均流速(m/s);

B——水面宽度,即两岸半径之差(m);

其他符号意义同前。

位于河湾段的桥梁应当计入凹岸冲刷对桥台冲刷的影响和凹岸水面超高对确定桥面高程的影响。河湾凹岸的冲刷是沿河公路水毁的主要原因之一。

二、河床演变的基本概念

水流输沙不平衡,引起河床演变。上游来沙量大于河段水流挟沙能力,床面淤积;反之,上游来沙量小于河段水流挟沙能力,床面冲刷。

河流上游多在山区,比降大,流速急,挟沙能力强,床面下切;河流下游多在平原区,比降小,流速缓,挟沙能力弱,床面多为淤积。在青海、甘肃的黄河上游河段和河南、山东的黄河下游河段,河型完全不同,就是很典型的实例。

河流横断面输沙不平衡,引起河床横向变形。河湾水流受重力和离心力共同作用,形成螺旋流,水流在弯顶及其下游集中沿凹岸流动,凹岸一侧挟沙能力大,冲刷严重;螺旋流的底流把凹岸泥沙带到下游的凸岸,沉积下来,形成河湾凹岸后退、凸岸增长、河湾发展的现象。

桥墩、桥台、丁坝等建筑物周围,高速旋转的绕流漩涡卷起床面泥沙,带往下游,形成局部冲刷。河槽中床面泥沙处于运动之中,桥墩局部冲刷停止的条件为单位时间内上游落入冲刷坑内的泥沙量与漩涡卷走的泥沙量相等,即输沙平衡;河滩水深小,床面糙率大,流速小(一般河滩流速小于床面起动流速),床面泥沙处于静止状态,墩台周围泥沙被绕流漩涡带走而形成的冲刷坑内,没有来沙的补给。随冲刷深度增大,绕流流速逐渐减小,当流速降低到坑内泥沙起动流速时,冲刷就停止。习惯上,河槽中墩台的冲刷称为动床冲刷,河滩中墩台的冲刷称为清水冲刷,两者从泥沙运动的角度来看是有区别的。

当河床因外界条件变化而出现冲刷后,过水断面逐渐增大,流速逐渐减小,挟沙能力减弱,同时床面粗化,抗冲能力增强,冲刷过程逐渐减缓,冲刷趋向停止;对于淤积河段,也有这种河床变形逐渐减缓,直至趋向停止的现象。冲积河流水沙相互作用,产生河床变形,然后又使其趋于停止的现象,称为冲积河流的自动调整现象。

影响河床演变的主要自然因素有三方面:

(1)上游来水条件,即流量的大小和变化。

水流为泥沙运动提供动力,水流流量大、流速大,挟沙能力就强,河床变形就大。流量随季节周期变化,河床形态也相应呈现周期变化。

(2)上游来沙条件,即上游来沙量及其粒径组成。

上游来沙为泥沙运动提供物质来源,来沙量及其粒径组成、季节变化,对河床变形有直接影响。

(3)河床地质、土质条件、河床比降为河床演变提供了边界条件。

上游来水、来沙条件总在不断地变化着,河床演变也是永不停息的。输沙平衡只是暂时的、相对的,输沙不平衡则是经常的、绝对的。输沙平衡只是对平均情况而言,指瞬时的状态。

三、河相关系

水流作用下,床面泥沙能够自由地运动,床面形态随着冲刷和淤积,在不断地演变,这种河床称为冲积河床。例如天然条件下平原区细颗粒床沙构成的河床,可视为冲积河床。冲积河床在水沙长期相互作用下,逐渐形成一种均衡(Regime)的河床形态。描述这些河床均衡形态的几何因素(河宽 B、平均水深 h、比降 i、弯道半径 R 等)与来水、来沙条件(Q、d 等)存在一定的对应关系,称为河相关系,又称均衡关系。显然,来水来沙总是处于变化之中,"均衡"也只是对在一定时间内、一定河段上的平均状况而言。

河床形态是在无数次洪水过程中,水沙相互作用下连续演变的结果。为研究河相关系,人们引入了一个与多年连续造床作用相当的流量数值,作为代表流量,称为造床流量。造床流量对河床形态的塑造作用最大。桥梁工程中,常取水位与河滩平滩水位齐平时的河槽流量作为造床流量。对于河滩河槽难以划分的变迁型、游荡型河段,可用多年年最大流量的平均值作为造床流量。

我国公路桥孔长度的确定和桥墩冲刷计算,都应用了河相关系式。

1. 基本河宽公式

根据我国西北、内蒙古、东北、华北等地滩槽难分的变迁型河段和游荡型河段的现场资料,分析得到基本河宽 B_0 和造床流量 Q、床沙粒径 d 之间的关系为:

$$B_0 = 16.07 \frac{Q^{0.24}}{d^{0.30}} \tag{6-2-4}$$

式(6-2-4)是拟定滩槽难分的变迁型、游荡型河段桥孔长度的主要依据。

2. 河槽宽度和水深的关系

$$\eta = \frac{\sqrt{B}}{H} \tag{6-2-5}$$

式中:B——平滩水位(造床流量)时的河槽宽度(m);

H——平滩水位(造床流量)时的河槽平均水深(m);

η——断面河相系数。

η 值越大,河槽越宽浅,河槽稳定性越差,水流的摆动越大,股流集中产生的冲刷也越严重。在桥下河槽一般冲刷深度计算中,引入单宽流量集中系数 A 为:

$$A = \eta^{0.15} = \left(\frac{\sqrt{B}}{H}\right)^{0.15} \tag{6-2-6}$$

第三节　桥下河床断面的一般冲刷

建桥后,桥孔压缩水流,致使桥孔上游水流急剧集中流入桥孔,在桥孔稍下游处,形成收缩断面。该断面处流速梯度很大,床面切应力剧增,引起强烈的河床泥沙运动,床面发生明显冲刷,称为一般冲刷(General Scour)或压缩冲刷(Contract Scour)。

收缩断面再往下游,水流逐渐扩散,在相当远处恢复到天然状态。桥下河床断面的一般冲刷计算就是指收缩断面的冲刷计算。但是,桥梁墩台设计时,偏安全地把桥梁轴线断面处的冲刷深度看作与收缩断面相同。

对于两岸有导流堤的桥梁,桥下收缩断面大约就出现在桥轴线附近;对于无导流堤的桥梁,收缩断面在桥轴线下游不远处,因洪水变化难以预测,这种偏安全的处理是完全必要的。

一、根据输沙平衡原理建立的公式

输沙不平衡引起河床变形。对于一个过水断面或某一河段,在一定时段内,上游来沙量小于该断面或该河段被冲走的泥沙量时,该断面或该河段就出现冲刷、下切;反之,该断面或该河段就出现淤积。输沙不平衡引起的冲刷称为动床冲刷。

当桥梁上游进入桥下河槽断面的泥沙数量小于桥下断面急速水流冲走的泥沙数量时,桥下断面就出现冲刷。这就是一般冲刷。

冲刷发生后,水深和桥下过水断面逐渐增大,桥下流速逐渐减小,水流挟沙能力也逐渐降低,桥下冲刷随之减缓。最终,上游来沙量 G_1 和桥下输沙量 G_2 趋向平衡,冲刷趋于停止,达到最大冲刷深度。桥孔过水断面压缩水流引起的河床变形,主要是由河床质中颗粒较大的推移质的运动来完成的。粒径很细的悬移质,悬浮在洪水中流向下游,难以实现桥位断面的泥沙交换,不影响桥位断面的河床变形。

桥下断面输沙平衡应是该断面推移质输沙量 G 的输沙平衡,即:

$$\begin{bmatrix} 上游天然断面 \\ G_1 \end{bmatrix} = \begin{bmatrix} 桥下断面 \\ G_2 \end{bmatrix}$$

$$B_1 \cdot g_{s1} = B_2 \cdot g_{s2} \tag{6-3-1}$$

式中:B_1——上游天然断面的河槽宽度(m);

　　g_{s1}——上游天然断面的单宽输沙率(kg/s·m);

　　B_2——桥下河槽宽度(m),一般砂性土河床建桥后,桥下河槽可扩宽至整个桥孔,即 $B_2 = L_q$;若桥下河槽不能扩宽时,B_2 为桥下河槽宽度;

　　G_1、G_2——输沙量;

　　g_{s2}——桥下断面的单宽输沙率(kg/s·m)。

式(6-3-1)代入输沙率公式后,可导出一般冲刷深度公式的一般形式:

$$h_p = K \left(\frac{Q_2}{Q_1}\right)^{x_1} \left(\frac{B_1}{B_2}\right)^{x_2} h_{\max} \tag{6-3-2}$$

由于各国学者在式(6-3-1)中引入的单宽输沙率公式及推导中采用的资料不同,式(6-3-2)中的指数 x_1 和 x_2 也不同。21 世纪前的 40 年中,各国学者的研究成果列于表 6-3-1。

x_1、x_2 的数值　　　　表 6-3-1

指数	Loursen 1960 年	Андреев 1960 年	沙玉清 1964 年	Anderson 1968 年	Gill 1981 年	甘城道 1964 年	高冬光 1984 年	高冬光 1989 年、2002 年规范公式
$\frac{Q_2}{Q_1}$ 的指数 x_1	0.86	1.00	1.06	0.86		$4m_1$ (0.84~0.97)	0.96	0.903
$\frac{B_1}{B_2}$ 的指数 x_2	0.59~0.69	0.75	0.71	0.75~0.86	0.714	$3m_1$ (0.63~0.73)	0.72	0.655

注:m_1 意义见后。

1964 年"全国桥渡冲刷计算学术会议"推荐以原交通部科学研究院甘城道研究员导出的公式作为全国试用公式,即:

$$h_p = K \left(A \frac{Q_2}{Q_1} \right)^{4m_1} \left[\frac{B_1}{\mu(1-\lambda)B_2} \right]^{3m_1} h_{cm} \quad (6-3-3)$$

式中:h_p——一般冲刷最大水深(m);

h_{cm}——桥下河槽最大水深(m);

μ——桥墩水流侧向压缩系数;可以用公式计算:$\mu = 1 - 0.375 v_s/l_j$(其中 l_j 为桥墩净间距);对于不等跨的桥孔,采用各孔 μ 值的加权平均值;

λ——设计水位下,在 B_2 宽度范围内,桥墩阻水总面积与过水面积的比值;对于一般宽浅河流,可认为各桥墩处的水深近似相等,则 $\lambda = b/l$(其中 b 为桥墩宽度,l 为桥墩中心间距);

K——综合系数:

$$K = 1 + 0.02 \lg \frac{H_{max}}{\sqrt{Hd}} \quad (6-3-4)$$

H_{max}、H——造床流量时的最大水深(m)和平均水深(m);

d——床沙平均粒径(m);

A——单宽流量集中系数,对山前变迁、游荡、宽滩河段,当 $A > 1.8$ 时,A 值可采用 1.8;其他情况可按下式计算:

$$A = \left(\frac{\sqrt{B_z}}{H_z} \right)^{0.15} \quad (6-3-5)$$

B_z——造床流量时的河槽宽度(m),对复式河床可取平滩水位时的河槽宽度;

H_z——造床流量时的河槽平均水深(m),对复式河床可取平滩水位时的河槽平均水深;

m_1——与相对糙率 h_{max}/d_{95} 有关的指数,$m_1 = 0.216 \sim 0.243$,d_{95} 是土样中质量占 95% 的土粒都比它小的粒径,由粒径级配曲线查取;

其他符号意义同前。

1984—1990 年,作者总结式(6-3-3)的使用经验,根据理论论证和我国实桥资料分析,建立了简化公式:

$$h_{\mathrm{p}} = 1.04 \left(A \frac{Q_2}{Q_1}\right)^{0.90} \left[\frac{B_1}{\mu(1-\lambda)B_2}\right]^{0.66} h_{\mathrm{cm}} \qquad (6\text{-}3\text{-}6)$$

式中：Q_1——计算断面的天然河槽流量 Q_{c}（m³/s）；

$\quad Q_2$——桥下河槽通过的流量（m³/s）；当桥下河槽能够扩宽至全桥孔时，$Q_2 = Q_{\mathrm{s}}$；当桥下河槽不能扩宽时，

$$Q_2 = \frac{Q_{\mathrm{c}}}{Q_{\mathrm{c}} + Q_{\mathrm{t}}''} \cdot Q_{\mathrm{s}} \qquad (6\text{-}3\text{-}7)$$

$\quad Q_{\mathrm{t}}''$——天然状态下，桥下河滩部分通过的流量（m³/s）；

其他符号意义同前。

式(6-3-6)与式(6-3-3)机理相同，计算结果相差小于±5%，但简明易用，《公路工程水文勘测设计规范》（JTG C30—2015）均推荐在生产中应用。

式(6-3-6)称64-2简化公式，适用于砂性土河槽的一般冲刷计算。

二、根据冲止流速建立的公式

1. 砂性土河槽的一般冲刷

桥下一般冲刷停止时的垂线平均流速称为冲止流速，以 v_{z}（m/s）表示。桥下断面内任意垂线在一般冲刷过程中垂线平均流速降低到该垂线的冲止流速时，冲刷即停止。此时达到最大一般冲刷垂线水深 h_{p}。根据水力学连续性原理，$q = hv$，q 是单宽流量（m³/s·m），h 是垂线水深（m），v 是垂线平均流速（m/s）。一般冲刷停止时，桥下最大水深 h_{p} 与桥下最大单宽流量 $q_{\max}$ 之间的关系如下。

一般冲刷最大水深

$$h_{\mathrm{p}} = \frac{q_{\max}}{v_{\mathrm{z}}} \qquad (6\text{-}3\text{-}8)$$

桥下平均单宽流量

$$\bar{q} = \frac{Q_{\mathrm{s}}}{\mu L_{\mathrm{j}}} \qquad (6\text{-}3\text{-}9)$$

桥下最大单宽流量

$$q_{\max} = \bar{q} \left(\frac{h_{\mathrm{cm}}}{\bar{h}_{\mathrm{c}}}\right)^{5/3} = \frac{Q_{\mathrm{s}}}{\mu L_{\mathrm{j}}} \left(\frac{h_{\mathrm{cm}}}{\bar{h}_{\mathrm{c}}}\right)^{5/3} \qquad (6\text{-}3\text{-}10)$$

冲止流速

$$v_{\mathrm{z}} = E \bar{d}^{1/6} h_{\mathrm{p}}^{2/3} \qquad (6\text{-}3\text{-}11)$$

当桥下河槽能扩宽至全桥孔时，$Q_{\mathrm{s}} = Q_2$，全桥桥孔过水净宽 $l_{\mathrm{j}} = B_{\mathrm{cj}}$。将式(6-3-9)、式(6-3-10)和式(6-3-11)代入式(6-3-8)整理后，得：

$$h_{\mathrm{p}} = \left[\frac{A \dfrac{Q_2}{\mu B_{\mathrm{cj}}} \left(\dfrac{h_{\mathrm{cm}}}{\bar{h}_{\mathrm{c}}}\right)^{5/3}}{E \bar{d}^{1/6}}\right]^{3/5} \qquad (6\text{-}3\text{-}12)$$

式中：B_{cj}——河槽部分桥孔过水净宽（m）；

$\quad \bar{d}$——河槽泥沙平均粒径（mm）；

$\quad E$——与汛期含沙量有关的系数，可按表6-3-2选用。

与汛期含沙量有关的系数 E 值　　　　　　　　　　　　　　　　　表 6-3-2

含沙量 $\rho(\text{kg/m}^3)$	<1.0	1～10	>10
E	0.46	0.66	0.86

注：含沙量 ρ 采用历年汛期月最大含沙量平均值。

式(6-3-12)是原铁道科学研究院阚译等制定的(1964年)，称64-1公式。铁路有关规范推荐其在生产中应用。

2. 砂性土河滩的一般冲刷

河槽中流速大，大于床沙的起动流速，洪水发生时，总是处于泥沙运动状态；河滩上水深小，糙率大，流速很小，只有洪水漫滩后，才有水流，一般流速小于床沙起动流速，无推移质运动，冲刷后没有上游来沙的补偿，称为清水冲刷。桥下河滩冲刷后，只有当流速降低到土壤容许(不冲刷)流速时，才逐渐停止，其冲止流速为河滩土壤的容许(不冲刷)流速。桥下河滩部分的一般冲刷深度为：

$$h_\text{p} = \left[\frac{\dfrac{Q'_\text{t}}{\mu B'_\text{t}} \left(\dfrac{h_\text{tm}}{\overline{h'_\text{t}}}\right)^{5/3}}{v_\text{H1}}\right]^{5/6} \qquad (6\text{-}3\text{-}13)$$

冲止流速为：

$$v_\text{z} = v_\text{H1} h_\text{p}^{1/5} \qquad (6\text{-}3\text{-}14)$$

式中：h_p——桥下河滩部分一般冲刷最大水深(m)；

Q'_t——桥下河滩部分通过的部分设计流量(m^3/s)，按下式计算：

$$Q'_\text{t} = \frac{Q''_\text{t}}{Q_\text{c} + Q''_\text{t}} Q_\text{s} \qquad (6\text{-}3\text{-}15)$$

Q_c——天然状态下，桥下河槽部分(通过的设计流量 m^3/s)；

Q''_t——天然状态(建桥前)河滩部分通过的流量(m^3/s)；

h_tm——桥下河滩最大水深(m)；

$\overline{h'_\text{t}}$——桥下河滩平均水深(m)；

B'_t——桥下河滩部分桥孔过水净宽(m)；

v_H1——河滩水深 1m 时，非黏性土不冲刷流速(m/s)，查表 6-3-3。

水深 1m 时非黏性土不冲刷流速 v_H1　　　　　　　　　　　　　　表 6-3-3

土壤名称		d(mm)	v_H1(m/s)
砂	细	0.05～0.25	0.25～0.32
	中	0.25～0.50	0.32～0.40
	粗	0.50～2.00	0.40～0.60
圆砾	小	2.00～5.00	0.60～0.90
	中	5.00～10.00	0.90～1.20
	大	10～20	1.20～1.50
卵石	小	20～40	1.50～2.00
	中	40～60	2.00～2.30
	大	60～200	2.30～3.60

续上表

土壤名称		d(mm)	v_{H1}(m/s)
漂石	小	200~400	3.60~4.70
	中	400~800	4.70~6.00
	大	>800	>6.00

3. 黏性土河床的桥下断面一般冲刷

按泥沙颗粒大小分类，一般认为粒径小于 0.05mm 的泥沙属于黏性土；粒径小于 0.002mm 的泥沙颗粒称为黏粒。按黏粒的质量含量不同，黏性土又分为黏沙土、沙黏土和黏土。

黏性土颗粒极细，颗粒表面形成很薄而且结合很牢的黏结水膜，黏滞性很大，颗粒间存在黏结力。黏性土的抗冲能力取决于黏结力的大小，黏结力越大，抗冲能力越强。

黏性土的物理状态和性质与其粒间孔隙大小和含水率关系密切。含水率是土中所含水质量与颗粒质量的比值（以百分数表示）。黏性土随含水率的增大，可以从固态变成流态，物理性质也随之变化，其变化如图 6-3-1 所示。

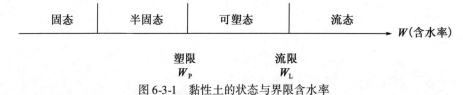

图 6-3-1 黏性土的状态与界限含水率

若含水率极小，不能形成黏结水膜，颗粒分散无黏结力；若含水率过大，在粒间水膜之外还存在自由水，黏结力减小，甚至变成流态。含水率为塑限时，黏结力最大，抗冲能力最强。

流限含水率与塑限含水率的差值称为塑性指数 I_P，$I_P = W_L - W_P$。塑性指数大，表明极细颗粒含量多，形成黏结水膜多，黏结力和抗冲能力都大。

黏性土的物理状态可用液性指数 I_L 表示：

$$I_L = \frac{W_0 - W_P}{W_L - W_P} = \frac{W_0 - W_P}{I_P} \tag{6-3-16}$$

式中：I_L——黏性土的液性指数；

W_0——黏性土的天然含水率；

W_P——黏性土的塑限含水率；

W_L——黏性土的流限含水率；

I_P——黏性土的塑性指数。

《黏土桥渡冲刷天然资料分析报告》（原铁道部黏土桥渡冲刷研究小组，1982 修订稿）中推荐了供生产试用的冲止流速公式和相应的一般冲刷公式。在此基础上，《铁路工程水文勘测设计规范》（TB 10017—2021）给出了下列黏性土河床的桥下一般冲刷计算公式：

1）河槽部分

冲止流速

$$v_z = 0.33 \left(\frac{1}{I_L}\right) h_P^{3/5} \tag{6-3-17}$$

一般冲刷后水深

$$h_{\mathrm{p}} = \left[\frac{A \dfrac{Q_2}{\mu B'_{\mathrm{c}}} \left(\dfrac{h_{\mathrm{cm}}}{\overline{h}_{\mathrm{c}}} \right)^{5/3}}{0.33 \left(\dfrac{1}{I_{\mathrm{L}}} \right)} \right]^{5/8} \tag{6-3-18}$$

式中：A——单宽流量集中系数，$A = 1.0 \sim 1.2$；

I_{L}——冲刷范围内的液性指数，本公式中 I_{L} 范围为 $0.16 \sim 1.19$；

其他符号意义同前。

2) 河滩部分

冲止流速

$$v_{\mathrm{z}} = 0.33 \left(\frac{1}{I_{\mathrm{L}}} \right) h_{\mathrm{p}}^{1/6} \tag{6-3-19}$$

一般冲刷后水深

$$h_{\mathrm{p}} = \left[\frac{A \dfrac{Q'_{\mathrm{t}}}{\mu B'_{\mathrm{t}}} \left(\dfrac{h_{\mathrm{tm}}}{\overline{h}_{\mathrm{t}}} \right)^{5/3}}{0.33 \left(\dfrac{1}{I_{\mathrm{L}}} \right)} \right]^{6/7} \tag{6-3-20}$$

式中符号意义同前。

三、根据别列柳伯斯基假定建立的公式

Е·В·包尔达柯夫根据别氏假定，认为桥下流速达到天然河槽平均流速时，桥下冲刷即停止，而且同一垂线处，冲刷后的水深与冲刷前的水深成正比，并于20世纪30年代建立了桥下一般冲刷经验公式，称为包尔达柯夫公式，适用于稳定型河段的河槽。

1. 河槽土质均匀时

$$h_{\mathrm{p}} = ph$$

$$p = \frac{Q_{\mathrm{s}}}{\mu(1-\lambda)v_{\mathrm{c}}A_{\text{实}}} \tag{6-3-21}$$

式中：h_{p}——一般冲刷后的垂线水深(m)；

h——冲刷前相应的垂线水深(m)；

$A_{\text{实}}$——桥下实际具有的过水面积(m^2)；

p——冲刷系数；

其他符号意义同前。

2. 河槽土质不均匀时

冲刷遇到河床下埋岩石或不易冲刷的土质时，易冲刷土壤部分的冲刷深度将增大，可按下式计算：

$$h'_{\mathrm{p}} = \left[\frac{(p\omega_{\mathrm{q}} - \omega_2)}{\omega_1} \right] h \tag{6-3-22}$$

式中：h'_{p}——河床中易冲刷部分冲刷后的水深(m)；

ω_{q}——冲刷前桥下毛过水面积(m^2)；

ω_1——冲刷前易冲刷部分的毛过水面积(m^2);

ω_2——冲刷后不可冲刷部分(表层土壤被冲去后)的毛过水面积(m^2);

其他符号意义同前。

式(6-3-21)和式(6-3-22)因具有很强的假设性,故目前应用不多。

第四节 桥墩局部冲刷

修建在河床内的桥墩,经受着桥位河段及桥下断面的一般冲刷,同时,桥墩阻挡水流,水流在桥墩两侧绕流,形成十分复杂的、以绕流漩涡体系为主的绕流结构,引起桥墩周围急剧的泥沙运动,形成桥墩周围局部冲刷坑(图6-4-1)。为了便于分析计算,假定桥墩局部冲刷是在一般冲刷完成后的基础上进行的。桥墩计算公式中的墩前水深和流速都采用一般冲刷后的水深和流速。

图6-4-1 桥墩局部冲刷坑和下游沉积

(*Fluvial Processes in River Engineering*, Howard H. Chang)

一、桥墩局部冲刷的机理

1. 桥墩周围的水流(图6-4-2)

桥墩周围的水流主要包括墩前水面涌波、桥墩迎水面的向下水流和尺度很大的漩涡体系。漩涡体系是一个复杂的综合水流结构,包括两侧绕流漩涡和墩前向下水流在床面附近形成的马蹄形漩涡、桥墩两侧边界层分离形成的尾流漩涡(图6-4-3)及床面附近形成的小漩涡。每个漩涡急速旋转并向下游移动,漩涡的中心形成负压,吸起床沙,带往下游。伴随漩涡的生成和移动,床面静止的泥沙呈阵发性、突然的随机运动状态。在桥墩下游两侧漩涡相汇,泥沙沉积,形成很长的沙脊。当行近流速较小时,在桥墩下游约8倍墩宽(墩径)处,漩涡逐渐消失。

桥墩迎水面两侧 B 和 C 点附近(图6-4-3),绕流流速的大小和方向急剧变化,流速梯度最大,床面切应力也最大,对床面泥沙的作用最强。当这里的流速达到床沙起动流速时,床沙开始向下游移动,桥墩开始冲刷。这时上游 A 点附近的行近流速 v_0' 称为桥墩起冲流速。起冲流

速 v_0' 大约等于 0.4 至 0.6 倍的床沙起动流速 v_0。

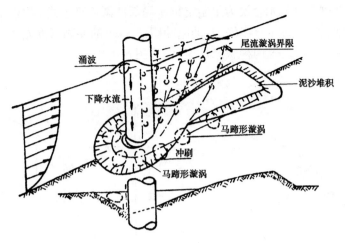

图 6-4-2　桥墩附近的水流结构
(A. J. Raudkivi, 1986)

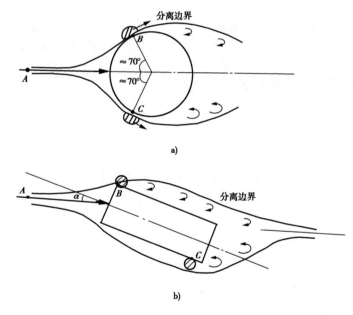

图 6-4-3　桥墩的绕流和起冲点 B、C
a) 圆柱墩；b) 矩形墩

2. 冲刷深度和行近流速

行近流速是指桥墩上游不远处，未受绕流影响的墩前天然流速。由于假定局部冲刷是在一般冲刷完成后进行的，故取一般冲刷终止后的墩前流速作为墩前行近流速，相应的墩前行近水深也是取一般冲刷后的最大水深 h_p 来计算。

桥墩局部冲刷深度 h_b 与行近流速 v 的关系，由实桥观测资料（江西宁河桥 6 号墩）呈现，如图 6-4-4 所示。模型试验资料也呈现类似规律。h_b 与 v 的关系呈现为下端（清水冲刷，$v < v_0$）较陡、上端（动床冲刷，$v > v_0$）较缓的一条连续的下凹曲线。在清水冲刷和动床冲刷的分界

点即 $v = v_0$ 处,并无明显变化。

1964 年,桥渡冲刷计算学术会议为了制定桥墩局部冲刷计算公式,假定清水冲刷($v_0' < v \leqslant v_0$)的冲刷深度 h_b 随行近流速 v 直线增加;动床冲刷($v > v_0$)的冲刷深度 h_b 随行近流速 v 呈下凹曲线形式增大;在 $v = v_0$ 处,这两种状态是连续的(图 6-4-5)。

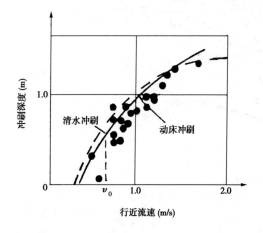

图 6-4-4　冲刷深度和行近流速的关系(宁河桥)　　图 6-4-5　冲刷深度和行近流速的关系(全国桥渡冲刷计算学术会议报告,1964 年)

二、65-2 公式和 65-2 修正公式

1. 65-2 公式

当 $v \leqslant v_0$ 时,

$$h_b = K_\xi K_{\eta 2} B_1^{0.60} h^{0.15} \left(\frac{v - v_0'}{v_0} \right) \tag{6-4-1}$$

当 $v > v_0$ 时,

$$h_b = K_\xi K_{\eta 2} B_1^{0.60} h^{0.15} \left(\frac{v - v_0'}{v_0} \right)^{n_2} \tag{6-4-2}$$

式中:h_b——桥墩局部冲刷深度(m),从一般冲刷后的床面算起;

K_ξ——墩形系数,查表 6-4-1;

B_1——桥墩计算墩宽(m),查表 6-4-1;

h——一般冲刷后水深(m);

$K_{\eta 2}$——河床粒径影响系数,$K_{\eta 2} = 0.0023/\bar{d}^{2.2} + 0.375\bar{d}^{0.24}$;

$\bar{d}$——河床泥沙平均粒径(mm);

v——行近流速(m/s),取一般冲刷后的墩前流速;

v_0——河床泥沙起动流速(m/s),$v_0 = 0.28(\bar{d} + 0.7)^{0.5}$;

v_0'——桥墩起冲流速(m/s),$v_0' = 0.12(\bar{d} + 0.5)^{0.55}$;

n_2——指数,$n_2 = \dfrac{1}{(v/v_0)^{0.23 + 0.19 \lg \bar{d}}}$。

65-2 公式是 1965 年公路技术人员根据桥渡冲刷计算会议讨论意见制定的公式。

墩形系数及墩宽计算表 表 6-4-1

序号	墩形示意图	墩形系数 K_ξ	墩形计算宽度 B_1
1	(圆形墩，直径 d)	1.00	$B_1 = d$
2	(双圆柱墩，直径 d)	不带联系梁 $K_\xi = 1.00$ 带联系梁 | α | 0° | 15° | 30° | 45° | | K_ξ | 1.00 | 1.05 | 1.10 | 1.15 |	$B_1 = d$
3	(圆端形墩，长 L，宽 b，斜交角 α)	K_ξ 随 α 变化曲线： $\alpha=0°$ 时 $K_\xi≈0.98$，$\alpha≈20°$ 时最小约 0.90，$\alpha≈70°$ 时最大约 1.12	$B_1 = (L-b)\sin\alpha + b$
4	(尖端形墩，迎水角 θ，长 L，宽 b，斜交角 α)	与水流正交时各种迎水角系数 | θ | 45° | 60° | 75° | 90° | 120° | | K_ξ | 0.70 | 0.84 | 0.90 | 0.95 | 1.10 | 迎水角 $\theta=90°$ 与水流斜交时的系数 K_ξ： $\alpha=0°$ 时约 0.95，$\alpha≈20°$ 时最小约 0.9，$\alpha≈55°$ 时最大约 1.05	$B_1 = (L-b)\sin\alpha + b$ （为了简化，可按圆形墩计算）

续上表

序号	墩形示意图	墩形系数 K_ζ	墩形计算宽度 B_1
5		曲线图：K_ζ 对 α（0°~80°），数值范围 1.0~1.3	与水流正交时 $$B_1 = \frac{b_1 h_1 + b_2 h_2}{h}$$ 与水流斜交时 $$B_1 = \frac{B'_1 h_1 + B'_2 h_2}{h}$$ $B'_1 = L_1 \sin\alpha + b_1 \cos\alpha$ $B'_2 = L_2 \sin\alpha + b_2 \cos\alpha$
6		$K_\zeta = K_{\zeta 1} K_{\zeta 2}$ 曲线图：$K_{\zeta 1}$ 对 h_2/h（0~1.0），数值范围 0.98~1.2 曲线图：$K_{\zeta 2}$ 对 α（0°~80°），圆端、矩形两条曲线，数值范围 0.8~1.2 注：沉井与墩身的 K_ζ 相差较大时，根据 h、h_1 的大小，在两线间按比例定点取值	与水流正交时 $$B_1 = \frac{b_1 h_1 + b_2 h_2}{h}$$ 与水流斜交时 $$B_1 = \frac{B'_1 h_1 + B'_2 h_2}{h}$$ $B'_1 = (L_1 - b_1)\sin\alpha + b_1$ $B'_2 = L_2 \sin\alpha + b_2 \cos\alpha$
7		与水流正交时 $K_\zeta = K_{\zeta 1}$。 曲线图：$K_{\zeta 1}$ 对 h_2/h（0~1.0），$\theta = 120°, 90°, 60°$ 三条曲线，数值范围 0.8~1.2 其他角度可补插取值 迎水角 $\theta = 90°$，与水流斜交时 $K_\zeta = K_{\zeta 1} K_{\zeta 2}$。 曲线图：$K_{\zeta 2}$ 对 α（0°~80°），尖端、矩形两条曲线，数值范围 0.8~1.2 注：沉井与墩身的 $K_{\zeta 2}$ 相差较大时，根据 h_1、h_2 的大小，在两线间按比例定点取值	与水流正交时 $$B_1 = \frac{b_1 h_1 + b_2 h_2}{h}$$ 与水流斜交时 $$B_1 = \frac{B'_1 h_1 + B'_2 h_2}{h}$$ $B'_1 = (L_1 - b_1)\sin\alpha + b_1$ $B'_2 = L_2 \sin\alpha + b_2 \cos\alpha$

续上表

序号	墩形示意图	墩形系数 K_ξ	墩形计算宽度 B_1
8		扩大基础采用与水流正交时的墩身形状系数	与水流正交时 $B_1 = b$ 与水流斜交时 $B_1 = (L-b)\sin\alpha + b$
9		$K_\xi = K'_\xi K_{m\phi}$ 式中：K'_ξ——单桩形状系数，按墩形确定（如多为圆桩，$K_\xi = 1.0$ 可省略）； $K_{m\phi}$——桩群系数： $K_{m\phi} = 1 + 5\left[\dfrac{(m-1)\phi}{B_m}\right]^2$ B_m——桩群垂直水流方向的分布宽度； m——桩的排数（垂直水流方向）	$B_1 = \phi$
10		桩承台桥墩局部冲刷计算方法： 当承台底面低于一般冲刷线时，按上部实体计算； 当承台底面高于水面，应为上述排架墩，承台底面相对高度在 $0 \leqslant h_\phi/h \leqslant 1.0$ 时，冲刷深度 h_b 按下式计算： $h_b = (K'_\xi K_{m\phi} K_{h\phi} \phi^{0.6} + 0.85 K_{\xi1} K_{h2} B_1^{0.6}) \times K_\eta (v_0 - v'_0)\left(\dfrac{v - v'_0}{v_0 - v'_0}\right)^n$ 式中：$K_{h\phi}$——淹没桩体折减系数： $K_{h\phi} = 1.0 - \dfrac{0.001}{(h_\phi/h + 0.1)}$ K'_ξ、B_1——按承台底处于一般冲刷线计算； K_{h2}——墩身承台减少系数； K_η、v、v_0、v'_0、n 意义同前。	

续上表

序号	墩形示意图	墩形系数 K_ζ	墩形计算宽度 B_1
11	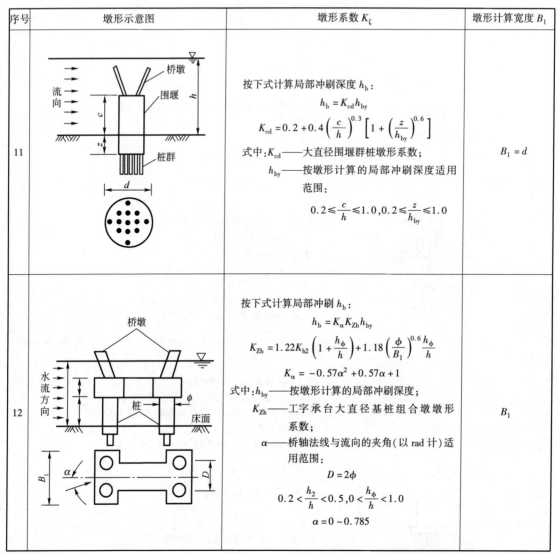	按下式计算局部冲刷深度 h_b： $$h_b = K_{cd} h_{by}$$ $$K_{cd} = 0.2 + 0.4\left(\frac{c}{h}\right)^{0.3}\left[1 + \left(\frac{z}{h_{by}}\right)^{0.6}\right]$$ 式中：K_{cd}——大直径围堰群桩墩形系数； h_{by}——按墩形计算的局部冲刷深度适用范围： $$0.2 \leqslant \frac{c}{h} \leqslant 1.0, 0.2 \leqslant \frac{z}{h_{by}} \leqslant 1.0$$	$B_1 = d$
12		按下式计算局部冲刷 h_b： $$h_b = K_\alpha K_{Zh} h_{by}$$ $$K_{Zh} = 1.22 K_{h2}\left(1 + \frac{h_\phi}{h}\right) + 1.18\left(\frac{\phi}{B_1}\right)^{0.6}\frac{h_\phi}{h}$$ $$K_\alpha = -0.57\alpha^2 + 0.57\alpha + 1$$ 式中：h_{by}——按墩形计算的局部冲刷深度； K_{Zh}——工字承台大直径基桩组合墩墩形系数； α——桥轴法线与流向的夹角(以 rad 计)适用范围： $$D = 2\phi$$ $$0.2 < \frac{h_2}{h} < 0.5, 0 < \frac{h_\phi}{h} < 1.0$$ $$\alpha = 0 \sim 0.785$$	B_1

2.65-2 修正公式

$$h_b = K K_\zeta B_1^{0.60} h^{0.15} \overline{d}^{-0.068}\left(\frac{v - v_0'}{v_0 - v_0'}\right)^n \tag{6-4-3}$$

式中：h_b——桥墩局部冲刷深度(m)，从一般冲刷后的床面算起；

K——系数，h_b 取回归值(出现概率最大)，$K = 0.46$；h_b 取上限值(外包线，置信区间上界)，$K = 0.60$；

K_ζ——墩形系数，查表6-4-1；

B_1——桥墩计算宽度(m)，以垂直于水流方向桥墩的投影宽度计算，反映水流冲击角对冲刷的影响，查表6-4-1；

h——墩前行近水深(m)，以一般冲刷后的水深 h_p 代入；

$\overline{d}$——河床泥沙平均粒径(m)；

v——墩前行近流速(m/s),以一般冲刷完成时的流速计;
v_0——床沙起动流速(m/s),以张瑞瑾公式计算,见式(6-1-2);
v_0'——桥墩起冲流速(m/s),见式(6-4-4);
n——指数,清水冲刷 $v \leqslant v_0, n = 1$;动床冲刷 $v > v_0, n < 1.0$。

1) 桥墩迎水面两侧泥沙起冲流速 v_0'(图6-4-3)

$$v_0' = 0.645 \left(\frac{\bar{d}}{B_1}\right)^{0.053} v_0 \qquad (6-4-4)$$

式中符号意义同前。

2) 指数 n

$$n = \left(\frac{v_0}{v}\right)^{9.35+2.23\lg\bar{d}} \qquad (6-4-5)$$

当 $v \leqslant v_0$ 时,取 $n = 1.0$;当 $v < v_0$ 时,按上式计算,取 $n < 1.0$。

3) 65-2 修正公式的验证和说明

65-2 修正公式即式(6-4-3)是在总结 65-2 公式的式(6-4-1)和式(6-4-2)多年使用经验的基础上,补充试验,从理论和应用出发,对原式(6-4-1)和式(6-4-2)进行全面修正的结果。该公式的系数、指数是根据我国 252 座桥梁洪水观测数据和模型试验数据,应用回归分析确定的(《公路桥位勘测设计规范》专题研究报告,高冬光,徐国平,1990 年)。

1992 年,该修正公式通过了美国、加拿大、新西兰、苏联、南斯拉夫等国共 263 座桥梁洪水观测资料的验证,计算结果与各国实测资料符合较好(*Pier Scour Equations Used in The People's Republic of China*,FHWA-SA-93-076,D. G. Gao,L. Pasada,C. F. Nordin,1993)。

图 6-4-6 是 1984 年 Chiew 等研究得到的桥墩局部冲刷深度 h_b 与流速的关系曲线。结果表明:桥墩局部冲刷深度随流速增大而增大,当 v 接近或大于 $3v_0$ 时,冲深不再增大,冲深 $h_b \approx 2B$,B 为墩宽。

65-2 修正公式是根据 500 余座实桥观测资料回归分析得到的结果,与图 6-4-5 所示是吻合的,表明图 6-4-4 所示动床冲刷 h_b 随 v 总是增大的趋势是偏于安全的,结果是偏大的。

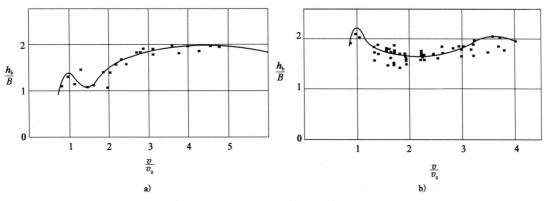

图 6-4-6 桥墩局部冲刷深度 h_b 与行近流速 v 的关系曲线(Chiew,1984)
a)床面无沙波;b)床面有沙波

三、65-1 修正式

当 $v \leqslant v_0$ 时,

$$h_b = K_\zeta K_{\eta 1} B_1^{0.60} (v - v_0') \tag{6-4-6}$$

当 $v > v_0$ 时,

$$h_b = K_\zeta K_{\eta 1} B_1^{0.60} (v - v_0') \left(\frac{v - v_0'}{v_0 - v_0'}\right)^{n_1} \tag{6-4-7}$$

$$v_0 = 0.0246 \left(\frac{h_p}{\bar{d}}\right)^{0.14} \sqrt{332\bar{d} + \frac{10 + h_p}{\bar{d}^{0.72}}} \tag{6-4-8}$$

$$K_{\eta 1} = 0.8 \left(\frac{1}{\bar{d}^{0.45}} + \frac{1}{\bar{d}^{0.15}}\right) \tag{6-4-9}$$

$$v_0' = 0.462 \left(\frac{\bar{d}}{B_1}\right)^{0.06} v_0 \tag{6-4-10}$$

$$n_1 = \left(\frac{v_0}{v}\right)^{0.25\bar{d}^{0.19}} \tag{6-4-11}$$

式中：$K_{\eta 1}$——河床粒径影响系数；

n_1——指数；

$\bar{d}$——河床泥沙平均粒径(mm),适用范围为 0.1~500mm；

h_p——桥下一般冲刷后的最大水深(m),适用范围为 0.2~30m；

v——一般冲刷后的墩前行近流速(m/s),适用范围为 0.1~6m/s；

B_1——桥墩计算宽度(m),适用范围为 0~11m；

h_b、K_ζ、v、v_0 和 v_0' 意义同前。

四、由实桥资料得到桥墩局部冲刷深度的计算公式

由于上列公式中含有河床质起动流速 v_0 和桥墩床面起冲流速 v_0',计算较为复杂。因此,为便于生产应用,获取了各国桥墩冲刷现场的观测资料,其中包括我国资料212项,美国、加拿大和新西兰资料79项,苏联和南斯拉夫资料109项,共计400项。这些资料覆盖了亚洲、北美洲、欧洲和大洋洲的长江、黄河、密西西比河、伏尔加河、多瑙河等大江河和山区急流的小河及大型运河上的各类桥梁。应用计算机对上述国内外400项实测桥墩冲刷资料进行多元回归分析,得到了桥墩局部冲刷深度的计算公式：

$$h_b = 0.304 K_\zeta h^{0.29} B_1^{0.53} \bar{d}^{-0.13} v^{0.61} \tag{6-4-12}$$

式中：h_b——桥墩局部冲刷深度(m),从一般冲刷后的床面算起；

K_ζ——墩形系数,查表6-4-1；

h——墩前行近水深(m),以一般冲刷后的水深 h_p 代入；

B_1——桥墩计算宽度(m),以垂直于水流方向桥墩的投影宽度计算,反映水流冲击角对冲刷的影响,查表6-4-1；

$\bar{d}$——冲刷层内泥沙平均粒径(m)；

v——墩前行近水深(m/s),取一般冲刷后的墩前流速。

因实桥资料限于砂性土河床,建议式(6-4-12)应用于粒径大于 0.5mm 的砂性土河床。

式(6-4-12)由王亚玲、高冬光完成(《西安公路交通大学学报》,1999 年),可在生产中参考试用。

五、黏性土河床桥墩局部冲刷公式

《公路工程水文勘测设计规范》(JTG C30—2015)采用下列公式计算黏性土河床中桥墩的局部冲刷深度:

当 $h_p \geq 2.5B_1$ 时,

$$h_b = 0.83K_\zeta B_1^{0.6} I_L^{1.25} v \tag{6-4-13}$$

当 $h_p < 2.5B_1$ 时,

$$h_b = 0.55K_\zeta B_1^{0.6} h_p^{0.1} I_L v \tag{6-4-14}$$

式中:I_L——冲刷范围内黏土液性指数,适用的范围为 $I_L = 0.16 \sim 1.48$;

其他符号意义同前。

六、行近水深和行近流速

假定局部冲刷是在一般冲刷完成后进行的,应取一般冲刷后的最大水深作为行近水深,一般冲刷后的垂线平均流速作为行近流速。计算桥墩局部冲刷时,应根据所采用的一般冲刷公式,选用其对应的行近流速公式。

(1)按输沙平衡原理公式计算一般冲刷时,可近似取:

$$v = \frac{A^{0.1}}{1.04}\left(\frac{Q_2}{Q_c}\right)^{0.1}\left[\frac{B_c}{\mu(1-\lambda)B_2}\right]^{0.34}\left(\frac{h_{mc}}{\overline{h_c}}\right)^{0.66} v_c \tag{6-4-15}$$

(2)按冲止流速公式计算一般冲刷时,取该公式对应的冲止流速公式计算。

对于砂性土河槽:

$$v = E\overline{d}^{1/6} h_p^{2/3} \tag{6-4-16}$$

对于砂性土河滩:

$$v = v_{H1} h_p^{\frac{1}{5}} \tag{6-4-17}$$

对于黏性土河槽:

$$v = \frac{0.33}{I_L} h_p^{\frac{3}{5}} \tag{6-4-18}$$

对于黏性土河滩:

$$v = \frac{0.33}{I_L} h_p^{\frac{1}{6}} \tag{6-4-19}$$

第五节 桥台冲刷

桥台是位于桥梁两端,与路基相连接,支承上部结构和承受台背土压力的构造物。在没有导流堤时,桥台突出于洪水中,河滩流量较大时,冲刷十分严重。

1995 年,根据交通部"八五"科技攻关课题成果,从研究桥台冲刷机理出发,应用大量水工模型试验和现场观测数据及图像资料,通过数值分析和处理,建立了桥台冲刷计算公式。

一、桥台绕流的水流结构

根据试验观测、拍摄的大量由示踪剂显示流线的桥台路堤绕流照片和录像,桥台绕流流场的水流结构如图 6-2-1 和图 6-5-1 所示。桥台附近的水流由主流区(A)、下游回流区(B)和上游滞流区(C)三部分组成。被束窄的主流导致上游壅水和河道的一般冲刷。急速绕过桥台的水流,在桥台上游边缘与壁面边界层分离,形成强烈的竖轴漩涡体系,并不断地向下游扩散,形成回流区。漩涡中心形成负压,吸起床面泥沙,卷向下游回流区沉积下来,形成桥台冲刷和回流区淤积,如图 6-5-2 所示。

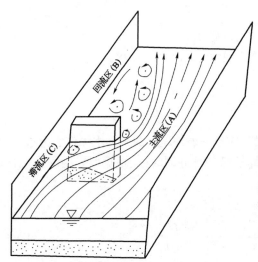

图 6-5-1 桥台绕流水流结构示意图
(根据试验照片绘制,高冬光,1995 年)

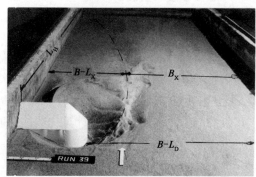

图 6-5-2 桥台附近床面冲刷和回水区淤积
(原西安公路学院试验,高冬光,1994 年)

桥台上下游的流速分布如图 6-5-3 所示,桥梁上游天然断面的平均流速为 $v(\text{m/s})$,桥梁轴线断面(桥位断面)的流速为 $v_{\theta 1} = v_D + u$,桥台上游边缘水流与边界分离处的最大流速为 $v_{\theta 1\max}$,在 $v_{\theta 1\max}$ 作用下,这里不断地产生高速旋转的漩涡,并向下游发展、扩散,形成下游回流区(B)。

根据试验资料分析,桥台前缘的绕流最大流速 $v_{\theta 1\max}$ 为:

$$v_{\theta 1\max} = 1.05 e^{1.97(L_D/B)} v \quad (6\text{-}5\text{-}1)$$

桥轴线断面各点流速 $v_{\theta 1}$ 等于桥下断面平均流速 v_D 与绕流漩涡诱导流速 u 之和,即:

$$v_{\theta 1} = v_D + u \quad (6\text{-}5\text{-}2)$$

根据流体力学斯托克斯(Stokes)定律,距离漩涡中心为 r 处的诱导流速 u 为:

$$u = \frac{D}{2r} v_{\theta 1\max} \quad (6\text{-}5\text{-}3)$$

桥轴线上分离区(漩涡区)的宽度 D 为:

$$D = 0.14 e^{-3(L_D/B)} L_D \quad (6\text{-}5\text{-}4)$$

根据流体力学平面恒定流欧拉方程求解,得桥台前缘涡心压强 p_c 为:

$$p_c = p_\infty - \rho v_{\theta 1\max}^2 \quad (6\text{-}5\text{-}5)$$

式中：L_D——桥台路堤阻水长度(m)；
  B——天然水面宽度(m)；
  v——天然水流流速(m/s)；
  p_∞——较远处不受漩涡影响的水流压强(kPa)；
  ρ——水的密度(kg/m^3)，$\rho = 1\,000 kg/m^3$。

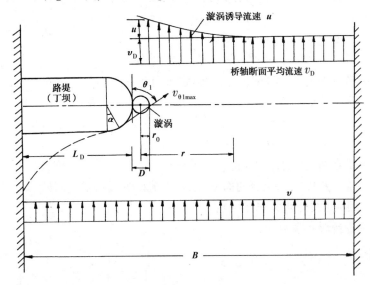

图6-5-3 桥台附近流速分布(高冬光,1994年)

桥台前缘上游侧水流与桥台壁面分离,分离点流速 $v_{\theta 1max}$ 很大,在主流与桥台壁面之间不断地生成漩涡。涡心床面泥沙较远无漩涡影响处的压强 p_∞ 减小 $\rho v_{\theta 1max}^2$。因 $v_{\theta 1max}$ 数值很大,涡心呈现负压,吸起床面泥沙,带往下游回流区,则在桥台前缘附近形成很深的冲刷坑(图6-5-2)。

二、桥台冲刷计算

1. 砂性土河床

根据对原西安公路交通大学(现长安大学公路学院)和国内外大量桥台平衡冲刷试验资料的分析发现,桥台冲刷深度随桥台路堤阻水长度 L_D、被阻水流的深度 h 和水流弗劳德数 Fr 有显著的关系,通过数值分析得到桥台冲刷深度 h_s 为：

$$h_s = 1.95\, Fr^{0.20}(L_D h)^{0.50} \tag{6-5-6}$$

或

$$h_s = 1.95\, Fr^{0.20} A_Z^{0.50} \tag{6-5-7}$$

以上是水流与桥轴正交即挑角 $\alpha = 90°$ 时得到的结果,如图6-5-4a)所示,水流与桥轴斜交时,两岸桥台挑角 α 不同,一岸 $\alpha > 90°$,另一岸 $\alpha < 90°$,如图6-5-4b)所示。两岸桥台冲刷深度是不同的,式(6-5-7)中应引入挑角系数 C_α,应用原西安公路交通大学和大量国外试验资料分析得 C_α 为：

$$C_\alpha = \left(\frac{\alpha}{90°}\right)^{0.15} \tag{6-5-8}$$

另外,桥台的形状对绕流也有明显影响,形状越接近流线型,绕流最大流速 $v_{\theta 1max}$ 和生成漩

涡的尺度及强度越小,冲刷则越浅。上式中应引入桥台形状系数 C_A,取值方法为:

桥台前墙带边坡(埋入式桥台),上下游设锥坡或八字墙时,$C_A = 0.85$;

前墙竖直,带锥坡和八字墙时,$C_A = 0.90$。

桥台冲刷深度计算公式为:

$$h_s = 1.95 Fr^{0.20}(L_D h)^{0.50} C_\alpha C_A \qquad (6\text{-}5\text{-}9)$$

或

$$h_s = 1.95 Fr^{0.20} A_Z^{0.50} C_\alpha C_A \qquad (6\text{-}5\text{-}10)$$

上两式中:h_s——桥台平衡冲刷深度(m),即给定水力条件下冲刷趋向平衡时的极限深度,自床面平均高程算起(设计水位减去平均水深),包括一般冲刷和局部冲刷深度;

Fr——受阻挡水流天然状态的弗劳德数,$Fr = v^2/gh$,v 和 h 分别是被阻挡水流天然状态的平均流速(m/s)和平均水深(m);

L_D——桥台路堤阻水长度(m),以垂直水流方向的投影长度计;

A_Z——桥台路堤阻挡水流的面积,以垂直流向的投影计,宽浅河床 $A_Z \approx L_D h$;

C_α——挑角系数,见式(6-5-8);

C_A——桥台形状系数。

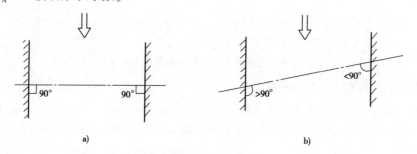

图 6-5-4　桥台冲刷和挑角的关系

式(6-5-9)和式(6-5-10)的研究成果于 1995 年 12 月通过原交通部科技司鉴定,推荐生产试用,发表在《中国公路学报》第 11 卷第 1 期(1998 年),由高冬光、张义青、田伟平、王亚玲等完成。

该式被原交通部称为科技攻关公式,简称 95-1 公式。

2.黏性土河床

根据桥台附近的流速分布(图 6-5-3)导出桥台附近最大单宽流量 q_{max} 的表达式,同时,根据实桥观测资料建立黏土河槽冲止流速 v_z 的表达式(6-3-17),将以上两式代入单位宽度水流连续性方程 $q_{max} = h_p v_z$,可得黏性土河床桥台冲刷深度为:

$$h_s = \left[\bar{q} I_L \left(\frac{3}{1-\lambda} + 1.05 e^{1.97\lambda}\right)\right]^{5/8} C_\alpha C_A \qquad (6\text{-}5\text{-}11)$$

式中:h_s——桥台附近最大冲刷深度(m),自床面平均高程(设计水位减去平均水深)算起,包括一般冲刷和局部冲刷;

$\bar{q}$——天然条件下河床的平均单宽流量(m³/s·m);

λ——桥台路堤阻水比,$\lambda = L_D/B$;

I_L——黏性土液性指数,$I_L = 0.16 \sim 1.19$。

此式由王亚玲、高冬光完成(《西安公路交通大学学报》,2000年),可在生产中参考试用。

三、《公路工程水文勘测设计规范》(JTG C30—2015)桥台最大冲刷深度计算方法

桥台最大冲刷深度计算,应结合桥位河床特性、压缩程度等情况,分析、计算、比较后确定。对于非黏性土河床桥台局部冲刷深度,《公路工程水文勘测设计规范》(JTG C30—2015)分为河槽、河滩采用下列公式分析计算:

1. 桥台位于河槽时

当 $\dfrac{h_p}{d} \leqslant 500$ 时

$$h_b = 1.17 k_\varepsilon k_\alpha h_p \left(\frac{l}{h_p}\right)^{0.6} \left(\frac{\bar{d}}{h_p}\right)^{-0.15} \left[\frac{(v-v_0')^2}{gh_p}\right]^{0.15} \quad (6\text{-}5\text{-}12)$$

当 $\dfrac{h_p}{d} > 500$ 时

$$h_b = 1.17 k_\varepsilon k_\alpha h_p \left(\frac{l}{h_p}\right)^{0.6} \left(\frac{\bar{d}}{h_p}\right)^{-0.10} \left[\frac{(v-v_0')^2}{gh_p}\right]^{0.15} \quad (6\text{-}5\text{-}13)$$

$$k_\alpha = \left(\frac{\alpha}{90}\right)^{0.2}, \alpha \leqslant 90° \quad (6\text{-}5\text{-}14)$$

式中:h_b——桥台局部冲刷深度(m);

k_ε——台形系数,可按表6-4-1选用;

α——桥(台)轴线与水流夹角,桥轴线与水流垂直时,$\alpha = 90°$;

k_α——桥台与水流夹角系数,α 适用范围为 $0° \sim 90°$ 时,按式(6-5-14)计算;

l——垂直于水流流向的桥台和路堤长度,或称桥台和路堤阻挡过流的宽度(m),适用范围为 $\dfrac{l}{h_p} = 0.16 \sim 8.80$;

h_p——桥下河槽部分一般冲刷后水深(m);

$\bar{d}$——河槽泥沙平均粒径(m);

v——一般冲刷后台前行近流速(m/s);

v_0'——台前泥沙始冲流速(m/s),可按式(6-4-8)和式(6-4-10)计算;

g——重力加速度(m/s²),取 9.8m/s²。

2. 桥台位于河滩时

局部冲刷深度可按式(6-5-12)~式(6-5-14)计算,但其中水、沙变量均取河滩上的相应值。

第六节 墩台基底最小埋置深度和计算实例

在确定桥梁墩台基础埋置深度时,应根据桥位河段具体情况,取河床自然演变冲刷、一般冲刷和局部冲刷的最不利组合,作为确定墩台基础埋深的依据。

一、最低冲刷线高程

桥梁设计时,桥墩、桥台全部冲刷完成后的床面位置,用最低冲刷线高程来计算和表示。桥墩的最低冲刷线高程 $H_{\min}$(m)为:

$$H_{\min} = H_s - h_p - h_b \tag{6-6-1}$$

桥台的最低冲刷线高程 $H_{\min}$(m)为:

$$H_{\min} = H_s - h - h_s \tag{6-6-2}$$

式中:$H_{\min}$——桥墩、桥台的最低冲刷线高程(m);

H_s——设计水位(m);

h_p——一般冲刷后的最大水深(m);

h_b——桥墩局部冲刷深度(m);

h——桥台所在位置(河滩或河槽)的平均水深(m);

h_s——桥台冲刷深度(m)。

二、墩台基底最小埋置深度

1. 非岩性河床天然基础墩台基底埋深的安全值,可参照表6-6-1确定

基底埋深安全值(m)   表6-6-1

桥梁类别	总冲刷深度				
	0	5	10	15	20
大桥、中桥、小桥	1.5	2.0	2.5	3.0	3.5
特大桥	2.0	2.5	3.0	3.5	4.0

注:1. 总冲刷深度为自河床面算起的河床自然演变冲刷、一般冲刷与局部冲刷深度之和。
 2. 表列数字为墩台基底埋入总冲刷深度以下的最小值;若设计流量、水位和原始断面资料无十分把握或河床演变尚不能获得准确资料时,其值可适当加大。
 3. 若桥位上下游有已建桥梁或旧桥改建,应调查旧桥的特大洪水冲刷情况,新桥墩台基础埋置深度应在旧桥最大冲刷深度上酌加必要的安全值。

2. 岩石河床墩台基底的最小埋置深度,可按表6-6-2确定

岩石河床墩台基底最小埋置深度(m)   表6-6-2

岩石类别	极限抗压强度(MPa)	岩石特性		调查资料		建议埋入岩面深度(按施工枯水季平均水位至岩面的距离分级)(m)		
		调查到有冲刷的桥渡岩石特性		桥梁座数	各桥的最大冲刷深度(m)	$h<2$	$h=2\sim10$	$h>10$
		岩石名称	特 性					
I	极软岩	<5	胶结不良的长石砂岩,炭质页岩等	成分以长石为主,石英凝灰碎屑、云母次之;以黏土及铁质胶结,胶结不良,用手可捏成散沙,淋滤现象①明显,但岩质均匀,节理、裂隙不发育。其他岩石如风化严重、节理、裂隙发育,强度小于5MPa,用镐、锹易挖动者	2	0.65~3	3~4	4~5	5~7

续上表

岩石特性				调查资料		建议埋入岩面深度(按施工枯水季平均水位至岩面的距离分级)(m)		
岩石类别	极限抗压强度(MPa)	调查到有冲刷的桥渡岩石特性		桥梁座数	各桥的最大冲刷深度(m)	$h<2$	$h=2\sim10$	$h>10$
		岩石名称	特性					
Ⅱ 软质岩	Ⅱ₁ 5~15	黏土岩、泥质页岩等	成分以黏土为主,方解石、绿泥石、云母次之;胶结成分以泥质为主,钙质铁质次之;干裂现象严重。易风化,处于水下的岩石整体性好,不透水,暴露后易干裂成碎块,碎块较坚硬,但遇水后崩解成土状	10	0.4~2.0	2~3	3~4	4~5
	Ⅱ₂ 15~30	砂质页岩、砂质岩互层、砂岩、砾岩等	砂质岩成分同上,夹沙颗粒;砂岩以石英为主,长石、云母次之,以及由圆砾石、沙砾、黏土等组成。胶结物以泥质、钙质为主,砂质次之,层理、节理较明显,砂页岩在水陆交替处易干裂、崩解	9	0.4~1.25	1~2	2~3	3~4
Ⅲ 硬质岩	>30	板岩、钙质砂岩、矽质岩、石灰岩、花岗岩、流纹岩、石英岩等	岩石坚硬,强度虽大于30MPa,但节理、裂隙、层理非常发育,应考虑冲刷,如岩体完整,节理、裂隙、层理少,风化很微弱,可不考虑冲刷,但基底也宜埋入岩面0.2~0.5m	9	0.4~0.7	0.2~1.0	0.2~2.0	0.5~3.0

注:1. 在条件较好的情况下可选用埋深数值的下限,在条件较差的情况下可选用埋深数值的上限;情况特殊的桥,例如在水坝下游或流速特大等,可不受表列数值限制。
2. 表列调查最大冲刷值系参考桥中冲刷最深的桥墩,建议埋深值亦系按此值推广使用;处于非主流部分及流速较小的桥墩,可按具体情况适当减少埋深。
3. 岩石栏内系调查到的岩石具体名称,使用时应以岩石强度作为选用表中数值的依据。
4. 表列埋深数值系由岩面算起,包括风化层部分,已风化成松散沙砾或土状的除外。
5. 要考虑岩性随深度变化的因素,应以基底的岩石为准,并适当考虑基底以上岩石的可冲性质。
6. 表中建议埋深系扩大基础或沉井的埋深,如用桩基可作为最大冲刷的位置。
7. 淋滤通常指渗流水把地表附近细小的破碎物和易溶成分溶解带走的过程。

3. 位于河槽或河滩的桥台基底的埋置深度

当桥台位于河槽时,其最大冲刷深度小于桥墩总冲刷深度时,桥台基底的埋深应与桥墩基底高程相同;当桥台位于河滩时,对河槽摆动的不稳定河流,桥台基底高程与桥墩相同;在稳定河流上,桥台基底高程可按照桥台冲刷计算结果确定。

4. 桥台锥体护坡基脚的埋置深度

桥台锥体护坡基脚的埋置深度应考虑冲刷的影响,当位于稳定、次稳定河段的河滩上时,基脚底面应在一般冲刷线以下至少0.5m;当位于不稳定河流的河滩上时,基脚底面应在一般冲刷线以下至少1.0m。

三、计算实例

【例6-6-1】 第五章计算实例【例5-4-1】中的公路桥,根据钻探资料,河槽床面以下21m内为沙砾层,平均粒径 $\bar{d}=2$mm,河滩床面以下12m内为中沙,再以下为沙砾;根据地质资料和地表形态判断,建桥后桥下河槽可扩宽至全桥孔;汛期洪水含沙量 $\rho=2$kg/m³。

桥孔上部结构采用4孔30m预应力钢筋混凝土箱形梁,双柱式桥墩,钢筋混凝土灌柱桩基础,桩径1.40m,墩柱直径1.60m。试计算桥台和桥墩的最低冲刷线高程。

解: 1)桥下断面一般冲刷后水深 h_p(图6-6-1)

(1)按一般冲刷64-2简化公式计算

$$h_p = 1.04 \left(A \frac{Q_2}{Q_c}\right)^{0.90} \left[\frac{B_c}{\mu(1-\lambda)B_2}\right]^{0.66} h_{cm}$$

$$= 1.04 \times \left(1.06 \times \frac{3\,500}{3\,271}\right)^{0.90} \left[\frac{108.38}{0.959 \times (1-0.053) \times 120}\right]^{0.66} \times 12.39$$

$$= 14.40(\text{m})$$

(2)按一般冲刷64-1公式计算

$$h_p = \left(\frac{AQ_2}{\mu L_j E \bar{d}^{1/6}}\right)^{3/5} \frac{h_{cm}}{h_c}$$

$$= \left(\frac{1.06 \times 3\,500}{0.959 \times 115.2 \times 0.66 \times 2^{1/6}}\right)^{3/5} \times \frac{12.39}{9.49}$$

$$= 12.90(\text{m})$$

2)桥墩局部冲刷深度 h_b

桥墩为双柱墩,墩柱直径为1.60m,查墩形系数表 $K_\xi=1.0$,计算墩宽 $B_1=1.60$m。

(1)按65-2公式计算

行近水流 $h_p=14.40$m,$v=3.63$m/s;

起动流速 $v_0=0.46$m/s,起冲流速 $v_0'=0.20$m/s,$v>v_0$,为动床冲刷。

$$h_b = K_\xi K_\eta B_1^{0.60} h_p^{0.15} \left(\frac{v-v_0'}{v_0}\right)^n$$

$$= 1.0 \times 0.44 \times 1.60^{0.60} \times 14.40^{0.15} \times \left(\frac{3.63-0.20}{0.46}\right)^{0.55}$$

$$= 2.63(\text{m})$$

(2)按65-2修正公式计算

行近水流 $h_p=14.40$m,$v=3.63$m/s;

起动流速 $v_0=0.85$m/s,起冲流速 $v_0'=0.38$m/s;$K_\xi=1.0$,$B_1=1.60$m。

$$n = \left(\frac{v_0}{v}\right)^{9.35+2.23\lg\bar{d}} = \left(\frac{0.85}{3.63}\right)^{9.35+2.23\lg(0.002)} = 0.007\,94$$

h_b 的回归值($K=0.46$)为:

$$h_{b(h)} = 0.46 K_\xi B_1^{0.60} h_p^{0.15} \bar{d}^{-0.068} \left(\frac{v-v_0'}{v_0-v_0'}\right)^n$$

$$= 0.46 \times 1.0 \times 1.6^{0.60} \times 14.40^{0.15} \times 0.002^{-0.068} \times \left(\frac{3.65-0.38}{0.85-0.38}\right)^{0.00794}$$

$$= 1.41(\text{m})$$

h_b 的上限值($K=0.60$)为:

$$h_{b(s)} = 0.60 K_\xi B_1^{0.60} h_p^{0.15} \bar{d}^{-0.068} \left(\frac{v-v_0'}{v_0-v_0'}\right)^n$$

$$= 0.60 \times 1.0 \times 1.6^{0.60} \times 14.40^{0.15} \times 0.002^{-0.068} \times \left(\frac{3.65-0.39}{0.85-0.39}\right)^{0.00794}$$

$$= 1.85(\text{m})$$

以上计算可发现,65-2 公式计算值较大,65-2 修正公式计算值较小,如何确定采用值呢?问题主要在于 65-2 公式中因子 $\left(\frac{v-v_0'}{v_0}\right)^n$ 和 65-2 修正公式中 $\left(\frac{v-v_0'}{v_0-v_0'}\right)^n$ 的不同,这也是修正公式进行修正的主要问题。根据输沙平衡原理,当流速 v 大于起动流速 v_0 很多时,将出现冲刷坑内输沙平衡,冲刷不再增加。例中 $v=3.63\text{m/s}$ 大约为 $v_0=0.46\text{m/s}$ 的 8 倍,冲刷深度 h_b 还以 0.55 次方的指数函数增大,与实桥资料分布趋势不符。

因此,取 $h_{b(s)}$ 值较为适宜。

3) 桥墩的最低冲刷线高程(图 6-6-1)

$$H_{\min} = H_s - h_p - h_b$$

$$= 63.65 - 14.40 - 1.85$$

$$= 47.40(\text{m})$$

4) 桥台冲刷

桥位断面左岸有河滩,左岸桥台前墙桩号为 K0151+604.00,阻挡河滩水流长度 $L_D=101.36\text{m}$,阻水较多,桥台冲刷较深。按原交通部科技攻关公式即 95-1 公式计算。

桥台形式采用带竖直前墙和上下游锥坡,左岸河滩受阻水流弗劳德数为:

$$Fr = \frac{v_t^2}{g \bar{h}_t} = \frac{0.99^2}{9.8 \times 2.61} = 0.039$$

左岸路堤阻水面积

$$A_z = L_D \bar{h}_t = 264.54\text{m}^2$$

桥台冲刷深度

$$h_s = 1.95 Fr^{0.20} A_Z^{0.50} C_\alpha C_A$$

$$= 1.95 \times 0.039^{0.20} \times 264.54^{0.50} \times 1.0 \times 0.90$$

$$= 14.92(\text{m})$$

5) 桥台的最低冲刷线高程

上式计算的桥台冲刷深度 h_s 是平均床面高程以下的一般冲刷和局部冲刷总深度。

左河滩平均水深 $\bar{h}_t = 2.61\text{m}$,桥台最低冲刷线高程为(图 6-6-2):

$$H_{\min} = H_s - \bar{h}_t - h_s$$
$$= 63.65 - 2.61 - 14.92 = 46.12(\text{m})$$

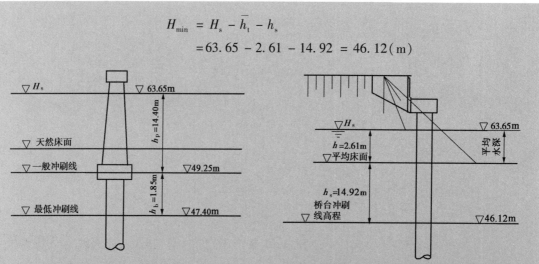

图 6-6-1 桥墩局部冲刷及最低冲刷线高程计算

图 6-6-2 桥台最低冲刷线高程计算（QW2.0 界面）

6）计算结果分析

桥墩最低冲刷线高程为 47.40m，桥台最低冲刷高程为 46.12m，表明设计流量通过时，桥下河滩的沉积层将被冲走，河槽和桥下河滩将冲刷至高程约 46m 处。桥台和桥墩基础埋深应统一考虑。另外，左河滩路堤阻水长达 101.36m，为避免桥台和路堤上游侧出现过大冲刷，应设置导流堤。桥墩冲刷计算也可由图 6-6-3 所示界面完成。

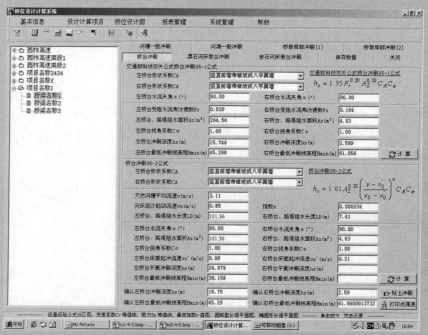

图 6-6-3 桥台最低冲刷线高程（QW2.0 界面）

还可以考虑取 5 孔 30m 梁桥，冲刷深度减小，导流堤是否可以不建，可作为不同桥孔布设方案进行比较。

7）上述【例 5-4-1】和【例 6-6-1】的计算结果，可绘制桥孔布置方案图，如图 6-6-4 所示。

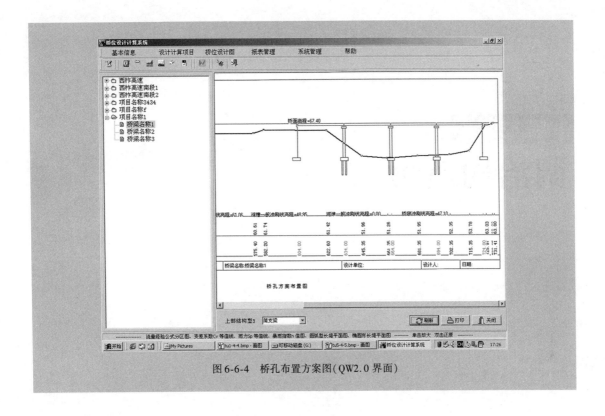

图 6-6-4　桥孔布置方案图（QW2.0 界面）

习　题

1. 泥沙运动知识是认识冲刷现象的基础，河床变形及墩台冲刷都是通过泥沙运动实现的。试解释泥沙运动形态、起动、输沙率、含沙率、沙波、输沙平衡等概念。

2. 河床演变是如何形成的？影响河床演变的主要因素有哪些？

3. 桥下河床的冲刷现象和过程怎样？它们形成的原因是什么？桥梁冲刷计算时采用了哪些处理方法？

4. 什么是河相关系？什么是造床流量？

5. 副流与主流有何区别？常见的副流有哪几种？

6. 试说明起动流速和起冲流速的概念。

7. 影响局部冲刷的主要因素有哪些？

8. 如何确定墩台最低冲刷线的高程？应注意哪些问题？

9. 某桥跨越沙质河床，桥轴与水流夹角 15°，带圆头的重力式桥墩，墩宽 $b=1.52\text{m}$，墩长 $L=8.3\text{m}$，冲刷层平均粒径 $d=14\text{mm}$。一般冲刷后墩前水深 $h=3.70\text{m}$，行进流速 $v=2.16\text{m/s}$，设计水位 $H_s=261.30\text{m}$。试计算建桥后可能出现的最大桥墩局部冲刷坑深度 h_b 和最低冲刷线高程。

10. 桥位河段顺直，河床质为砾石，平均粒径 $d=10\text{mm}$，河槽平均水深 $h=2.02\text{m}$，平均流速 $v=2.10\text{m/s}$。桥孔在河槽中对称布设，两岸路堤阻水长度（与流向垂直的路堤长度）都是 10m。桥轴与水流斜交，右岸桥台挑角 $\alpha_1=70°$，左岸桥台挑角 $\alpha_2=110°$。桥台采用竖直前墙，上下游两侧带锥坡，河床面以下竖直墙基础不设导流堤。设计水位 $H_s=493.15\text{m}$。试求两岸桥台的最低冲刷线高程。

第七章 调治构造物

【学习目的与要求】

通过本章学习,学生能够掌握调治构造物的主要形式(导流堤、丁坝及其他桥头防护工程)及各自作用;了解调治工程的布设规定;掌握导流堤堤头冲刷深度和丁坝冲刷深度计算方法。

调治构造物是桥梁工程的重要组成部分,主要包括各种形式的导流堤、丁坝及其他桥头防护工程,如图7-0-1所示。调治构造物用以调节水流,引导水流均匀、顺畅地流过桥孔,防止桥下断面和上下游附近的河床、河岸发生不利变形,确保桥梁安全。

调治构造物的布设,应结合河段特性,水文、地形和地质等自然条件,桥头路堤位置,通航要求,和水利设施等因素综合考虑,兼顾两岸、上下游、洪水枯水位,确定总体布设方案。

水文及河床变形复杂的河段,桥孔和调治构造物布设应做水工模型试验,进行分析验证。

导流堤的设计洪水频率应与桥梁的设计洪水频率相同。丁坝或其他调治构造物的设计洪水频率应与所依托工程的设计洪水频率相一致。

调治工程的布设,应满足下列规定:

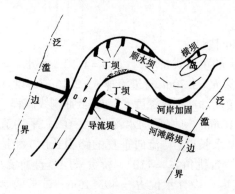

图7-0-1 桥梁上下游的调治构造图

(1)为使桥孔顺畅地排水输沙,减轻桥位附近河床和河岸的不利变形,或为抵抗水流对路基边坡的冲刷,均应设置必要的调治工程。

(2)调治工程应结合河段特性,水文、地形和地质等自然条件,通航要求,水利设施等情况,根据调治目的,综合考虑高中枯水位对两岸及上、下游河床变形的影响,确定其总体布设方案。

(3)调治工程的设置方案应与桥孔设计统一考虑,进行多方案技术经济比较,不应片面强调长桥短堤或短桥长堤。

(4)导流堤的设计洪水频率应与桥梁的设计洪水频率相同,其他类型的调治工程的设计洪水频率标准,可视工程重要性而定。

(5)位于河槽内的调治构造物基底应埋入总冲刷线以下不小于1m;位于河滩内时应埋入总冲刷线以下不小于0.5m。当不能达到要求的深度时,应设置平面防护工程。

第一节 导 流 堤

河滩流量较大时,桥上游应修建导流堤,引导上游水流和河滩水流逐渐改变方向,形成平行水流,平顺地通过桥孔,使桥下断面的流速、水深及输沙等分布都较为均匀,避免桥下和桥头出现集中冲刷。

导流堤的布设应满足下列规定:

(1)单侧河滩的河道,桥梁引道阻断的流量占设计总流量的15%,或双侧河滩,以中泓线将设计总流量分为两部分,桥梁的一侧引道阻断的流量占该侧流量的15%时,可考虑设置导流堤;小于15%,但阻断流量的天然平均流速大于1.0m/s时,宜修建梨形堤;小于5%时,可加固桥头锥坡。

(2)在山前冲积漫流河段的上游出山口附近,可布设封闭式导流堤;在中游扩散区段,不宜布设长大的封闭式导流堤,强行约束水流;一河多桥时,两桥间可设桃形导流堤、分水堤或加固路基。

(3)在山前变迁型河段及平原游荡型河段上,当桥孔压缩河床时,视水流及河段条件可布设封闭式导流堤。

一、导流堤的绕流

导流堤水流的绕流决定了导流堤合理的平面线形,以与绕流流线吻合较好、堤长适当、设计施工简便的线形为最佳。

河滩水流弯曲绕过上游堤头 A 点,这里水流集中,流速很大,水面壅高,如图 7-1-1 所示,然后,水流转向沿导流堤流入桥孔。在 B 点附近,来自河滩的水流与靠近河槽的水流相遇,形成第二个高流速区。这样,在坝头附近的 AB 范围内,流速急,流速大小和方

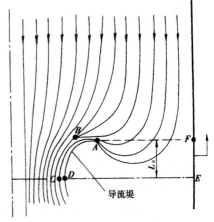

图 7-1-1 导流堤绕流的流线

向急速变化,流速梯度和床面切应力很大,形成坝头冲刷区。

水流通过 B 点后,如果导流堤平面线形合理,将沿导流堤平顺地流到桥轴断面 C 点,在桥下平顺地流出桥孔。流出桥孔的水流以 $5°\sim6°$ 的扩散角向桥梁下游两岸扩散。

二、导流堤的平面线形

曲线导流堤平面线形有两大类,即椭圆堤和圆曲线组合堤。椭圆堤出现最早,至今上游堤为 1/4 椭圆(长短轴之比 $a/b=2.5$)的导流堤,仍是美国联邦公路总署推荐的桥梁导流堤标准形式,如图 7-1-2 所示。苏联 1972 年规范推荐的导流堤形式,上游为椭圆形,下游为圆弧和直线的组合线形(拉苗申柯夫,1955 年)。我国应用最多的堤形是圆曲线组合堤(包尔达柯夫,1938 年),这种形式也曾被苏联规范推荐。1985 年,我国原铁道科学研究院陆浩等根据松花江流域宽浅弯曲、分汊河流的试验研究,提出了改进的、长度较短的圆曲线组合堤(图 7-1-3)。

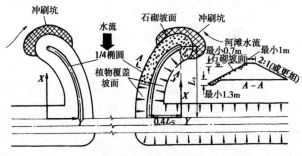

图 7-1-2 上游椭圆堤

梨形堤主要用于河滩流量不大或桥头引道凹向上游的桥位上(图 7-1-4)。梨形堤的平面尺寸,邻桥孔一侧可按一般曲线导流堤采用如图 7-1-3 所示的尺寸,邻河岸的后侧部分可采用反向圆弧连接,或再插一段直线与桥头引道连接。

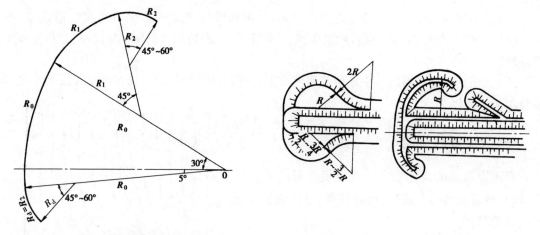

图 7-1-3 圆曲线组合堤　　　　图 7-1-4 梨形堤

封闭式长导流堤修建在山前冲积扇和山前变迁型河段上。长堤使河槽逐渐缩窄,引导水流和泥沙平顺地通过桥孔。

改进圆曲线组合堤(图 7-1-3)的平面轴线由三种不同半径的圆曲线构成:

$R_1=0.50R_0$,圆心角 $\theta_1=45°$;

$R_2 = 0.25R_0$，圆心角 $\theta_2 = 45° \sim 60°$；
$R_d = R_2$，圆心角 $\theta_d = 45° \sim 60°$。

基本半径 R_0 为：

$$R_0 = \frac{B_{td}}{k}\left(1 + \frac{1-E}{10}\right)\left(\frac{Q_{te}}{Q_{td}}\right)^{7/8} \quad (7\text{-}1\text{-}1)$$

式中：R_0——导流堤基本半径(m)；

B_{td}、Q_{td}——导流堤所在一侧河滩的宽度(m)和天然状态的河滩流量(m^3/s)；

Q_{te}——导流堤所在一侧的路堤拦阻流量(m^3/s)；

E——桥孔偏置率(偏置系数)：

$$E = 1 - \frac{Q_{xi}}{Q_{da}} \quad (7\text{-}1\text{-}2)$$

Q_{xi}——桥孔两侧河滩中，被阻挡较小一侧的天然流量(m^3/s)；

Q_{da}——桥孔两侧河滩中，被阻挡较大一侧的天然流量(m^3/s)；

k——与桥位河段水流宽深比有关的系数，查表 7-1-1。

系 数 k 的 取 值　　　　　表 7-1-1

B/h	>1 000	500~1 000	200~500	<200
k	30	25	20	15

上游堤长度为：

$$S_{st} = \left(\frac{30°}{180°}\right)\pi R_0 + \left(\frac{45°}{180°}\right)\pi R_1 + \left(\frac{\theta_2}{180°}\right)\pi R_2 = \pi\left(\frac{R_0}{6} + \frac{R_1}{4}\right) + \left(\frac{\theta_2}{180°}\right)\pi R_2$$

下游堤长度为：

$$S_{xt} = \left(\frac{5°}{180°}\right)\pi R_0 + \left(\frac{\theta_d}{180°}\right)\pi R_2 = \frac{\pi}{36}R_0 + \left(\frac{\theta_d}{180°}\right)\pi R_2$$

三、导流堤冲刷

根据模型试验和现场观测，导流堤附近的流速分布和冲刷地形如图 7-1-5 所示。从上游堤端开始，沿堤的迎水面坡脚有一条冲沟，延伸到桥下，再向桥梁下游发展。导流堤迎水面坡脚最大冲刷深度范围，在从上游堤头开始到上游大约三分之一堤长的一段附近。若导流堤平面线形不好，冲刷范围还要扩大。

洪水退水过程中，导流堤上游端背水面也将出现冲刷；同时，堤背水面水位高，迎水面水位低，形成堤身内渗透压力，也会引起导流堤破坏。

导流堤冲刷可参考下式计算：

$$h_s = 3.37\left(\frac{L}{B}\right)^{0.42} Fr^{0.38} hC_m \quad (7\text{-}1\text{-}3)$$

式中：h_s——堤头冲刷深度(m)，自平均床面算起；

L——上游堤端至河岸的距离(m)，以垂直流向投影计；

B——当另一侧河滩设导流堤时，为设计水位时的水面总宽度(m)；当两侧均设导流堤时，为一侧岸边设计水位线至河槽中泓线的距离；

Fr——堤头行近水流弗劳德数(天然水流 Fr)，$Fr = v^2/gh$；

h——堤头天然水深(m);

C_m——边坡减冲系数,$C_m = e^{-0.07m}$;

m——边坡系数,即边坡为 $1:m$。

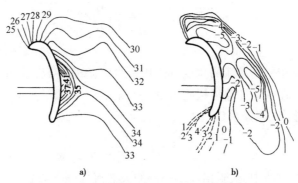

图 7-1-5 导流堤附近的流速分布和冲刷地形图
a)垂线平均流速等值线(cm/s);b)河床冲刷等高线(cm)

式(7-1-3)是根据砂性土床面圆曲线组合堤水工模型试验和现场观测资料制定的(高冬光,1985年)。

四、导流堤的顶宽和边坡横断面

导流堤断面宜为梯形,其顶宽和边坡可按表 7-1-2 采用。堤高大于 12m 或坡脚长期浸水时,应作专门设计。

导流堤顶宽和边坡　　　　　　　　　　　表 7-1-2

堤顶宽(m)		边坡		
堤头	堤身	堤头	堤身	
			迎水面	背水面
3~4	2~3	1:2~1:3	1:1.5~1:2	1:1.5~1:1.75

五、导流堤的堤顶高程

导流堤在桥轴线的顶面高程 H_{min} 按下式计算：

$$H_{min} = H_s + \Delta z + \sum \Delta h + 0.25 \tag{7-1-4}$$

式中:H_{min}——导流堤堤顶(轴线)最低高程(m);

H_s——设计水位(m);

Δz——桥前最大壅水高(m);

$\sum \Delta h$——考虑波浪爬高、斜水流局部冲高、床面淤高等因素的总和(m)。

导流堤各断面的顶面高程,可根据桥轴线处的高程,按堤在河槽深泓线上的投影位置及水面比降推求。

当桥位河段有流冰或融冰时,导流堤顶面高程除应符合式(7-1-4)外,还应符合堤顶面高程高出流冰或融冰水位 0.75m 的要求。

第二节 丁 坝

丁坝是一种与河岸或路堤成一定角度,伸入水中的构造物。丁坝将水流挑离河岸或路堤,使坝下游的河岸或路堤免受冲刷,形成有利的水流结构和河床变形。特别是在河流弯道凹岸的一侧,将水流挑离路基边坡、桥头引道或河岸,使泥沙在坝后淤积,形成新的水边线,可达到对凹岸路堤及桥台防护的目的。

丁坝布设应符合下列规定:

(1)应根据导治线布设丁坝,不宜布设单个长丁坝。

(2)桥位上游两倍桥长以内不宜布设丁坝,可在河滩路基上游侧布设丁坝,防止滩流对路基的淘刷。

(3)不透水丁坝垂直于流向的投影长度不宜超过河槽宽度的15%;透水性达到80%的丁坝,垂直于流向的投影长度不宜超过河槽宽度的25%。

(4)视河岸土质及水流等情况,可将坝根嵌入河岸3~5m,或加固坝根上游河岸8~10m,下游河岸12~15m。

(5)非淹没式丁坝的坝顶高程,可按式(7-1-4)确定。淹没式丁坝的坝顶高程,可按整治水位确定,坝顶宜设0.25%~2%的纵坡。透水丁坝的高度应使漂流物能在坝顶通过。

(6)不得在泥石流沟上布设挑水丁坝。

(7)若需要防护的路堤或河岸较长,可采用数个丁坝组成的丁坝群进行水流调治和河岸防护。将各个坝头的连线设计成一条平滑的曲线或直线,称为导治线。导治线是设计的水边线或弯道凹岸的深泓浅。导治线两端应与河岸平顺连接(图7-2-1)。

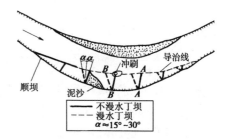

图7-2-1 丁坝群和导治线

根据坝顶高程和设计洪水位的相对位置,丁坝可分为漫水丁坝和不漫水丁坝两类。坝顶高程高于设计洪水位的丁坝,称为不漫水丁坝,挑水能力强,相应地坝头冲刷也严重。坝顶高程低于设计洪水位的丁坝,称为漫水丁坝或淹没式丁坝。

漫水丁坝的坝顶高程常取在相当于常水位或平均洪水位上下。这样,洪水位时为漫水丁坝,常水位及枯水位时为不漫水丁坝;除洪水期以外的大部分时间,丁坝工作在不漫水状态,有较大的调治水流和稳定河床的作用;大洪水期间,丁坝坝顶淹没,不会过多阻挡水流,避免坝头过深冲刷。

被淹没的丁坝之间,河底流速仍然很小,仍可发挥其护岸作用。桥头防护和沿河路基防护中,漫水丁坝及漫水丁坝群应用较多。

丁坝长度越大,坝头冲刷越深,挑水能力越强,对上下游甚至对岸的影响也越大。一般不宜采用过长的丁坝。不透水丁坝的长度(丁坝长度按垂直于流向的丁坝投影长度计)最大不应超过河槽宽度的15%;桩、排架等组成的透水丁坝,透水性达到80%时,丁坝长度不得超过河槽宽度的25%。经验表明,山区河流桥头及沿河路堤的丁坝,长度不宜超过8~10m。

丁坝群一般可做成正挑(挑角 α = 90°),其中1号坝做成正挑,但其长度取后坝长度的一半。1号坝也可做成下挑($\alpha = 60° \sim 90°$)。

丁坝不漫水时,坝头冲刷的原理和计算方法与桥台基本相同,但漫水丁坝的冲刷是底流坝头绕流所致,随坝顶漫水(淹没)深度的增大而减小。丁坝冲刷深度计算可根据式(6-5-7)引入边坡减冲系数和漫水减冲系数计算:

$$h_s = 1.95 Fr^{0.20} A_Z^{0.50} C_\alpha C_m C_{sm} \tag{7-2-1}$$

式中:h_s——丁坝头附近最大冲刷深度(m),自平均床面高程算起,包括一般冲刷和局部冲刷;

Fr——行近水流弗劳德数,$Fr = v^2/gh$;

A_Z——丁坝阻水面积(m^2),以垂直于流向的投影面积计,对于宽浅断面 $A_Z = L_D h$,L_D 为丁坝长度(垂直水流方向);

h——行近水流平均水深(m);

C_α——挑角系数,见式(7-5-8);

C_m——边坡减冲系数,$C_m = e^{-0.07m}$(m 为边坡系数);

C_{sm}——漫水减冲系数。

对于直河岸丁坝:

$$C_{sm} = 1 - \left(\frac{\Delta h}{h}\right)^{0.5} \tag{7-2-2}$$

对于凹岸丁坝:

$$C_{sm} = 1 - 0.5 \left(\frac{\Delta h}{h}\right)^{0.5} \tag{7-2-3}$$

式中:Δh——淹没深度,即水面到坝顶的深度(m);

$\dfrac{\Delta h}{h}$——淹没程度,不漫水丁坝 $\Delta h = 0$,$C_{sm} = 1.0$。

丁坝冲刷坑形式和范围与桥台类似,见图6-5-2。

因上游坝阻水,丁坝群的2号坝及下游各坝的冲刷深度,较计算值逐渐减小。

丁坝下游的回流长度 L_H,即对下游河岸的防护长度,与河滩路堤伸入水中桥台绕流对下游的影响长度相同。可按下式计算:

$$L_H = \frac{C_0^2 h L_D}{L_D + 0.05 C_0^2 h} \left(\ln \frac{B}{B - L_D} + 0.58 \right) \tag{7-2-4}$$

式中:L_H——丁坝下游沿河岸回流区长度(m),或桥台对下游的影响长度(m);

L_D——丁坝阻水长度(m),或河滩路堤阻水长度(m),以垂直流向的投影长度计;

C_0——无量纲谢才系数,$C_0 = \dfrac{C}{\sqrt{g}}$,或 $C_0 = \dfrac{1}{n} R^{\frac{1}{6}} \approx \dfrac{1}{n} h^{\frac{1}{6}}$;

B——河床水面宽度(m)。

式(7-2-4)是根据动量微分方程积分和模型试验资料建立的(高冬光,1994年),已在路桥防护工程中广泛应用。

丁坝和丁坝群的设计计算在《公路桥涵设计手册·桥位设计》(第二版,2011年)中有详细说明。

第三节 计 算 实 例

【例 7-3-1】 第五章计算实例中的公路桥,桥位断面见图 2-4-5。左岸有较宽的河滩,左岸桥台前墙桩号为 K0151+604.00,右岸桥台前墙桩号为 K0151+724.00。左岸路堤阻水长度达 104m,致使左岸桥台冲刷较严重。试在左岸桥台处修建一个圆曲线组合型导流堤,设计导流堤轴线和横断面,计算堤头冲刷深度。

解:(1)圆曲线组合堤轴线设计(图 7-1-3)

根据地形取上游堤端圆心角 $\theta_1 = 60°$,下游堤端圆心角 $\theta_d = 45°$。河滩宽度 $B_{td} = 121.57\text{m}$,河滩平均水深 $h_t = 2.61\text{m}$,河滩流量(有导流堤一侧)$Q_{td} = 316\text{m}^3/\text{s}$,路堤拦阻流量 $Q_{te} = 260.45\text{m}^3/\text{s}$,$Q_{da} = 316\text{m}^3/\text{s}$,$Q_{xi} = 0$。

偏置系数

$$E = 1 - \frac{Q_{xi}}{Q_{da}} = 1 - \frac{0}{316} = 1.0$$

查出宽深比系数 $k = 15$,计算圆曲线半径为:

$$R_0 = \frac{B_{td}}{k}\left(1 + \frac{1-E}{10}\right)\left(\frac{Q_{te}}{Q_{td}}\right)^{7/8}$$

$$= \frac{121.57}{15}\left(1 + \frac{1-1}{10}\right)\left(\frac{260.45}{316}\right)^{7/8}$$

$$= 6.84(\text{m})$$

$$R_1 = 0.5R_0 = 0.5 \times 6.84 = 3.42(\text{m})$$

$$R_2 = 0.25R_0 = 0.25 \times 6.84 = 1.71(\text{m})$$

上游堤长度

$$S_{st} = \pi\left(\frac{R_0}{6} + \frac{R_1}{4}\right) + \left(\frac{\theta_2}{180°}\right)\pi R_2$$

$$= \pi\left(\frac{6.84}{6} + \frac{3.42}{4}\right) + \left(\frac{60°}{180°}\right)\pi \times 1.71$$

$$= 8.05(\text{m})$$

下游堤长度

$$S_{xt} = \frac{\pi}{36}R_0 + \left(\frac{\theta_d}{180°}\right)\pi R_2 = \frac{\pi}{36} \times 6.84 + \left(\frac{45°}{180°}\right)\pi \times 1.71$$

$$= 1.94(\text{m})$$

导流堤轴全长

$$S_t = S_{st} + S_{xt} = 8.05 + 1.94 = 9.99(\text{m})$$

(2)导流堤上游端附近的冲刷

取上游堤头到水边距离 $L = 104\text{m}$,断面水面宽度 $B = 229.95\text{m}$。

拦阻水流

$$Fr = \frac{v_t^2}{gh_t} = \frac{0.99^2}{9.8 \times 2.61} = 0.0383$$

堤头天然水深
$$h = 2.61(\text{m})$$

迎水面堤头附近冲刷深度
$$h_s = 3.37\left(\frac{L}{B}\right)^{0.42} Fr^{0.38} h C_m$$
$$= 3.37 \times \left(\frac{104}{229.95}\right)^{0.42} \times 0.0383^{0.38} \times 2.61 \times e^{-0.07 \times 2}$$
$$= 1.58(\text{m})$$

导流堤最低冲刷线高程
$$H_{\min} = H_s - h - h_s$$
$$= 63.65 - 2.61 - 1.58$$
$$= 59.46(\text{m})$$

(3) 导流堤横断面

取堤头宽度 $B_{t0} = 3.0\text{m}$,堤顶宽 $B_{di} = 2.0\text{m}$;边坡为 $1:m$;堤头 $m_1 = 2.5$,迎水面 $m_2 = 2.0$,背水面 $m_3 = 1.5$。

(4) 建议

堤长较小,堤背水边坡与路堤边坡处理可统一考虑,做成梨形堤形式。

习　题

1. 调治构造物主要有哪些？各有什么作用？
2. 调治构造物的布设应注意哪些问题？
3. 试说明梨形堤和封闭式长导流堤的适用范围？

第八章
跨海桥梁和海洋环境

【学习目的与要求】

通过本章学习,学生能够了解我国海域潮汐和风暴潮的特点、海岸带环境因素对桥梁的作用;掌握设计潮位的推算方法;了解波浪要素及设计波高的确定方法;掌握潮汐水流对桥梁冲刷的机理、桥下海床的一般冲刷及潮汐水流对桥墩局部冲刷的计算方法。

我国是海洋大国,全国海岸线总长度达3.2万km(陆地海岸线长达1.8万km,岛屿海岸线总长1.4万多千米),有大小岛屿6 400多个,海洋国土面积300万 km^2,相当于20个山东省的面积。我国广阔的海域拥有丰富的资源,如生物资源、矿产资源、空间资源、海水能资源和滨海旅游资源等,21世纪是我国海洋开发的世纪。

当今,进入世界经济一体化的新时代,迎来了我国沿海地区的经济大发展;滨海、海岛旅游全面开发,海南岛建成"国际旅游岛",于2012年成立三沙市,下辖西沙群岛、南沙群岛、中沙群岛的岛礁及其海域,南海岛礁开发正在迅速发展。沿海、近海地区和岛上的交通建设,进入高速发展的新时期。

进入21世纪以来,已建成多座跨海湾、跨河口、连接岛屿与大陆、连接岛屿和岛屿的跨海桥梁;世界最长的跨海大桥——港珠澳大桥已建成,琼州海峡通道、渤海湾通道也在研究、规划中。

"一带一路"建设正在兴起,我国必将承担更多国内外跨海桥梁及滨海公路勘测设计建设任务。

跨海桥梁是沿海、岛屿广大地区交通发展的节点,连接这些节点的是沿海和岛屿地区的滨海公路。跨海桥梁和滨海公路都承受着海洋环境、海岸带环境因素的作用和影响。

第一节　海岸带环境对桥梁的作用

一、海岸线、海岸带和海岸海洋

1. 定义

海岸线(Coastal Line)是海洋和陆地相互交汇的界线;《国家基本比例尺地图图式　第2部分:1∶5 000　1∶10 000 地形图图式》(GB/T 20257.2—2017)规定,海岸线是平均大潮时的水陆分界线。

海岸带(Coastal Zone)是陆地与海洋的交界,陆地和海洋相互作用、变化活跃的地带;海岸带是海岸线向陆、海两侧扩展至一定宽度的带状区域,由彼此相互强烈作用的近岸海域和滨海陆地组成。

根据自然地理学概念,海岸带的上界为波浪作用上限,岩石海岸在海蚀崖的顶部,平缓沙质海岸为沙滩的顶部,以及风浪、风暴潮的越流能够作用到的海岸沙丘后侧的潟湖(Lagoon)洼地。海岸带的下界,是指波浪开始扰动海底泥沙之处。一般约为水深等于1/2 或 1/3 的平均波长处(图8-1-1)。

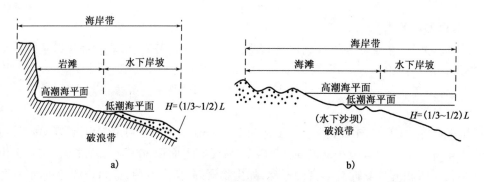

图 8-1-1　海岸带
a)岩石海岸;b)沙质海岸

海岸带包括沿岸陆地(Longshore Land)、潮间带(Intertidal Zone)和水下岸坡(Subaqueous slope of Coast)。沿岸陆地包括海蚀崖、海岸沙丘、潟湖洼地、港湾等;潮间带包括岩滩、海滩、潮滩等。

我国《全国海岸带和海涂资源综合调查简明规程》(1986 年)规定:海岸带内界一般在海岸线的陆侧 10km 左右,外界在向海延伸至 10~15m 等深水线附近。这样,我国大部分的跨海桥梁和滨海公路都是在海岸带范围内,主要受海岸带环境的影响。

1982 年《联合国海洋法公约》用海岸海洋表示陆地向海延伸部分以上的海域。海岸海洋海底包括海岸带的水下岸坡、大陆架、大陆坡、大陆隆(图8-1-2)。

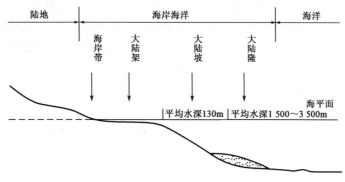

图 8-1-2 海岸海洋

海洋的渔业及其他生物资源、开发的石油资源、港口及海峡航运通道、跨海桥梁及滨海公路等,都在海岸海洋的范围之内。海岸海洋越来越受世人重视。

2. 我国的海岸线

杭州湾(钱塘江河口)以北主要为堆积海岸,沙岸较多,这与我国平原堆积有密切关系;杭州湾以南主要为海蚀海岸,岩岸较多,一般认为是大陆下降的结果。台湾岛东岸是岩石海岸,西岸为沙岸;海南岛主要是沙岸,南端有一段为岩石海岸。

海底泥沙在波浪、潮汐、海流等动力作用下运动,形成了海岸演变过程。河川径流和近岸海流具有季节性变化,使海岸也有季节性变化。从长期来看,海岸变化有三种情况:侵蚀、淤积和基本稳定。在波浪、近岸海流侵蚀下,海岸崩坍内缩,形成陡直的基岩海岸;波浪和近岸海流带来的泥沙,多于被运走的泥沙,淤积成平缓的沙质海岸;如果输入和输出的泥沙大致相等,则海岸稳定。

海岸泥沙中值粒径大于0.05mm时,为沙质海岸;海岸泥沙中值粒径小于0.05mm时,为淤泥质海岸,多位于平原河流、大河河口附近。

3. 潮汐河口、感潮河段

河流流入海洋、湖泊以及支流流入干流的地方称为河口。河流入海河口,位于海岸带内,又称潮汐河口。入海河口一方面受河川径流、洪枯季节周期变化的影响,另一方面又受海洋潮汐涨落周期变化的影响,水流变化十分复杂。

在河口区,潮流溯河而上,流向江河的上游,潮流达到河流最远处称潮流界(图 8-1-3)。

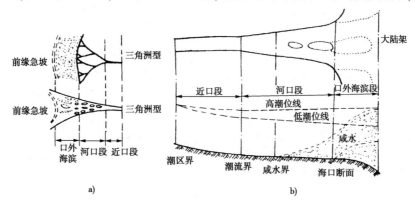

图 8-1-3 感潮河口的分段
a)河口的分段;b)河口三段示意图

潮流界以下河段内的水流，由于潮流作用，经常发生顺、逆流向的周期性变化。在潮流界以上河段的水流，流向虽然总是顺流而下，但由于受到潮流的顶托，水位仍有涨退潮的周期性升降变化。这里水位变化越向上游越不显著，到完全不受潮波影响处，称为潮区界。

大江大河的潮区界可能距离河口很远，也就是感潮河段可能很长。例如，长江的潮区界汛期可到达铜陵市，枯水期则到达安庆市。这样，铜陵、安庆到上海吴淞口的长江河段，大约长达400km，都是感潮河段。虽然，安徽省铜陵和安庆地区并不属于海岸带，可是铜陵、安庆及其下游的长江大桥，仍然承受来自长江口的潮汐水流逆河而上的影响，成为桥梁水文环境的重要因素。

在河流含沙量较少、河口潮流较强的情况下，沿岸流把泥沙带走，则形成单一的、河道渐宽、水深逐渐增大的喇叭口形河口，称三角港河口。钱塘江河口（杭州湾）即属此类。

在河流含沙量大、河口区异重流较强，而潮流和沿岸流又较弱的情况下，不能把河流带来的泥沙带走，淤积成沙滩，逐渐淤高，同时，又被冲积成许多放射状的汊道，逐渐形成扇形分汊式河口，即三角洲河口。我国长江河口、黄河河口和珠江河口都属于此类。

河口区的河流受海水顶托，比降减小，流速降低，沉积在河口区内，形成边滩、心滩、水下沙洲、口外拦门沙等各种河床形态。河口泥沙粒径大都在 0.062 5mm 以下，属于淤泥、黏土类。东南沿海山区河流如钱塘江、瓯江、闽江等河口的泥沙粒径仅稍大于平原河流河口，属于细粉沙类。由于河流淡水和海口盐水细粒泥沙表面的电化学作用较强，絮凝成团，沉速较淡水中提高几倍至几十倍。

汛期河口河段上冲下淤，枯水期河口段下冲上淤，若整个水文年度内净冲淤量很少，则呈现具有河口区河床断面周期稳定的性质。

二、海岸带的海洋环境特点

（1）海岸带是海洋、陆地和大气三方面交汇的地带，海洋、陆地和大气三者间的交互作用十分复杂、剧烈。太阳辐射的热能，到达海面，产生气压差，形成海风，又驱使海面形成波浪和海流，转换成动能。

一个中等强度的台风从海洋吸收的能量相当于 10 多亿吨 TNT 当量。波浪到达海岸后出现浅海水效应，波长变短，波高显著增大，引起海岸地貌的急剧变化；同时，伴随风暴潮带来的河流洪水，引起滑坡、泥石流等大规模的自然灾害（图8-1-4、图8-1-5）。

a)　　　　　　　　　　　　　　　　　b)

图 8-1-4　"莫拉克"台风在台湾引起的泥石流和洪水（2009 年 8 月）
a）泥石流埋没公路、桥涵及房屋；b）洪水冲断桥梁（高屏溪双园大桥）

(2)海岸带的海洋环境因素主要有海浪、潮汐、海流以及台风、风暴潮。

海浪,是海岸带演变的主要动力因素之一,也是海岸带公路和桥梁的主要荷载。

月亮及太阳引潮力产生全球的潮汐现象,大洋中潮差只有0.50m左右,而海岸带的潮差可高达2~15m以上。潮位和潮流随时间不断地变化着,时时刻刻作用于海岸带及其水域内的建筑物。

(3)海岸带的地形、地貌变化,速度快、周期短。

图8-1-5 波浪毁坏的海岸公路(美国)

一场大的风暴,可将水下岸坡的地形变得面目全非。河流入海口的拦门沙,形成的水下地形,随河水洪枯变化和海蚀、海积作用,也会很快的变化。

图8-1-6所示是一次厄尔尼诺事件前后的河口拦门沙地形及水流变化。

a) b)

图8-1-6 一次厄尔尼诺事件前(左图)、后(右图)河口拦门沙地形及水流变化

海岸带是地球活动和全球气候变化的敏感窗口,预计2100年海平面比现在上升50~60cm,加上沿海平原和三角洲地区的持续地面沉降趋势,势必海岸带后退,海水侵入,将加剧风暴潮及洪水灾害。

三、海岸带环境对桥梁及公路的作用

海岸带范围内的桥梁及公路,直接承受复杂、严峻的海岸带海洋环境作用,与内陆地区桥梁及公路相比,自然环境条件更为复杂、严峻、恶劣。

海岸带上的桥梁及公路在上下部结构形式、材料防腐、防风振、软土地基处理、施工技术、生态环境建设等各方面,必须进行相应的特殊处理。

海岸带环境因素对桥梁等建筑物的作用,如图8-1-7所示。

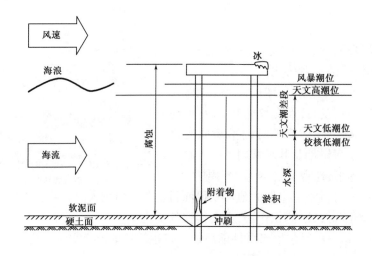

图 8-1-7 海岸带环境因素对桥梁等建筑物的作用示意图[《海洋工程》(王涛)]

1. 腐蚀

海水和饱含氯离子的空气对建筑物的腐蚀,是跨海桥梁和滨海公路等各种海工建筑物最普遍、最为显著的灾害。从施工之日起,腐蚀因素对路桥的作用就开始了。

在全寿命期内,跨海桥梁和滨海公路,置身于饱和盐分的海洋空气和海水之中,特别是桥梁墩台、基础下部结构,处于很深的海水浸泡中,经受多种盐类特别是氯离子长期作用,对各种工程材料具有严重的腐蚀,直接影响着工程的质量和耐久性。

渤海等地沿岸,很多地区是传统的天然盐池,盐池的盐含量高达 25%;近年来大城市的钢铁厂、化工厂,迁到海滨,例如唐山曹妃甸、沧州黄骅港等,空气中可能含有氧离子以外的其他化学离子,引起滨海建筑物腐蚀。

渤海及黄海北部冬季冰冻,建筑物缝隙水的冻胀,加剧了混凝土的开裂、脱落及钢材锈蚀;流冰撞击桥墩及路基边坡,引起桥梁振动、墩台损伤、边坡破坏。

图 8-1-8 所示为渤海海滨 1970 年建成的河北沧州滨海老桥,建成仅 30 多年,桩墩加了斜撑,盖梁及桥面多处混凝土开裂、脱皮,露出钢筋,钢筋锈蚀严重,现已成为禁止通行的危桥。图 8-1-9 所示为渤海海岸附近建成才 3 年的新桥桥墩,因海水、空气氯离子及水汽作用,已发生了盖梁钢筋锈蚀和混凝土脱皮现象。

潮差区和浪溅区,干湿交替,承受海水腐蚀,墩身、墩柱及砌体砌缝,破坏更明显、更严重。图 8-1-10 所示为护坡砌缝的腐蚀破坏照片。

日本是岛国,海岸线长,滨海公路和桥梁分布密集,日本桥梁的腐蚀耐久性分区,就是以桥梁到海岸线的距离为依据来划分的。

2. 台风

台风的动力作用引起桥梁结构的振动,可致使桥梁的整体破坏。

海洋的气象条件如海风、热带或温带气旋、寒流、台风(美洲称飓风)作用于桥梁上、下部结构,引起大跨度悬索桥、斜拉桥等轻型结构发生整体的振动,从而造成整体破坏。因此,抗风设计成为大跨度跨海桥梁安全的关键问题之一。

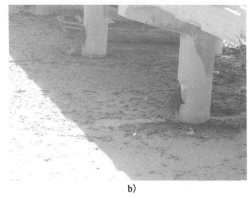

图 8-1-8 河北沧州滨海老桥(1970 年建成)
(高冬光,2010 年 11 月摄)

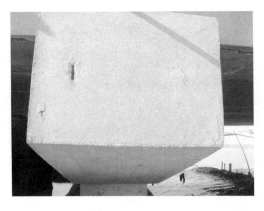

8-1-9 滨海桥梁建成 3 年后,因空气腐蚀出现盖梁脱皮、钢筋保护层脱落(高冬光,2010 年 11 月摄)

图 8-1-10 潮汐河口段浆砌块石护岸,潮水位以下的水泥砌缝都被海水腐蚀,砂浆砌缝脱落(高冬光,2010 年 11 月摄)

1940 年 11 月 7 日,美国华盛顿州塔科马(Tacoma)悬索大桥,因风引起的结构振动而被毁坏,如图 8-1-11 所示,成为世界桥梁史上代表性事件,由此开始了进行桥梁风致振动的研究。

内河最大风压一般不超过 0.7kPa,而海洋风压可达 1~3kPa,日本门崎桥竟达 80kPa。位于长江潮汐河口段的江阴大桥,桥塔风压为 6.9kN/m,而土耳其跨海的伊兹米特桥的桥塔风压达到 14.7kN/m。桥上的行驶车辆,可能被台风吹翻(图 8-1-12),必要时应在桥上设置风障(如杭州湾大桥)。

3. 波浪

确定桥面设计高程时,必须计入波浪高度,满足船在桥下顺利通过的要求;桥墩及桥台等波浪达到的部位,必须计入波浪冲击力等动力作用。

我国渤海浪高达 9m,南海莺歌海波浪高度可达 19.5m。台风引起的风暴潮在海岸带形成增水和巨浪,破坏力极强(图 8-1-13、图 8-1-14)。地震海啸对我国也有影响,因我国东部太平洋中海岛链的存在,相对来说,对于我国沿海东海岸,海啸的危害较小;对于我国南部沿海,如海南岛及南海岛屿的危害则较大。

图 8-1-11　美国华盛顿州塔科马(Tacoma)悬索大桥的风振破坏(1940 年 11 月 7 日)

图 8-1-12　台风茉莉把桥上的汽车吹翻(日本静冈市,2009 年 10 月 8 日)

图 8-1-13　台风桑美在南麂岛引起的巨浪(2001 年 9 月)

图 8-1-14　浙江温岭台风巨浪袭击桥梁(2007 年)

巨浪对桥梁墩台及上部结构具有极强的水平冲击力,同时,对于高程较低的引桥、非通航孔的桥面板等上部结构还施加巨大的向上的水流托浮力,造成桥面结构的破坏(图 8-1-15)。

a)

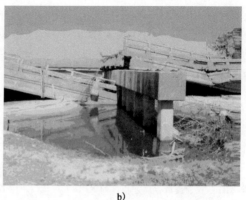
b)

图 8-1-15　风暴潮(飓风 Katrina,2005 年美国)破坏的桥梁

4. 海冰

海冰的冰压力和流冰的冲击力,都会引起对跨海桥梁墩台、滨海公路边坡等的破坏。

海面封冻后的海冰,对被它包围的桥墩、桥台等建筑物,因结冰后膨胀,对建筑物形成冰压力;初冬未封冻前,特别是春天随气温升高,逐渐融化的冰,形成伴随水流的流冰,冲击桥梁墩台等部位,对桥梁墩台等部位的冲击力,会导致建筑物的破坏。

海冰压力和冰撞力巨大,近海冰厚可达1m,并且海冰压力强度较大,可达2.1MPa,海冰的净压力和流冰撞击力都较河冰大。例如,加拿大诺森伯兰桥的控制条件是冰块和风产生的水平荷载,每个桥墩的水平力高达30MN,约为武汉长江大桥规定的船撞力(约3MN)的10倍。

我国海冰区主要分布在渤海、黄海北部辽东半岛周围海域。渤海沿岸滨海桥梁,桥墩上、下游分别设置破冰棱、破冰桩,防止涨落潮、河水及海水的流冰(图8-1-16)。

5. 软土地基

滨海或填海的沙土、淤泥软土地基,要求对路基和桥梁墩台基础进行特殊处理。

滨海公路及桥梁多为饱含海水的沙土或淤泥地基,现今广泛应用吸泥船吸泥(沙)、喷沙填筑路基技术进行处理,相应地进行软土地基加固、深基加固等。例如,采用喷填土、路基自然沉积密实、换填土强夯、碎石桩加固路基、桥台前地下连续墙加固防冲等技术。

图8-1-16 沧州市黄骅港港区桥梁墩台上、下游设置防冰棱桩(高冬光,2010年11月摄)

6. 施工技术

海洋环境对墩台基础结构及施工提出了特殊的要求。

海流因洋流、风向、地形、位置的影响,异常复杂。一般为双向流动,且流速沿水深垂线变化不规则,水深较河流大很多。例如,琼州海峡中部深水区,平均水深竟达80m,最深可达100m以上。

因海洋气候条件复杂多变,水深、浪高、风大,气候变化快,跨海桥梁深水基础连续施工期是很短的且随气候条件而急剧变化。要求跨海桥梁基础形式外形简约、可预制、能够整体设置为佳。尽量避免长期暴露在恶劣气候条件下的高空作业、不稳定结构等施工作业。

7. 生态景观建设

滨海公路及桥梁位于广阔的海滩、海湾、汊道之间海岸带。空旷、辽阔、饱含盐水的土壤,草木难以生长,但是,空旷的环境需要绿化,需要进行生态环境保护,这呈现了滨海环境与生态保护要求两者间的突出矛盾。

唐山曹妃甸滨海公路绿化,对绿化种植土进行换填,换土层最下层设置0.5m的级配碎石换填,其上铺隔水土工织物、铺设种植土壤,种植松树等绿化树木成活率较高,但是,造价也很高。

在唐山填海公路两侧都恢复了当地人民养螃蟹的"蟹池";在沧州黄骅港填海公路修建同时,也在两侧建成大量的"盐池",保证传统的海盐生产。

第二节 海岸带不同位置的桥梁

一、跨海桥梁是复杂的海洋工程系统

跨海桥梁是一种复杂的海洋工程系统，既包括跨越深海的大跨度、桥下通航净空很高的通航桥孔(图8-2-1)和人工岛等离岸工程，又包括由潮汐、波浪水位控制桥面高程的、桥面并不很高的非通航桥孔，还有连接海岸的引桥。

非通航桥孔和引桥，一般跨度不很大，但孔数较多，是近岸工程。另外，跨海桥梁还包括海岸上的引道、连接线等海岸工程。以港珠澳大桥设计方案为例：

港珠澳大桥设计总长55km，包括29.6km 的主桥、6.7km 的海底隧道及两端桥隧连接的两个人工岛、澳门及珠海口岸人工岛和分别连接澳门及珠海的桥梁，还有港珠澳三地桥头的海岸公路连接线(图8-2-2~图8-2-4)。

图 8-2-1 大跨度通航桥孔(苏通大桥照片)

图 8-2-2 港珠澳大桥总体设计方案

图 8-2-3 跨海桥梁与海底隧道连接的人工岛方案图
(中交公路规划设计院有限公司设计图)

图 8-2-4 跨海桥梁的引桥与桥头引道方案示意图
(中交公路规划设计院有限公司设计图)

滨海公路不仅连接跨海桥梁，更重要的，它还是沿海地区和岛屿内的主要道路，全国滨海公路总里程长达数万千米，是我国公路网的重要组成部分。

二、跨越海岸带不同位置的跨海桥梁

跨海桥梁及滨海公路是指受海岸带海洋环境作用的桥梁及公路。除濒临海岸修建的公路及桥梁以外,跨海峡、连接海岛的桥梁也在海岸带或海岸海洋的范围内。另外,潮汐河口河段(感潮河段)也是受海岸带环境(潮汐)影响的河段,而且,该河段自河口向上游影响很远。

1. 跨海湾(Bay)及汊道(Inlet)的桥梁

跨海湾及汊道(图8-2-5)的桥梁,如青岛海湾大桥,见图8-2-6。

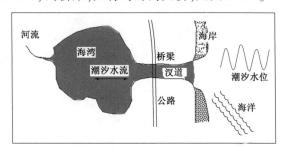

图 8-2-5 海湾(Bay)及海湾汊道(Inlet)(Neill,1973)

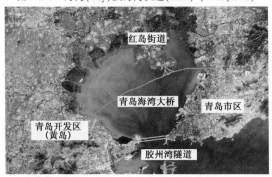

图 8-2-6 青岛海湾大桥

上游河水流入海湾,再经汊道入海;涨潮时,海水流进海湾,落潮时再流回海洋。跨海湾的桥梁主要经受潮汐水流的往复作用。

2. 跨越大陆(Mainland)与岛屿(Island)之间的桥梁

跨越大陆与岛屿之间的桥梁如图8-2-7所示。

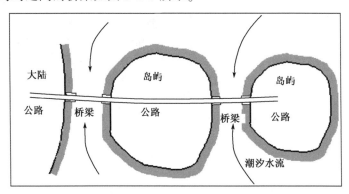

图 8-2-7 跨越大陆(Mainland)和岛屿(Island)之间的桥梁(Neill,1973)

大陆与岛屿、岛屿与岛屿之间的桥梁及公路,受到潮汐水流和海流的影响。我国现已建成的大陆连岛桥梁有舟山大陆连岛工程(图8-2-8)和东海大桥(由上海市浦东海岸到大洋山深水海港,图8-2-9)。

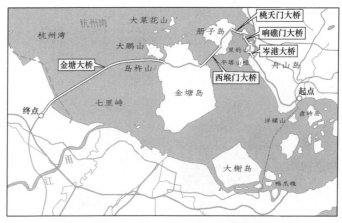

图 8-2-8 舟山大陆连岛工程平面图

图 8-2-9 东海大桥

连接岛屿和岛屿的桥梁,例如,在建的连接大金门岛和小金门岛的金门大桥(2012年6月2日开工)。"金门大桥"又称为金烈大桥(桥位见图8-2-10),为连接大小金门的跨海大桥,这座大桥位于金门到厦门的航道上,全长5.34km,跨海部分4.78km。"可从大桥上看到厦门,从厦门也可看到大桥,将是金门民众的骄傲,成为两岸和平发展良性竞争的象征"。

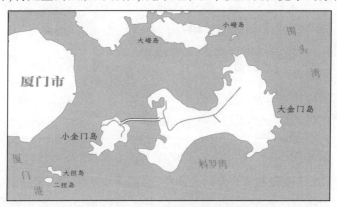

图 8-2-10 金门大桥及滨海公路示意图(2010年)

3. 海湾及屏障岛屿(堰洲岛)之间的桥梁及公路

屏障岛屿形成复杂的潮汐系统,如图 8-2-11 所示。例如:美国南佛罗里达的丽道凯(Lido Key)就是有两个汊道的屏障岛(图 8-2-12)。

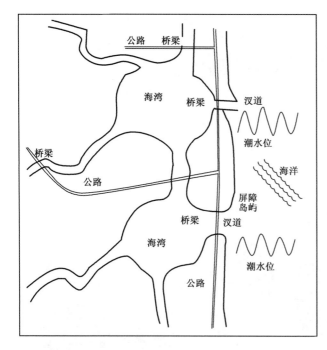

图 8-2-11 屏障岛屿(Barrier Island)形成复杂的潮汐系统

图 8-2-12 美国南佛罗里达的丽道凯(Lido Key)

海岸附近有屏障岛屿及其海口的范围内修建的公路及桥梁,处于十分复杂的潮汐水流系统作用之中,应根据路线及桥位的具体位置和当地观测资料,分析其潮汐水流特性及其数值,并进行设计。

4. 潮汐河口的桥梁

所有入海河流口门以上,到潮区界之间的河段都受潮汐影响,是感潮河段。沿海地区是我国经济发展、人口集中的地区,修建在潮汐河口河段(Tidal Estuary)的桥梁和公路很多,例如,上海长江大桥、苏通长江大桥、润扬长江大桥、江阴长江大桥、泰州长江大桥、南京长江大桥等多座大桥。

公路及桥梁通过潮汐河口河段(图 8-2-13),既受上游河流每年洪水与枯水季节的变化的影响,又受下游潮汐涨退的影响。受潮汐影响的上游起点称为潮区界;从口门涨潮的海水进入河道,达到的最上游位置称潮流界。

例如,长江潮区界上溯到安徽安庆(枯水季)、铜陵(洪水季);潮流界在江阴,江阴下游的桥梁河道中直接通过径流和潮流两种水流;江阴上游到铜陵、安庆跨越长江的桥梁,桥下水位也将受到潮流顶托,随潮汐而起落。虽然该河段两岸的陆地远远超出海岸带的范围,但是,仍会遭遇台风、暴雨、洪水灾害的袭击和潮汐涨落的影响。

三、海岸带环境中的桥梁及公路实例

图 8-2-14 所示为美国的滨海公路(海岸公路和海岛公路)。

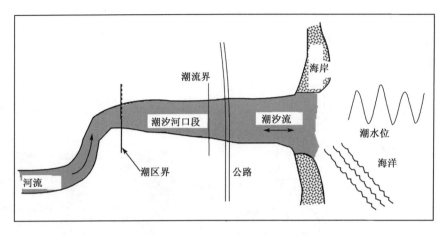

图 8-2-13 潮汐河口河段(Neill,1973)

图 8-2-14 美国海岸公路和海岛公路,受到海岸线后退,逼近陆地坡脚的威胁

　　图 8-2-15～图 8-2-18 是环渤海地区黄骅港、曹妃甸及秦皇岛的滨海桥梁、栈桥、河口桥梁、填海公路的照片(高冬光,2010 年 11 月摄)。

图 8-2-15 沧州市黄骅港填海公路、滨海桥梁及风力发电

图 8-2-16　秦皇岛市滨海桥梁下游筑橡胶坝,阻挡涨潮海水进入桥下,减轻结构腐蚀

图 8-2-17　秦皇岛海滨栈桥远景图

图 8-2-18　唐山市曹妃甸填海建成滨海大道

四、已建、在建的大型跨海桥梁

根据国内外已建或在建的长大跨海桥梁的不完全统计(表 8-2-1、表 8-2-2)可知,国外已建成著名的跨海大桥 11 座,在建 3 座;我国已建成跨海大桥 6 座,在建 1 座。其实,各国已建或在建的跨海桥梁,还有很多。

表中都是世界上有代表性的、海洋环境极为严峻的著名桥梁,反映了当今桥梁技术的最高水平。

从表中资料可知:

(1)加拿大诺森伯兰海峡大桥水深 15～29m,流冰流速 2m/s,气象条件极恶劣,1997 年建成。

(2)日本明石海峡大桥位于强地震带,水深 45m,流速 3.5m/s,于 1998 年建成。

(3)希腊里翁—安蒂里翁大桥水深 65m,位于强地震带,厚软土层,断层带,于 2004 年建成。

(4)意大利墨西拿海峡大桥,主跨达 3 300m,强地震、跨中水深达 150m,在建。

近年来,我国桥梁技术水平在国家经济实力发展的支持下迅速提高,跨海大桥发展方兴未艾,正在可行性研究的琼州海峡跨海工程、前期科研中的渤海湾跨海通道工程以及研讨中的台湾海峡跨海工程,它们将要遭遇到的海洋环境比已建或在建的我国跨海大桥更加严峻,其中水深达50~100m。承受台风、潮汐、巨浪、地震、海冰、深水、淤泥海床等恶劣的环境条件的作用,都是我国跨海桥梁发展面临的新挑战。

国外已建、在建跨海桥梁一览表　　　　　　　　　　　　　　表8-2-1

序号	桥　　名	国家	规模	建成年代(年)	建设条件
1	切萨皮克海湾大桥	美国	19.7km	1964	水深6~9m
2	博斯普鲁斯大桥	土耳其	主跨1 074m	1973	地震动峰值加速度0.1g,岸上基岩
3	法赫德国王大桥	巴林—沙特	25km	1986	水深13m,风浪大
4	濑户内海大桥	日本	9.6km	1988	水深30m,流速2.6m/s,基岩
5	诺森伯兰海峡大桥	加拿大	12.9km	1997	水深15~20m,流冰2m/s,气象恶劣
6	大贝尔特海峡桥	丹麦	17.5km	1998	水深20m,覆盖层薄,其下为超固结黏土
7	明石海峡大桥	日本	主跨1 991m	1998	强地震带,水深45m,流速3.5m/s,岩石
8	厄勒海峡大桥	瑞典—丹麦	16km	2000	水深10m左右,石灰岩地质
9	里翁—安蒂里翁桥	希腊	主跨3×560m	2004	水深65m,厚软土,强震区,跨断层
10	新奥克兰海峡桥	美国	13.5km	2013	水深32m,覆盖层54.7m,强震区
11	槟城第二大桥	马来西亚	22.5km	2014	水深30m,覆盖层厚度42m
12	卡塔尔巴林堤道桥	卡塔尔	40km	在建	
13	墨西拿海峡大桥	意大利	主跨3 300m	在建	地震动峰值加速度0.58g,跨中水深150m,深厚第四纪砂砾
14	伊兹米特大桥	土耳其	主跨1 668m	在建	地震带,主跨为悬索桥

我国已建、在建跨海桥梁一览表　　　　　　　　　　　　　　表8-2-2

序号	桥　　名	规模(km)	建成年代(年)	建设条件
1	东海大桥	32.5	2005	水深8~12m,覆盖层厚度160m
2	杭州湾大桥	36	2008	水深13.4m,覆盖层厚度139m,潮差大
3	舟山连岛大桥	46.5	2009	岩石地层,水深20~85m
4	上海长江大桥	16.5	2009	水文复杂,地质条件差,台风频繁,主通航孔公轨合用,水深16~18m
5	青岛海湾大桥	27	2011	最大水深11m,平均潮差4m,最大流速1.1m/s,基岩埋深30~40m
6	嘉绍大桥	12.3	2013	河床宽浅,潮强流急,主槽摆动频繁,基岩埋深90m
7	港珠澳大桥(包括香港、珠海连接桥)	55	2018	水深10m左右,覆盖层厚度30~80m,基岩面起伏,抗震设防度高

第三节　潮汐和潮流

桥梁及其附属建筑物的设计高程,必须根据高潮位来确定。

潮差段是波浪力、海冰的主要影响区,是建筑物和海岸受海水腐蚀最严重的区段。另外,海岸施工场地的布置、预制构件的浮运等都和潮位的涨落有密切关系。

一、潮汐

潮汐是日、月引潮力引起的海洋水面周期性的升降运动。潮汐又引起了潮流,两者的周期变化是完全相应的。潮汐和潮流在沿海和浅海地区最为明显,桥梁也大多修建在这些地区。

潮汐现象与天体引力有关,随地球、太阳、月球三者位置的变化而变化。月球绕地球运行的轨道长轴随天体的运行在不断地变化,离地球越近,对海水的引力越大,其近地点不断东移,8.85年一个周期;另外,太阳、月球相对地球的运动位置也在不断变化,18.61年为一个周期。因此,潮汐表现了大约9年和19年的周期性变化。

地球上的潮汐现象主要是由月球和太阳的引力作用引起的,月球引力为太阳引力的2.2倍,而以月球引力为主。地球表面各质量点都受到月球的吸引力,同时,又受到绕地球、月球系共同质心转动产生的惯性离心力,这两个力的合力称为引潮力。

牛顿和伯诺里假定地球表面覆盖着等深度的海水,在引潮力作用下,海面形成椭圆球体,该水圈称为潮汐椭圆(图8-3-1)。虽然引潮力较重力小得多,但是它存在着方向与重力垂直的分力,足以引起海洋中显著的潮汐现象。

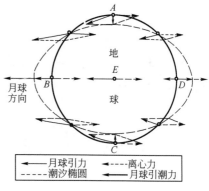

图8-3-1　月球引潮力和潮汐椭圆

每逢朔(初一)、望(十五),太阳、月球和地球位于一条直线上,太阳、月球对海水引力的方向也在同一直线上,形成的潮汐高潮最高,低潮最低,潮差最大,称为大潮,又称朔望潮。朔望以后,太阳、月球与地球的位置不断变化,到上弦(初七、初八)和下弦(二十二、二十三)期前后,三者处于直角位置,太阳、月球引力相互抵消,由太阳和月球引起的潮汐相减而形成的潮差小的潮,称为小潮,又称方照潮。这样就产生了潮汐的半月不等。因受海水黏滞性和海区地形等影响,一般大潮和小潮是在朔、望和上、下弦之后1~3d出现。

在潮汐升降的每一个周期中,水位升到最高时称为高潮,水位降到最低时称为低潮。相邻的高潮和低潮的水位差称为潮差。

月球经过中天时,应是高潮时刻。但由于海水有黏性,海底及海流阻力的存在,高潮总在月中天时刻后若干时间才能发生,此时间间隔称为高潮间隙;从月中天到低潮出现的时间间隔,称为低潮间隙;两者统称为月潮间隙。

各地潮汐具有不同的形态,分三种类型:

1. 半日潮

在一个太阴日(24h 50min)内出现两次高潮和两次低潮。它们的高度和历时都几乎相同,潮位时间曲线为对称的余弦曲线。

2. 日潮

一个太阴月中的大多数太阴日,出现一次高潮和一次低潮。潮位曲线为对称的余弦曲线。

3. 混合潮

有不规则半日潮和不规则日潮两种情况。不规则半日潮,在一个月的多数日子里呈半日潮的性质,而在其余日子里两次高潮和两次低潮的高度和历时都不相同;不规则日潮,在半月中日潮的天数超过7d,而在其余日子里为不规则半日潮。

二、我国的潮汐和风暴潮

太平洋潮波引起的强迫振动是我国海域潮汐的主要成分(图8-3-2)。

太平洋潮波从琉球群岛传入东海后,东海海域开阔,潮波属于进行波的性质。福建沿岸半日潮潮差约5m,全日潮潮差约0.80m,温州附近潮差可达8m,这种情况与地形有密切关系。当潮波传到海岸时,水深变浅,潮波能量集中,使潮差迅速增大。

图8-3-2 东海环流模式

黄海受海岸轮廓影响,进行波被反射,变成驻波,在地球自转的影响下,形成旋转的潮汐系统;又因海底摩擦影响,使东海岸潮差较西海岸潮差要大得多。我国黄海沿岸潮差大都为3~4m,而朝鲜的西海岸潮差可达8m以上。

渤海的潮振动是由黄海的潮波传入引起的,前进波受到海岸反射,形成驻波。一般潮差3~4m。

太平洋潮波由巴士海峡(中国台湾与菲律宾之间)进入南海后,分为两支:其主要一支南下,构成南海的潮波系统;另一支北上向台湾海峡方向推进,形成台湾海峡以南临近海域的潮波系统。一般南海较东海的潮差小,广州附近潮差约3.5m,海南岛东岸约1.8m。我国主要港口的潮差见表8-3-1。

我国主要港口的潮差 表8-3-1

港 口	大潮差(m)	小潮差(m)	说 明
福州	5.70	3.60	
厦门	4.60	2.90	
青岛	3.48	1.91	
上海	3.00	2.00	
大连	2.50	1.39	
天津		2.48	历年平均潮差

续上表

港　　口	大潮差(m)	小潮差(m)	说　　明
黄埔	2.50	0.30	
基隆	1.20	0.30	
高雄	0.40	0.20	
秦皇岛		1.00	
湛江	4.87	2.18	平均潮差

风暴潮(气象海啸)是因为台风、寒潮等天气系统带来的大风或气压剧变而引起的海水位异常上升现象。海啸是由地震、地壳剧变、海中核爆炸引起的异常海水位上升和波动。

我国是世界上多风暴潮的国家之一,夏秋季的台风、冬春秋季的寒流气旋形成的大风,都会造成风暴潮,潮水位较高,增水值较大。杭州湾乍浦台风(风速50m/s以上)风暴潮最大增水达4.57m(1956年8月2日);莱州湾羊角沟,寒潮风力12级,最大增水3.55m(1969年4月23日)。

三、基准面和特征潮位

1. 国家高程基准

1957年,我国采用"黄海平均海平面"作为全国统一的陆地高程起算面,即基准面。

当时依据青岛验潮站1950～1956年资料系列确定的"黄海平均海平面高程",习惯称为1956年黄海高程。由于1956年黄海高程确定的资料系列较短,1976年全国一等水准布测会议决定,在此基础上以青岛验潮站1952～1979年潮汐观测为依据,分析计算"黄海平均海平面高程",并用精密水准测量接测位于青岛的中华人民共和国水准原点,得出1985年国家高程基准高程。

1985年国家高程基准高程 = 1956年黄海高程 − 0.029m。

1987年5月,我国采用1985年国家高程基准,废止1956年国家高程基准。

2. 平均潮面

半潮面即平均高潮和平均低潮的平均值,又称平均潮面。由于潮汐曲线不是准确的余弦曲线,它与平均海平面并不重合,两者相差可视为常数。

理论深度基准面即理论计算得到的最低潮面,作为海图上标明深度的基准面。

潮高基准面即潮汐表预报潮位的起算面。我国每年编制潮汐表,刊布次年各主要港口潮汐的预报资料。潮汐表中注明当地潮高基准面在平均海平面以下的位置。

基准面和各种特征潮位如图8-3-3和图8-3-4所示。

四、设计潮位的推算

跨海、跨河口的桥梁设计,需要确定设计最高水位(潮位)和通航最高水位(潮位),其设计频率 p 按《公路工程技术标准》(JTG B01—2014)规定。根据《跨越通航海轮航道桥梁设计最高通航水位技术规定》(交通部1995年2月28日),跨海桥梁的设计通航水位应采用当地历史最高水位,必要时经论证,可采用年最高潮位频率分析5%的水位。

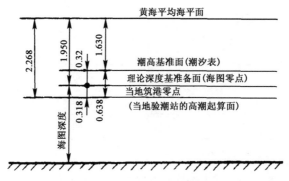

图 8-3-3 某地几个基准面间的
关系(尺寸单位:m)

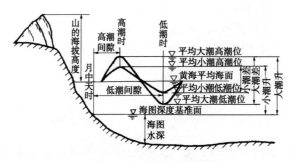

图 8-3-4 特征潮位与基准面

我国海洋水文站和港口都设有水尺和自记水位计,昼夜进行潮位观测,每小时观测一次,高潮和低潮时每 5~15min 观测一次,准确地记录高低潮位和出现时刻,及时绘制成潮位过程线。

在没有资料的海岸、海域进行桥梁设计时,应尽早设立水尺或自记水位计,进行短期潮位观测,以便与邻近海洋水文站、验潮站建立潮位相关关系。把短期潮位资料延长和插补,以推算设计潮位,并进行潮位预报。

根据不同条件,推算设计高潮位有以下几种方法:

(1)当有 n 个年最高潮位观测值时,不同重现期(或频率)的高潮位可采用极值 I 型分布(耿贝尔曲线分布)计算。计算方法参考例题 4-1-2。

(2)在实测资料不足一年的海域,设计高潮位可利用邻近有一年以上观测资料的验潮站资料,应用"短期同步差比法"推算设计高潮位。两站间应地理位置相近,潮汐性质相同。

设计高潮位按式(8-3-1)和式(8-3-2)计算:

$$H_{sy} = A_{Ny} \frac{R_y}{R_x}(H_{sx} - A_{Nx}) \tag{8-3-1}$$

$$A_{Ny} = A_y + \Delta A_y \tag{8-3-2}$$

式中:H_{sx}、H_{sy}——原有站和拟建站(桥位)的设计高潮位(m);

R_x、R_y——原有站和拟建站(桥位)短期同步潮差,比值 R_y/R_x 可取两地每日潮差比值的平均值(m);

A_{Nx}、A_{Ny}——原有站和拟建站(桥位)年平均海平面(m);

A_y——拟建站(桥位)短期验潮资料的月平均海平面(m);

ΔA_y——拟建站(桥位)地区海平面的月订正值,或近似用原有站海平面月订正值(m)。

(3)当有短期验潮资料时,设计高潮位按近似公式计算:

$$H_s = A_N + (0.6R + K) \tag{8-3-3}$$
$$A_N = A + \Delta A \tag{8-3-4}$$

式中:H_s——设计高潮位(m);

A_N——年平均海平面(m);

A——短期验潮资料的月平均海平面(m);

ΔA——该地区或附近的海平面月订正值(m);

R——一个月以上短期资料平均潮差(m);

K——常数,$K = 0.4$。

(4)有当地平均大潮升资料时,设计高潮位按式(8-3-5)计算:

$$H_s = A_N + [0.90 \times (R - A_0) + 0.45] \tag{8-3-5}$$

式中:R——半日潮和不规则半日潮验潮站用平均大潮升,日潮和不规则日潮用回归潮平均高潮高(m);

A_0——与大潮升或回归潮平均高潮同一潮高起算面起算的平均海平面(m)。

五、海流

海流是指由潮流、风海流、波流、梯度流等合成的水流。潮流是天体(日、月)的引潮力所引起的水流;风海流是由风的切应力作用于海面引起的水流;波流是由近海岸波浪破碎而引起的水平方向的水流;梯度流是由海域内大气压力变化,水温或盐度分布不均匀形成的大气压力梯度、海水密度梯度引起的水流。

近岸海流一般以潮流和风海流为主。在某些情况下,波浪破碎引起的沿岸和离岸流也很显著。河口区的水流一般以潮流和径流为主。

第四节 风 和 波 浪

跨海域的桥梁上部结构和桥塔、墩台受到风和风浪的作用,处理不当会引起桥梁的破坏。1940年11月7日,位于美国西海岸的塔科马悬索桥(Tacoma Narrows Bridge)在海风风速仅为19m/s,5级风情况下,引起扭转振动,最终被毁,成为桥梁史上的重要事件。从此,桥梁风致振动形成了专门学科。

海风及其引起的海浪,也是引起海洋工程和海岸工程灾害的重要因素,是跨海桥梁的主要环境荷载。这里仅将气象因素——风,作为波浪的动力进行说明;本节主要说明海洋中波浪的形成、性质和对桥梁的作用。

一、风的形成和分级

地球表面大气压力分布是不均匀的,空气在气压梯度作用下,由高压区向低压区流动,形成了风。靠近地球表面的风,还受到地球自转形成的地转偏向力(柯里奥利斯力)和地球表面摩阻力的共同作用。近地风与地理位置、地表形态有密切关系。

一般用风速表示风的强度,气象学上取海面以上 10m 高处,时距 10min 内的平均风速为标准值。国际上按风速大小分为 13 级,作为统一的风力等级(蒲氏风级),如表 8-4-1 所示。

风速和浪高大致参照范围见表 8-4-1。

风 级 表   表 8-4-1

蒲氏风级	名 称	风 速		海面最大浪高(m)
		nmile/h	m/s	
0	无风	<1	0.0~0.2	—
1	软风	1~3	0.3~1.5	0.1
2	轻风	4~6	1.6~3.3	0.3
3	微风	7~10	3.4~5.4	1.0
4	和风	11~16	5.5~7.9	1.5
5	清风	17~21	8.0~10.7	2.5
6	强风	22~27	10.8~13.8	4.0
7	疾风	28~33	13.9~17.1	5.5
8	大风	34~40	17.2~20.7	7.5
9	烈风	41~47	20.8~24.4	10
10	狂风	48~55	24.5~28.4	12.5
11	暴风	56~63	28.5~32.6	16
12	飓风	64~71	32.7~36.9	—

注:表中 nmile 即海里,1nmile = 1 852m;mile 即英里,1mile = 1 609.344m;此表摘自《中国现代海洋科学丛书 海洋工程》(王涛主编,2004)。

1989 年,世界气象组织将太平洋地区的风暴分为三级命名:中心最大风力在 12 级及 12 级以上的风称为台风;10~11 级称为强热带风暴;8~9 级称为热带风暴。低于 8 级的风则称热带低压。

二、平均风速随高度的分布

近地风的平均风速受地面摩阻力的影响,随高度增高而增大,只有距离地面 300m 以上,风速才趋于不变。风速随高度的变化,可用对数分布或指数分布表示:

$$v_H = v_{10}\left(\frac{H}{10}\right)^\alpha \qquad (8\text{-}4\text{-}1)$$

$$v_H = v_{10}\frac{\lg H - \lg z_0}{\lg 10 - \lg z_0} \qquad (8\text{-}4\text{-}2)$$

式中:v_H、v_{10}——地面以上高度 H 和高度 10m 的平均风速(m/s);

z_0——风速为零的高度,空旷地区取为 0.3(m);

α——海、湖、沙漠地区为 0.12,乡村、市郊为 0.16,建筑密集的大城市为 0.20。

三、风的紊动特性

自然风的风速是在平均风速上下波动(脉动)变化的,脉动变化的过程是随机的。瞬时风

速 $v(t)$ 可表示成平均风速 $\bar{v}$ 与脉动风速 $v'(t)$ 两部分之和,即:

$$v(t) = \bar{v} + v'(t) \tag{8-4-3}$$

脉动风速的大小可用其方差谱(或能量谱)来表达,可将脉动风速 $v'(t)$ 视为由许多具有振幅不等、频率各异的子脉动风速组成,即:

$$v'(t) = \sum_{n=1}^{N} v'_n \sin 2\pi n f t \tag{8-4-4}$$

上两式中: $v(t)$ ——瞬时风速(m/s);
$\quad\quad\quad v'(t)$ ——脉动风速(m/s);
$\quad\quad\quad n$ —— 子脉动个数;
$\quad\quad\quad f$ —— 子脉动基频。

脉动风速的方差:

$$\sigma^2(v') = \int_0^\infty S(f)\mathrm{d}f \tag{8-4-5}$$

式中: $S(f)$ ——脉动风速谱。

$S(f)$ 给出了不同频率间隔内组成波提供的能量,相当于波能密度相对于组成波频率的分布函数,也称为脉动风的波频谱。由于它反映波能密度分布,又称为脉动风的能谱。

海风引起的风浪,相应地也具有风浪的频谱(能谱)。

四、风浪

风浪是在风的直接持续作用下产生的波浪;涌浪是在风停止后,海面存在的波浪或传到无风区的波浪。海面经常存在的是风浪、涌浪等波浪叠加后的混合浪。

海浪一般是由风引起的波浪、涌浪以及涌浪传播到海岸所引起的近岸波的总称。

空气和海水是两种不同密度的流体,当两者发生相对运动(有风)时,风对水面的作用(海面切应力和海面正压力),在两者界面(海面)上形成的、在水平方向沿风向传播的、上下起伏的周期运动,即为风浪。

风不断将能量输入水体,浪高、波长和波速不断增大。随波速增大,水内摩阻引起的能量损失也相应增大。当能量输入等于能量消耗时,波流不再发展,趋于稳定,达到该风速条件下的最大风浪。

风停后,能量不再输入,波能的一部分向四周传播,成为涌浪;另一部分能量消耗于内部运动及空气阻力,使波浪逐渐衰减和消失。

五、风场要素

1. 风速 v(m/s)

风速 v 与风对水面的切应力 τ_w 成正比,而风对水面的正压力 p_w 与风速 v 成正比,风速越大,波浪也越高。

2. 风时 t(h)

同一方向的风连续作用的时间称为风时。风时越长,水体获得的能量越多,波浪越大。风速和风向是不断变化的,近似地认为在该风向左右一定范围内变化的风,对该方向波浪的发展产生基本相同的作用。

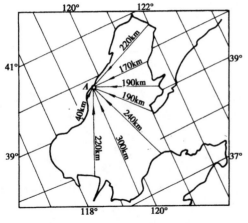

图 8-4-1　A 点风浪的风区和风距

3. 风距 S(km、m)

在一定风况作用下,对波浪发展有实际作用的风区内的水域长度,称为风距、风区长度或浪程。风距越长,波浪越大。不同风向 A 点的风距如图 8-4-1 所示。

六、波浪名称

1. 深水前进波(深水波、短波,图 8-4-2)

在水深大于一半波长处的前进波,它的运动不受海底的影响,水质点运动的轨迹接近于圆形,波只集中在海面以上一个较薄的水层面。波浪要素间存在下列关系:

波速

$$c = \frac{L}{T} = \sqrt{\frac{gL}{2\pi}} \approx 1.25\sqrt{L} \tag{8-4-6}$$

波长

$$L = \frac{gT^2}{2\pi} \approx 1.56T^2 \tag{8-4-7}$$

2. 浅水前进波(浅水波、长波,图 8-4-2)

当水深向岸边传播,水深 d 小于半波长($d<L/2$)时,称为浅水前进波,其波动受海底摩阻影响,水质点的轨迹近似椭圆。波浪要素间存在下列关系:

波速

$$c = \sqrt{\frac{gL}{2\pi}\left(\tanh\frac{2\pi d}{L}\right)} \tag{8-4-8}$$

波长

$$L = \frac{gT^2}{2\pi}\left(\tanh\frac{2\pi d}{L}\right) \tag{8-4-9}$$

式中:　g——重力加速度(m/s^2);
　　　　d——水深(m);

$\tanh 2\pi \dfrac{d}{L}$——$2\pi d/L$ 的双曲正切函数,称浅水修正因子。

3. 波浪的破碎和击岸波

浅水前进波受海底摩阻影响,使波陡增大。若水深减小到一定程度,波形无法维持,波面倾倒破碎,称为波浪的破碎。波浪破碎后水质点仍有明显地前移,称为击岸波。击岸波继续向海岸传播,经多次破碎,最终形成击岸水流,沿岸滩涌到一定高度后,再向海回流。波浪向岸边传播时的波形变化如图 8-4-2 所示。

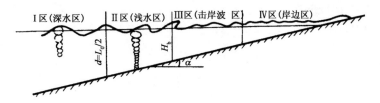

图 8-4-2　波浪向岸边传播时波形变化

波浪前进中遇到陡峻的岩岸或建筑物,全部或部分的波能被反射,称为波浪的反射;部分波绕过建筑物,继续传播到该建筑物所掩护的水域,称为波浪的绕射。

七、波浪要素

波浪要素如图 8-4-3 所示。

波峰:波面最高点。

波谷:波面最低点。

波高 H:相邻波峰与波谷的竖直距离(m)。

波长 L:相邻两波峰或两波谷间的水平距离(m)。

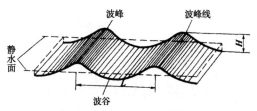

图 8-4-3　波浪外形和要素

周期 T:波浪起伏一次所需的时间,或相邻两波峰越过空间固定点所经历的时间间隔(s)。

波速 c:波面移动的速度,即单位时间内波动传播的水平距离(m/s),$c = L/T$。

波陡 δ:波高与波长之比,$\delta = H/L$。

波峰线:通过波峰的线,与波向线垂直。

波向线:与波峰线正交,表示波浪传播方向的线。

前进波:在海面上形成后,向岸边传播的波浪。

八、海浪固定点波高的统计分析

海浪在任意固定点的波高、周期等要素,都随时间在时大时小地变化着,该点波高观测资料,构成了该点不规则波浪要素的统计系列。

固定点波高变化的频率分布为雷利(Rayleigh)分布。深水波频率分布(累积频率)函数为:

$$p(H) = \exp\left(-\frac{\pi H^2}{4\overline{H}^2}\right) \tag{8-4-10}$$

模比系数 $H/\overline{H}$ 与累积频率 $p(\%)$ 的关系为:

$$\frac{H}{\overline{H}} = \left(\frac{4}{\pi}\ln\frac{1}{p}\right)^{0.5} \tag{8-4-11}$$

式中:H——某给定频率 $p(\%)$ 的波高(m);

$\overline{H}$——波列的平均波高(m);

$\ln$——自然对数;

p——波高 H 的累积频率(%)。

波列的平均波高 $\overline{H}$ 按式(8-4-12)计算:

$$\overline{H} = \frac{n_1 H_1 + n_2 H_2 + \cdots + n_s H_s}{n_1 + n_2 + \cdots + n_s} = \frac{1}{N}\sum_{i=1}^{s} n_i H_i \tag{8-4-12}$$

式中：n_i——波高 H_i 出现的次数，$i = 1,2,\cdots,s$；

H_i——波列中每个波高，$i = 1,2,\cdots,s$；

N——波列包含波高的总数，$N = \sum_{i=1}^{s} n_i$。

雷利分布为偏态分布，离差系数 $C_v = 0.52$，偏态系数 $C_s = 0.64$。波高的众值 $H_m = 0.8\bar{H}$。对于深水波则有：

$$\left. \begin{array}{l} H_{1\%} = 2.42\bar{H} \\ H_{5\%} = 1.95\bar{H} \\ H_{13\%} = 1.61\bar{H} \end{array} \right\} \quad (8\text{-}4\text{-}13)$$

浅水波波高频率分布（累积频率）函数与水深有关，则有：

$$p(H) = \exp\left[-\frac{\pi}{4\left(1 + \dfrac{\bar{H}}{d\sqrt{2\pi}}\right)} \left(\frac{H}{\bar{H}}\right)^{\frac{2}{1-\frac{\bar{H}}{d}}} \right] \quad (8\text{-}4\text{-}14)$$

式中：d——水深；

若 $\dfrac{\bar{H}}{d} = 0$，即为深水波波高频率分布式(8-4-10)。

波列累积频率是指在实际海面上不规则波列的出现频率，它代表波浪要素的短期（以几十分钟计）统计分布。在该统计期内，可认为海面处于定常状态，或者说波浪要素的平均状态不随时间变化。

《港口与航道水文规范》(JTS 145—2015)规定的各种建筑物的设计波高波列累积频率标准见表8-4-2。桥梁设计可参考使用。

设计波高的累积频率标准　　　　　　　　表8-4-2

建筑物形式	部　　分	计算内容	波高累积频率 $p(\%)$
直墙式、墩柱式	上部结构、墙身、墩柱、桩基	强度和稳定性	1
	基床、护底块石	稳定性	5
斜坡式	胸墙、护面块石	强度和稳定性	1
	护面块石、护面块体	稳定性	13
	护底块石	稳定性	13

另外，用所谓部分大波的平均波高作为特征波高，例如取观测波列的连续100个波，其中前10个大波的平均值作为特征波高，称为1/10大波或显著波，记作 $H_{1/10}$；又如取波列中前1/3大波的平均值作为特征波高，称1/3大波，记作 $H_{1/3}$，又称有效波。

对于深水波，常见1/3等大波的平均波高可按式(8-4-15)和式(8-4-16)计算：

$$\left. \begin{array}{l} H_{1/100} = 2.66\bar{H} \\ H_{1/10} = 1.95\bar{H} \\ H_{1/3} = 1.60\bar{H} \end{array} \right\} \quad (8\text{-}4\text{-}15)$$

在不同 H/d 情况下：

$$\left. \begin{array}{l} H_{1/100} \approx H_{0.4\%} \\ H_{1/10} \approx H_{4\%} \\ H_{1/3} \approx H_{13\%} \end{array} \right\} \quad (8\text{-}4\text{-}16)$$

九、不同重现期设计波浪推算

当桥梁工程附近有较长期的波浪实测资料时,可采用某一风向某一累积频率波高的年最大值系列进行频率分析,确定不同重现期的设计波高。

设计波浪的重现期是指某一特定波列累积频率的波浪(如$H_{1\%}$、$H_{1/10}$)平均多少年出现一次,它代表波浪要素的长期(以几十年计)统计分布规律。

例如,我国南方某海港大桥搜集到1973~1986年共14年的年最大显著波高$H_{1/10}$资料,这里主要风向为南风(SSW和SSE),按南向(S)年最大显著大波$H_{1/10}$系列,应用数理统计和适线法分别推算50年和100年一遇的最大显著波高$(H_{1/10})_{2\%}$和$(H_{1/10})_{1\%}$。

波浪高度和周期的频率分析、经验频率按均值公式计算,理论频率曲线采用皮尔逊Ⅲ型曲线,偏差系数C_s采用适线法来确定。频率分析原理和方法详见第三章和第四章。

我国海港水文规范对墩柱式、直墙式和斜坡式建筑物的设计波浪重现期采用50年。桥梁工程可参照桥梁有关规范采用设计波浪重现期。

十、我国的风况和海浪概况

我国是典型的季风气候国家。冬季是我国季风最强的季节,蒙古冷高压控制着我国整个大陆。黄海和渤海多西北风和北风;东海多东北偏北风;南海则主要是东北风和东北偏东风。夏季偏南气流有两个来源,太平洋高压热带海洋气团(东南季风)和印度洋赤道气团(西南季风)。前者主要影响黄海、渤海和东海北部沿岸;后者主要影响东海南部和南海沿岸。

我国沿岸风速,东海沿岸最大,渤海、黄海沿岸次之,南海沿岸最小。

台风、寒潮等灾害性天气对我国沿海影响很大。台风是热带海洋面上急速旋转的气旋,伴有狂风、暴雨、巨浪和风暴潮。台风中心气压梯度很大,风速可达50~60m/s。台风在海上引起巨浪,浪高可达5~15m。台风在我国登陆范围南起两广,北至辽宁。广东约占一半,台湾、福建和浙江次之。

寒潮是强烈冷高压由北向南侵袭的天气过程,强冷空气可给我国带来6~8级大风。

我国沿岸浪高北部小南部大,渤海沿岸大致为0.3~0.6m;渤海海峡、黄海沿岸约为0.6m;南海沿岸为1.0m左右。

台风或寒潮作用下,渤海海峡曾出现过8m大浪,台湾海峡达9.5m,台湾北部曾出现过15m巨浪,南海沿岸最大浪高可达9.8m。波浪的平均周期,各地平均为4~6s,渤海最大周期达13.6s,东海曾出现最大周期19.8s。

第五节 波浪对桥梁墩台的作用力

波浪和台风等引起的风暴潮都具有强大的动能。修建在海水中的桥塔、桥墩和桥台,经历着波浪的波峰和波谷周期性变化的反复作用。对跨海桥梁墩台、桥塔的作用力很大,是跨海桥梁重要的动力荷载。

一、圆柱及其他形状桩柱的波浪力

桥墩多为桩基、墩柱等圆柱形和其他柱形建筑物。当柱体直径D小于等于0.2倍的波长时,波浪对柱体的作用力采用莫里森(Morison)方程计算。当结构物的直径大于0.2倍的波长时,因为结构物对流场的干扰,入射波遇到结构物以后,使波浪产生绕射,合成的波动包含入射波和绕射波。可参考《港口与航道水文规范》(JTS 145—2015)计算。

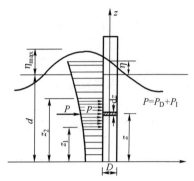

图 8-5-1　波浪对桩柱的作用

波浪对柱形建筑物的作用力 P(图8-5-1)是由柱体的驻点压力 P_D(速度压力)和惯性分力 P_I 两部分组成。

柱体迎水面阻挡了水流,使水流动能转换为压力势能,由此所引起的柱体压力称为驻点压力 P_D(也称速度压力)。其值与作用于柱体迎水面各点流速的平方 u^2 或流速水头 $u^2/2g$ 和阻水投影面积成正比,单位柱长的驻点压力 P_D 为:

$$P_D = \gamma \frac{u^2}{2g} C_D D \tag{8-5-1}$$

柱体两侧水流绕流,产生墩柱两侧水流分离和墩台尾流旋涡,使分离区柱体壁面产生负压力,其合力与主流流向相同,称为惯性压力 P_I,即:

$$P_I = \frac{\gamma}{g} \frac{\partial u}{\partial t} C_M A \tag{8-5-2}$$

波浪水质点轨道运动的水平速度 u、水平加速度 $\frac{\partial u}{\partial t}$ 和水质点运动的圆频率 ω,为:

$$u = \frac{\pi H}{T} \frac{\cosh \frac{2\pi z}{L}}{\sinh \frac{2\pi d}{L}} \cos \omega t \tag{8-5-3}$$

$$\frac{\partial u}{\partial t} = \frac{2\pi^2 H}{T^2} \frac{\cosh \frac{2\pi z}{L}}{\sinh \frac{2\pi d}{L}} \sin \omega t \tag{8-5-4}$$

$$\omega = \frac{2\pi}{T} \tag{8-5-5}$$

上述式中:P_D——单位柱体长度上波浪力的驻点压力(速度分力)(kN/m);
　　　　P_I——单位柱体长度上波浪力的惯性压力(kN/m);
　　　　D——柱体直径(m),当为矩形断面时,D 为宽度 b(m);
　　　　A——柱体的横断面积(m^2);
　　　　C_D——阻力系数,圆形断面取1.2,对方形或 $a/b \leqslant 1.5$ 的矩形取2.0;
　　　　C_M——惯性力系数,圆形断面取2.0,对方形或 $a/b \leqslant 1.5$ 的矩形取2.2,其他柱形墩的 C_D、C_M 值,见《公路桥涵设计手册·桥位设计》(第二版)或《跨海桥梁和滨海公路水文与防腐》;
　　　　u、$\partial u/\partial t$——水质点轨道运动的水平速度(m/s)和水平加速度(m/s^2);
　　　　ω——圆频率(s^{-1});
　　　　t——时间(s),当波峰通过柱体中心线时 $t=0$;
　　　　H——波浪高度(m);

T——波的周期(s);
L——波长(m);
d——水深(m);
$\cosh(\cdot)$——双曲余弦函数;
$\sinh(\cdot)$——双曲正弦函数。

P_D 和 P_I 的最大值 P_{Dmax} 和 P_{Imax} 分别出现在 $\omega t=0°$ 和 $\omega t=270°$ 即 1.5π(弧度)的相位上。

作用于整个柱体高度上的最大驻点压力 P_{Dmax} 和最大惯性分力 P_{Imax} 的确定,首先应根据式(8-5-1)~式(8-5-5)计算不同高度 z 值的 P_{Dmax} 和 P_{Imax},计算点不应少于5个,其中应包括 $z=0$、d 和 $d+\eta$ 三个点。η 为任意相位时波面在静水面以上的高度。当 $\omega t=0°$ 时,$\eta=\eta_{max}$(η_{max} 为波峰在静水面以上的高度,按图8-5-2确定);当 $\omega t=270°$ 时,$\eta=\eta_{max}-H/2$,即静水面。根据不同高度 z 值计算的 P_{Dmax} 和 P_{Imax} 绘出 P_{Dmax} 和 P_{Imax} 分布图,由此可算出桩柱上驻点总压力最大值 P_{Dmax} 和总的最大惯性分力 P_{Imax}。

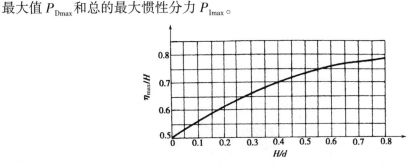

图8-5-2 $\omega t=0°$ 时的 η_{max} 值

作用于整个柱体高度上,任意相位时的正向水平总波浪力 P 可按式(8-5-6)计算:

$$P = P_{Dmax}\cos\omega t|\cos\omega t| - P_{Imax}\sin\omega t \tag{8-5-6}$$

作用于整个柱体高度上,最大总波浪力和最大总波浪力矩可按式(8-5-7)~式(8-5-10)计算。

(1)当 $P_{Dmax} \leqslant 0.5P_{Imax}$ 时,正向水平最大总波浪力按式(8-5-7)计算:

$$P_{max} = P_{Imax} \tag{8-5-7}$$

此时相位为 $\omega t=270°$。

对于水底面的最大总波浪力矩按式(8-5-8)计算:

$$M_{max} = M_{Imax} \tag{8-5-8}$$

(2)当 $P_{Dmax} > 0.5P_{Imax}$ 时,正向水平最大总波浪力按式(8-5-9)计算:

$$P_{max} = P_{Dmax}\left(1 + 0.25\frac{P_{Imax}^2}{P_{Dmax}^2}\right) \tag{8-5-9}$$

此时相位为 $\sin\omega t = -0.5(P_{Imax}/P_{Dmax})$。

对水底面的最大总波浪力矩 M_{max} 按式(8-5-10)计算:

$$M_{max} = M_{Dmax}\left(1 + 0.25\frac{M_{Imax}^2}{M_{Dmax}^2}\right) \tag{8-5-10}$$

二、直墙式建筑物的波浪力

桥台和沿海路堤等直墙式建筑物受到的波浪力,也可根据波峰作用时波压力分布图计算。

桥台直墙建筑物前的波压力是由立波和远破波两种波态的波浪产生的。

1. 直墙式建筑物上立波作用力

当 $d \geqslant 1.8H, d/L = 0.05 \sim 0.12$ 时,直墙式建筑物上的立波作用力可按下列方法确定:
波峰作用时立波波压力分布图如图 8-5-3 所示。

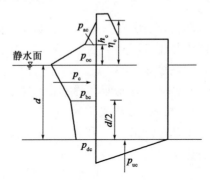

图 8-5-3　波峰作用时立波波压力分布图

(1) 波面高程:

$$\frac{\eta_c}{d} = B_\eta \left(\frac{H}{d}\right)^m \tag{8-5-11}$$

$$B_\eta = 2.3104 - 2.5907 T_*^{-0.5941} \tag{8-5-12}$$

$$m = \frac{T_*}{0.00913 T_*^2 + 0.636 T_* + 1.2515} \tag{8-5-13}$$

$$T_* = \overline{T} \sqrt{g/d} \tag{8-5-14}$$

式中:η_c——波峰在静水面以上的高度(m);
　　B_η——系数;
　　m——系数;
　　T_*——无量纲周期。

(2) 静水面以上 h_c 处的墙面波压力强度可按式(8-5-15)~式(8-5-17)计算:

$$\frac{h_c}{d} = \frac{2\frac{\eta_c}{d}}{n+2} \tag{8-5-15}$$

$$\frac{p_{ac}}{\gamma d} = \frac{p_{oc}}{\gamma d} \frac{2}{(n+1)(n+2)} \tag{8-5-16}$$

$$n = \max\left[0.636618 + 4.23264\left(\frac{H}{d}\right)^{1.67}, 1.0\right] \tag{8-5-17}$$

式中:h_c——波浪压力强度 p_{ac} 在静水面以上的作用点位置(m);
　　n——静水面以上波浪压力强度分布曲线的指数,其值取式中两数的大数;
　　p_{ac}——与 h_c 对应的墙面波压力强度(kPa);
　　γ——水的重度(kN/m³);
　　p_{oc}——静水面上的波压力强度(kPa)。

(3) p_{oc} 及墙面上其他各特征点的波压力强度按式(8-5-18)计算:

$$\frac{p}{\gamma d} = A_{\mathrm{p}} + B_{\mathrm{p}} \left(\frac{H}{d}\right)^{q} \tag{8-5-18}$$

式中系数 A_{p}、B_{p}、q 的值按表 8-5-1 确定。计算时若 $p_{\mathrm{bc}} > p_{\mathrm{oc}}$，取 $p_{\mathrm{bc}} = p_{\mathrm{oc}}$。

系数 A_{p}、B_{p} 和 q（波峰作用） 表 8-5-1

条件		计 算 式	$A_1/B_1/a$	$A_2/B_2/b$	$\alpha/\beta/c$
波峰	$\dfrac{p_{\mathrm{oc}}}{\gamma d}$	$A_{\mathrm{p}} = A_1 + A_2 T_*^{\alpha}$	0.029 01	−0.000 11	2.140 82
	$\dfrac{p_{\mathrm{bc}}}{\gamma d}$		0.145 74	−0.024 03	0.919 76
	$\dfrac{p_{\mathrm{dc}}}{\gamma d}$		−0.18	−0.000 153	2.543 41
	$\dfrac{p_{\mathrm{oc}}}{\gamma d}$	$B_{\mathrm{p}} = B_1 + B_2 T_*^{\beta}$	1.314 27	−1.200 64	−0.673 6
	$\dfrac{p_{\mathrm{bc}}}{\gamma d}$		−3.073 72	2.915 85	0.110 46
	$\dfrac{p_{\mathrm{dc}}}{\gamma d}$		−0.032 91	0.174 53	0.650 74
	$\dfrac{p_{\mathrm{oc}}}{\gamma d}$	$q = \dfrac{T_*}{aT_*^2 + bT_* + c}$	0.037 65	0.464 43	2.916 98
	$\dfrac{p_{\mathrm{bc}}}{\gamma d}$		0.062 20	1.326 41	−2.975 57
	$\dfrac{p_{\mathrm{dc}}}{\gamma d}$		0.286 49	−3.867 66	38.419 5

(4) 单位长度墙身上的水平总波浪力按式(8-5-19)计算：

$$\frac{p_{\mathrm{c}}}{\gamma d^2} = \frac{1}{4}\left[2\frac{p_{\mathrm{ac}}\eta_{\mathrm{c}}}{\gamma d}\frac{\eta_{\mathrm{c}}}{d} + \frac{p_{\mathrm{oc}}}{\gamma d}\left(1 + \frac{2h_{\mathrm{c}}}{d}\right) + \frac{2p_{\mathrm{bc}}}{\gamma d} + \frac{p_{\mathrm{dc}}}{\gamma d}\right] \tag{8-5-19}$$

式中：p_{c}——单位长度墙身上的水平总波浪力(kN/m)；

p_{ac}、p_{oc}、p_{bc}、p_{dc} 意义如图 8-5-3 所示。

(5) 单位长度墙身上的水平总波浪力矩按式(8-5-20)计算：

$$\frac{M_{\mathrm{c}}}{\gamma d^3} = \frac{1}{2}\frac{p_{\mathrm{ac}}\eta_{\mathrm{c}}}{\gamma d}\frac{\eta_{\mathrm{c}}}{d}\left[1 + \frac{1}{3}\left(\frac{\eta_{\mathrm{c}}}{d} + \frac{h_{\mathrm{c}}}{d}\right)\right] + \frac{1}{24}\frac{p_{\mathrm{oc}}}{\gamma d}\left[5 + 12\frac{h_{\mathrm{c}}}{d} + 4\left(\frac{h_{\mathrm{c}}}{d}\right)^2\right] + \frac{1}{4}\frac{p_{\mathrm{bc}}}{\gamma d} + \frac{1}{24}\frac{p_{\mathrm{dc}}}{\gamma d}$$

$$\tag{8-5-20}$$

(6) 单位长度墙底面上的波浪托力按式(8-5-21)计算：

$$p_{\mathrm{uc}} = \frac{1}{2}p_{\mathrm{dc}}b \tag{8-5-21}$$

式中：p_{uc}——单位长度墙底上的波浪托力(kN/m)；

b——直墙的底宽(m)。

2. 直墙式建筑物上破碎波作用力

当 $\overline{T}\sqrt{g/d} < 8, d < 2H$ 或 $\overline{T}\sqrt{g/d} \geq 8, d < 1.8H$，且床面坡度 $i < 1/10$ 时，建筑物上的波浪

为破碎波。

远破波波峰作用下波浪力的波压力分布图如图8-5-4所示。

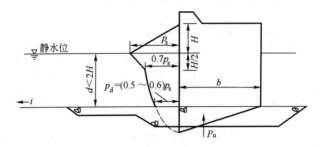

图 8-5-4　远破波的波压力分布图

静水面以上高度 H 处的波浪压力强度为零。

静水面处波浪压力强度按式(8-5-22)计算：

$$p_s = \gamma K_1 K_2 H \tag{8-5-22}$$

式中：K_1——水底坡度系数，见表 8-5-2；
　　　K_2——波坦 L/H 系数，见表 8-5-3。

系　数　K_1　　　　表 8-5-2

底坡 i	$\frac{1}{10}$	$\frac{1}{25}$	$\frac{1}{40}$	$\frac{1}{50}$	$\frac{1}{60}$	$\frac{1}{80}$	$\leqslant \frac{1}{100}$
K_1	1.89	1.54	1.40	1.37	1.33	1.29	1.25

系　数　K_2　　　　表 8-5-3

波坦 $\frac{L}{H}$	14	15	16	17	18	19	20	21	22
K_2	1.01	1.06	1.12	1.17	1.21	1.26	1.30	1.34	1.37
波坦 $\frac{L}{H}$	23	24	25	26	27	28	29	30	
K_2	1.41	1.44	1.46	1.49	1.50	1.52	1.54	1.55	

静水面以上的波浪压力强度按直线变化。

静水面以下深度 $z = H/2$ 处的波浪压力强度 p_z 为：

$$p_z = 0.7 p_s \tag{8-5-23}$$

水底处波浪压力强度 p_d：

当 $d/H \leqslant 1.7$ 时

$$p_d = 0.6 p_s \tag{8-5-24}$$

当 $d/H > 1.7$ 时

$$p_d = 0.5 p_s \tag{8-5-25}$$

墙底面上的波浪托力 p_u 为：

$$p_u = \mu \frac{bp_b}{2} \tag{8-5-26}$$

式中：μ——波浪浮托力分布图的折减系数，取 0.7。

单位长度墙身上的水平总波浪力，可按波压力分布图的面积求得。

单位长度墙身上的水平总波浪力矩可由压力图各部分面积与其形心到水底的距离的乘积之和求得。

各种形式海中建筑物的波浪力计算，详见《港口与航道水文规范》（JTS 145—2015）、《公路桥涵设计手册·桥位设计》。

第六节 跨海桥梁的墩台冲刷

一、潮汐水流对桥梁的冲刷

跨海桥梁和滨海公路经受天文潮、风暴潮、波浪以及各种水流变化的共同作用，导致长期海床冲刷、桥孔压缩冲刷和桥墩及桥台局部冲刷。

潮汐水流（往复水流）冲刷和非潮汐水流（单向水流）冲刷的水力学原理与泥沙运动机理是相同的，因此，计算河流中桥梁冲刷的公式，在计算潮汐水流冲刷时还是可以应用的。由于潮汐水流与河流洪水的水流条件不同，进而导致两种不同的冲刷结果。

风暴潮是由于天文潮、风的作用和急剧的大气压力变化而形成的。另外，由于海港、汊道及河口、海湾等地形的相互影响，风暴潮在海湾、汊道及河口等处引起的水位变化，往往比邻近的海岸都要高。

天文潮水流方向的往复循环，能够增加长周期的床面下切、桥孔压缩冲刷和墩台局部冲刷。

假如在涨潮和退潮时才有泥沙运动，由于床面泥沙随潮汐水流的上下游方向往复运动，建桥水域可能没有泥沙的净损失，因而，不会发生长周期的床面下切。但是，位于陆地和海洋之间的桥墩和桥台，具有上下游交替的往复水流，可能发生局部冲刷。假如存在往复水流在某一方向的泥沙损失，那么，将会发生长周期的相应的床面下降和局部冲刷。潮汐循环变化，可能增大岸边的冲蚀、水道的移动和水流的不稳定性。

假如潮汐汊道或桥梁压缩的水流在海湾或河口遭遇风暴潮，将大大增加水力分析的复杂性和难度，水位在海洋和河口、海湾之间的水位可能出现很大的变化。潮汐汊道的压缩增大了压缩水道断面的流速，减小了汊道内的波高和潮差，增大了汊道内外水位的相位差（汊道内时间迟后）。压缩汊道或水道的分析可以应用孔口方程进行计算。

目前，我国尚无跨海桥梁与滨海公路的水文规范或技术指南。

美国三面环海，直接受海洋环境因素作用的滨海公路里程很长，桥量数量巨大，特别是在 2000 年前后的几次飓风袭击中，形成严重灾害，对此进行了相应研究，联邦公路总署发布了有关水力工程公报（HEC），作为技术指南或手册。

美国联邦公路总署发布的有关滨海公路及桥梁的指南中推荐，水力分析必须考虑 100 年和 500 年一遇风暴潮极端环境因素和所在潮汐汊道、潮汐河口河段、海湾的特点及桥梁压缩水流的影响。另外,分析必须全面考虑正常的潮汐周期变化,对长期的床面淤积或下降、桥孔压缩冲刷、墩台局部冲刷和水流稳定性的影响。

近年来,美国在《公路及桥梁水流稳定性分析(HEC-20,1995)》《桥梁冲刷评估(HEC-18,2001)》和《滨海环境中的公路(HEC-25,2008)》三项联邦公路总署(FHWA)的水力工程公报(手册或指南)中,推荐3-水平评估的方案,可供我们参考。

我国虽没有明确的3-水平评估的提法,事实上已应用了类似的方法,根据我国不同设计阶段的要求,逐步完成了上述3-水平的评估。在工程可行性研究阶段,进行了水平-1的工作和水平-2的部分工作;初步设计阶段完成水平-2的工作或部分水平-3的工作;在施工图设计阶段或技术设计阶段根据工程需要,完成水平-3的内容。对于跨海长大桥梁和水文条件复杂的桥梁,3个水平的评估工作都应全面进行;对于滨海公路上的一般大中桥,水平-2的工作也可满足要求,水平-3的工作根据需要,可只做一部分或不做。

对潮汐水道上的桥梁的水力分析,采用类似HEC-20建议的分析公路建筑物水流稳定性的3-水平分析法(The Three-Level Analysis Approach)。

1. 水平-1

评估潮汐汊道、潮汐河口的稳定性,评估潮汐、风暴潮水流的大小变化,决定桥梁水道的水力分析是按河流或者潮汐水流分别计算,还是按河流与潮汐共同组合作用进行。

2. 水平-2

获得工程分析必需的潮汐水道(受潮汐作用的汊道、河口、海湾、岛屿大陆或岛与岛之间的水道)的流速、水深和流量,进而进行长期床面上升或下降的分析,桥孔压缩冲刷(一般冲刷)、墩台局部冲刷的计算。

冲刷计算公式仍可用河流恒定流建立的公式,即恒定水流达到输沙平衡状态时的冲刷深度计算公式。这些公式应用于潮汐水流(非恒定流)计算的结果,可能较实际出现的大一些,是一个较保守的估计值,可看作长期潮汐水流冲刷可能出现的极限最大深度(Potential Scour Depth)。这样处理,反映了当今该领域的认识水平。

3. 水平-3

鉴于潮汐水流的复杂性,水平-3的评估可应用物理模型和二维计算机模型。本章只进行水平-1和水平-2的分析。可在水平-2的分析中,应用非恒定流一维或准二维计算机模型,得到冲刷公式中必需的水力因素。

恒定流平衡冲刷方程,用于确定潮汐水流冲刷深度计算是适宜的,因为即使风暴潮引起的潮流的不稳定性并不比河流不稳定流动变化更严重。实际上,河流中桥梁的冲刷也是由多年日日夜夜连续不断变化着的水流的冲刷累计形成的,特别是无数洪水、枯水过程累计冲刷的结果。计算冲刷深度公式,是根据在恒定的水流条件下,冲刷达到输沙平衡状态时(压缩冲刷是冲刷河槽内、局部冲刷是冲刷坑内粒径粗化和输沙)的平衡冲刷深度及其相应的水力因素等数据资料制定的,可视为极限最大冲刷深度。

美国特拉华(Delaware)州印第安河(Indian River)河口汊道桥和防波堤建于1930年(图8-6-1),经历了长期的冲刷并逐渐趋于平衡的过程,2000年观测到桥墩附近存在深度大于30m(100feet)的冲刷坑。由于修建汊道桥及防波堤压缩了汊道水流,汊道不断冲刷,过水断面扩大,涨潮进入更多水量使潮汐棱柱增大,退潮流量、流速也相应增加,涨退潮往复冲刷长达

70年,才趋于平衡。

此例说明,汊道桥梁及其他工程不应较大地压缩潮汐水道,同时,潮汐水流冲刷,因涨、退潮方向相反的冲刷,交替、往复进行,达到最终平衡冲刷深度的时间是很漫长的,深度是很大的。

桥梁潮汐水流冲刷达到输沙平衡状态或清水冲刷水流及其挟沙能力达到平衡状态时,则趋向稳定的平衡冲刷深度,即最大冲刷深度。趋向平衡冲刷的过程中,起决定作用的是潮汐涨落较急、水力条件较强的一方。进而,根据这种起决定作用的水力条件,进行试验或水力计算,得到的结果应是可能出现的最大冲刷深度,即为极限冲刷深度(Potential Scour Depth)。

图 8-6-1　美国特拉华州印第安河河口汊道桥
（USACE 照片）

二、潮汐水流对桥梁冲刷的影响

海洋和海湾、潟湖之间、从海洋进入河口河段、通过各海岛之间水道等条件下的水流,都是潮汐水流,如图 8-2-5～图 8-2-13 所示。一个海湾或河口段的涨潮和退潮,是由潮汐和海湾、河口上游流域流入的流量两方面因素控制的。假如上游流域来水可以忽略,则海湾、河口段的涨潮和退潮将只受潮汐和风暴潮控制。当无河流和其他水流流入时,海湾或河口段的流入和流出的总净水量近似为零。上游河流流入的流量将使海湾或河口流入海洋的净水流量增加。

图 8-6-2 表示潮汐水流的潮水位和流量的时间过程线,表明潮汐水流的流量和潮水位是不同步的,最大流量(涨潮方向和退潮方向)迟后于最高潮水位四分之一个周期($T/4$)。最大流量(两个方向的)出现在最高潮位和最低潮位的中点。

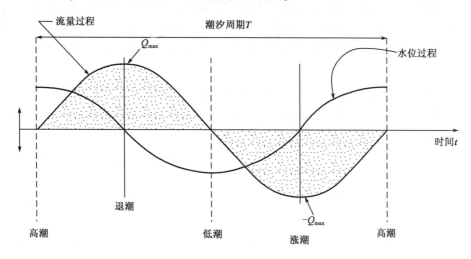

图 8-6-2　潮汐水位和流量过程

最高天文潮水位和风暴潮最大增水相遇,出现最高潮汐水位(图 8-6-3)以及相应的最大水流,这是最不利的情况。这种情况下,当天文大潮和风暴潮事件的周期恰好相同时,将出现最大流量。如果还有内陆洪水流量汇入,将会影响这个最大流量,特别是退潮的流量。

基于以上讨论,桥位水道流速评估存在两个极限情况,假若从上游流域入海的水流很少,可忽略不计,则桥孔水流只受潮汐涨落和风暴潮的作用。反之,当有河流流入海湾或河口的内陆洪水很大时,相对的潮汐水流(涨潮、退潮)影响很小,则可忽略不计,这样,水力特性和冲刷的评估,就可用已经熟悉的跨河桥梁的水力水文分析和计算方法进行。

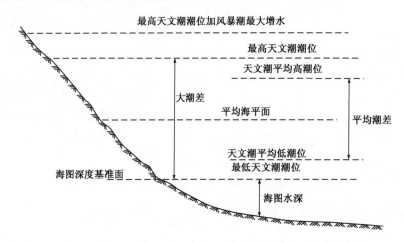

图 8-6-3 潮汐水流的特征水位

潮汐河段河口、海湾汊道等出口断面的潮汐流量、流速和水深的估算,应通过多种途径进行相互校核。

奈尔(Neill,C. R.,加拿大,1973)提出由潮汐棱柱体体积,推算潮汐最大流量、最大流速和瞬时流量的近似估算方法。

三、滨海泥沙运动和桥梁冲刷

不同的原因引起的潮汐波动的周期、变幅是不同的。一般半日潮周期在低纬度大约是12h,日潮在高纬度周期大约是24h。风暴潮的周期与风暴的类型有关,台风风暴潮一般周期为 12~15h;我国温带气旋寒流风暴潮可持续几天。一般风暴潮的周期可以认为较天文潮周期长一些。

天文潮长期连续不断地潮汐涨退,通常影响长期的床面淤积或冲蚀的趋势及压缩冲刷、局部冲刷。罕见的水力灾害事件如风暴潮和海啸是桥孔压缩冲刷和局部冲刷最不利的条件。虽然风暴潮和海啸是个别的灾害现象,但是能对桥梁结构和冲刷产生重大的威胁。海岸带中的水力学因素和桥梁冲刷都能够像在河流水流中一样来确定,并应达到相同的精度。这些方法或结果对于潮汐冲刷是偏于保守的。

如果按河流水流对桥孔进行设计,再加风暴潮水流的情况,则组合水流的大小可以应用河流洪水和最大潮汐水流进行简单相加。

细颗粒的床面材料如细沙、带有黏性的淤泥和黏土颗粒以及波浪作用下沿海岸的泥沙输移,都将对桥梁冲刷产生重要影响。至今,河流中桥梁冲刷方程都是根据沙质河床制定的,黏土冲刷虽有少数方程可供参考,但都是经验公式,黏土冲刷机理和计算方法尚在研究。

风暴潮的峰值因历时较短,不能使其冲刷深度达到根据冲刷计算方程得到的平衡冲刷深度值。输沙平衡冲刷方程可以用于压缩冲刷计算,但是局部冲刷与时间的关系,动床冲刷达到冲坑内输沙平衡的时间较短,而清水冲刷达到平衡冲刷的时间却长很多。如果没有泥沙来源补充,天文潮日潮和半日潮都能引起床面长期的下蚀,一些地方这种床面下蚀可达每年0.3~1.0m,且未见停止的迹象。

现有的冲刷计算公式只能够计算最大冲刷深度,但无法反映冲刷时间的历程。因为冲刷时间发展的历程和水流变化直接有关,潮汐水流变化受多种因素影响,十分复杂,无法在公式中反映。

当较浓的海洋含盐水流入河口、汊道和淡水相遇,可形成较大的近底流速,应对流速分布进行仔细的观测及分析,再根据情况应用冲刷方程。风暴潮一般不会形成密度流。除形成咸水楔的情况下,通常咸、淡水密度的不同,对冲刷没有明显的影响。

河流高含沙水流水沙间的密度和黏性的差别比海水异重流要更大些。盐度能够影响淤泥和黏土颗粒的絮凝和沉淀,会影响水流稳定性,应进行评估。盐度能够影响黏性泥沙颗粒的冲蚀性,但这只会影响冲刷速度,而不影响最终冲刷深度。

沿岸泥沙输移是潮汐水道的泥沙来源,假如沿岸泥沙输移是充足的,将会呈现一个稳定的或床面沉积的潮汐水道,较小的压缩冲刷和局部冲刷;反之,假如沿岸泥沙输移是减少的或者被中断,床面出现的长期下蚀、压缩冲刷和局部冲刷都将变得严重恶化。

评估沿岸泥沙输移问题是泥沙运动力学的问题,涉及有关的历史资料、未来挖泥、码头、防波堤建设的状况、水道的泥沙来源等多方面因素。

桥梁冲刷总的评估,要求对长期的床面的沉积或下蚀、压缩冲刷和局部冲刷,进行全面的评估。长期的沉积或下蚀的评估,是从地质、土质条件分析和桥梁动床压缩冲刷计算两方面进行的。虽然,潮汐河道水力学由于往复双向流动变得十分复杂,但是,输沙连续性原理还是适用的,它是评估滨海海域长期床面沉积或下蚀的基本依据和评估跨海桥梁潮汐水流冲刷的基本原理。

输沙连续性概念可表述为,在给定的区域内,单位时间流入的泥沙量减去流出的泥沙量等于泥沙量的变化率;或者说,在给定的时间内,泥沙流入量减去泥沙流出下游的数量,等于泥沙储存在这个区段的数量。

河流冲刷和潮汐冲刷根据床面泥沙运动状态,都可分为动床冲刷和清水冲刷两种状态。在动床冲刷条件下,泥沙进入桥位水域将是冲刷减小,反之,没有泥沙进入桥位水域,冲刷将会增大。

从陆地冲来进入海岸带的泥沙,受海流和波浪作用,参与滨海泥沙输移,为汊道、海湾或河口等补充泥沙的来源。涨潮时河水带来的泥沙被冲入海湾、河口,沉积下来;退潮时又被带出海湾、河口,并沉积在浅滩上,或被带到下游参与滨海水域泥沙输移。码头、防波堤等海岸、近岸工程都会影响自然的海滨泥沙输移。

四、桥下海床的一般冲刷

桥下海床一般冲刷主要是指桥孔、墩台对水流的压缩冲刷。

压缩冲刷是桥梁孔径压缩了天然水流宽度,使压缩后的过流断面减小,流速加大,引起泥沙运动(泥沙输移,Sediment Transport),使床面下降的现象。压缩冲刷(Contraction Scour)常称为一般冲刷(General Scour),由于制定一般冲刷公式所依据现场实测深度值,除结构压缩水流产生深度外,还可能包括一部分长期床面天然变形的深度,在现场观测值中两者是难以分割的。这样,河流桥梁压缩冲刷计算结果除主要包括压缩冲刷深度外,还包含部分长期的天然冲刷。因而,在我国习惯称"一般冲刷",西方国家多称"压缩冲刷"。

床面泥沙运动及床面变形(冲刷或淤积)的机理,对于河流和海洋水流都是相同的。因此,为跨河桥梁建立的冲刷公式,对于跨海桥梁还是适用的。但是,河流和海域的水流环境是不同的,跨海桥梁应用这些公式是必须应用桥位海域最不利的水力因素的组合,如天文大潮和100年或500年一遇风暴相遇的组合(美国推荐),潮汐河段最大洪水与天文大潮退潮相遇等,各种当地的最不利水力组合条件等。

1. 有明显宽度的潮汐水道桥梁压缩冲刷

对于桥梁跨越河流径流和河口潮汐河段、海湾汊道等潮汐水流,具有明显宽度的水道(如苏通大桥等长江感潮河段、舟山连岛通道工程的一些桥梁、滨海公路上的一般桥梁)时,可以应用64-2一般冲刷公式式(6-3-6),计算一般冲刷深度。

2. 无明显宽度的开阔潮汐海域桥梁压缩冲刷

对于跨越河口、海湾汊道以外开阔海域的桥梁(如东海大桥),或虽在河口或海峡范围内,但是水道宽达数十公里,且水深在沿桥梁方向上相当长的范围内或一定距离内变化不大、流向基本一致的情况下(如杭州湾大桥、港珠澳大桥等),可将水深、流向变化不大的几个(或一个)桥孔分为一段,分段计算各段的一般冲刷最大深度。

因为每一段内水深、流速、流向变化不大,视为二维水流,假设单宽流量 q 在本段内相同,B_1 为本段天然水流宽度,B_2 为本段桥下有效的宽度(B_1 扣除墩宽和墩侧旋涡区宽度后的宽度),λ 表示桥墩阻水比,即本段各墩宽的总和/天然水流宽度,μ 表示因旋涡区存在而引起的桥下过水断面折减系数。

$$\mu = 1 - 0.375 \frac{v_s}{l_j} \tag{8-6-1}$$

式中:v_s——设计流速,取 $2\sim3\mathrm{m/s}$;

l_j——净跨径,$l_j = (1-\lambda)l$,l 是两墩间的中心距离。

这样,式(6-3-6)中 $Q_1 = B_1 q$,$Q_2 = B_2 q = \mu(1-\lambda)B_1 q$,则式(6-3-6)为

$$h_p = 1.04 \frac{A^{0.90}}{[\mu(1-\lambda)]^{0.42}} h_{\max} \tag{8-6-2}$$

$$\lambda = \frac{\sum B_d}{B_1} \tag{8-6-3}$$

式中:A——单宽流量集中系数,反映单宽流量的不均匀性,建议取 $1.0\sim1.3$,一般取小于等于1.2,根据海床地形稳定性、水流股流集中情况选定;

B_d——本段内的各个桥墩宽度(m);

B_1——计算段的天然水面宽度(m);

其他符号意义同前。

式(6-3-6)和式(8-6-1)是用于表示床面有泥沙运动的沙质海床动床冲刷。

3. 海床清水一般冲刷

建桥前,海床上因流速较小或因床面土质颗粒较大,无明显的泥沙运动。但是建桥后因桥孔压缩水流,桥孔断面流速增大,超过床面土质起动流速,桥下床沙被水流带向下游,开始冲刷;随着过水断面增大,流速渐缓,趋向床沙不冲刷流速时,泥沙停止运动,达到最大平衡冲刷

深度。最大平衡冲刷深度也可根据式(6-3-8)来计算。

对于潮汐河段、汊道等有明显两岸的潮汐水道,可直接应用式(6-3-13)计算清水一般冲刷平衡冲刷深度。

对于河口、汊道外开阔海域的桥梁,清水一般冲刷可根据式(6-3-8),首先,确定桥孔的最大单宽流量 q_{max},然后,根据式(6-3-11)确定冲止流速,进行计算。

$$h_p = \frac{q_{max}}{v_{H1} h_p^{1/5}} \tag{8-6-4}$$

$$h_p = \left(\frac{q_{max}}{v_{H1}}\right)^{5/6} \tag{8-6-5}$$

或

$$h_p = \left(\frac{A\bar{q}}{v_{H1}}\right)^{5/6} \tag{8-6-6}$$

如前所述,对于跨越开阔海域的桥孔,进行分段,在同一段内寻求最大单宽流量 q_{max},最大单宽流量 $q_{max} = h_{max} v$ 或 $q_{max} = h v_{max}$,由现场勘测来确定;v_{H1}通过表6-3-3选用。根据式(6-3-13)及式(8-6-4)~式(8-6-6)计算最大平衡冲刷深度。

4. 黏性土床面的桥下断面一般冲刷

(1)对于潮汐河段、汊道有明显两岸的水道,黏性土海床面的桥梁一般冲刷,河槽部分应用式(6-3-18)计算,河滩部分应用式(6-3-20)计算。

(2)对于河口、汊道外开阔海域的桥梁,黏性土桥下床面一般冲刷可根据式(6-3-8),首先,确定桥孔的最大单宽流量 q_{max},然后,根据式(6-3-17)确定冲止流速,进行计算。即得:

$$h_p = 1.99 (I_L q_{max})^{5/8} \tag{8-6-7}$$

或

$$h_p = 1.99 (A I_L \bar{q})^{5/8} \tag{8-6-8}$$

对于跨越开阔海域的桥孔,进行分段,在同一段内寻求最大单宽流量 q_{max},最大单宽流量 $q_{max} = h_{max} v$ 或 $q_{max} = h v_{max}$,由现场勘测来确定。

五、潮汐水流对桥墩的局部冲刷

1. 感潮河口及海峡桥墩局部冲刷的试验研究

我国大多数河流顺地势由西向东或向东南注入太平洋,属太平洋水系。主要有长江、黄河、珠江、黑龙江、松花江、辽河、海河、淮河、钱塘江、闽江、澜沧江等。下游经河口流入海洋,每条河流都存在潮汐河口河段。潮汐河口河段对于大江大河是很长的,例如长江潮流界大约在江苏江阴,而潮区界则可上溯到安徽安庆,长达数百公里。潮汐河段的两岸,为三角洲经济发达地区,道路密集,桥梁很多,对于潮汐水流桥梁冲刷规律的研究成为重要课题。

伴随我国沿海地区交通建设发展,20年来完成了一些跨越河口河段和海峡的特大型桥梁桥墩冲刷水力比尺模型试验研究,2010年中交公路规划设计院和南京水利科学研究院完成了我国琼州海峡跨海通道桥梁冲刷的试验研究。

以下三个实桥(两个沉井基础,一个群桩基础)试验研究实例为代表,进行对潮汐水流桥墩冲刷问题的分析,得到的相关认识,作为初步设计的依据和一般定性规律,供桥梁设计参考。

这三座桥梁为:杭州钱塘江二桥(潮汐河口段,1990年试验)、下白石河桥(福建,跨白马海峡,1999年试验)、苏通长江大桥(潮汐河口段,2005年试验),对其潮汐和洪水共同作用下的桥墩冲刷及防护进行了试验研究。

因河川径流有洪枯季节周年变化,海洋潮汐涨落又有年、月及日的大、中、小潮周期变化;同时,桥位在不同位置,受径流和潮流影响也不同,水文和河床变化极为复杂。大河河口修建的桥梁大都是特大型桥梁,一般应以水力比尺模型试验作为设计依据。

桥位勘测设计首先搜集洪水径流、潮汐和风浪及河床演变资料,分析确定对桥长、桥高和桥梁墩台冲刷等最不利的水文(径流、潮流)组合;然后根据相应的最不利洪水和潮汐组合条件,分别确定桥长、桥高和墩台冲刷深度。

2. 对潮汐水流桥墩局部冲刷评估

通过对上列三个潮汐水流桥梁进行冲刷试验研究结果分析,归纳得到下列几点认识:

钱塘江二桥、下白石河桥和苏通长江大桥桥位都是潮流界下游典型的潮流段。它们的试验研究结果具有代表性,有一定的普遍意义,可供参考。

(1)潮区界下游的桥梁都受到潮汐的影响,即受径流和潮汐两种作用。潮区界和潮流界之间(近口段)的桥梁是以径流为主,只受下游潮汐的顶托影响;潮流界下游(河口段、潮流段)的桥梁受径流、潮汐共同作用,流向随潮汐涨退而向上游或下游往复地变化。应注意潮流界的位置,随水流和潮流来势的强弱,在上下游是有一定移动的,并非为固定不变的。

(2)洪水径流和潮汐水流共同作用产生的桥墩冲刷深度,较洪水径流作为恒定流产生的桥墩冲刷深度要小,可以减少15%~25%,冲刷深度折减系数见表8-6-1。

(3)潮流最大冲刷深度取决于涨、落潮中水流急的一方的水力条件,就是最强动力一方的条件。

按桥墩冲刷公式计算局部冲刷最大深度时,应采用潮流的涨、落潮中水流急的一方的最大流速及相应水深,替代单向流的平均流速,例如最不利组合特大洪水和退潮相遇的流速。

潮汐河口的桥梁经受洪水和潮汐共同作用,桥梁水力条件的最不利组合是重要的问题。若设计洪水和退潮相遇,则流量是洪水流量加退潮流量,洪水水面比降也要最大,桥位勘测设计必须查清这种相遇的可能性。下白石河桥试验考虑了这种组合。

(4)Nakagawa、Suzuki和韩玉芳等认为,以长时间潮流和单向流冲刷试验对比表明,如果涨落潮最大流速与单向流平均流速相一致,两者的最大冲刷深度基本相一致。

(5)桥墩最大冲刷深度的位置,在单向流作用下,一般在桥墩上游端的左右两侧,各有一个最深处;而在潮汐水流作用下,最大冲刷深度的位置随机性很大,一般同时出现在两侧的中部附近。

(6)潮流和径流共同冲刷,达到平衡冲刷的时间比单向流达到平衡冲刷的时间要长得多。

（7）美国的海岸带公路桥梁和跨海特大跨度桥梁世界最多,屡受飓风风暴潮袭击,为此10余年来联邦公路总署(FHWA,HEC-18)发布的手册或指南提出了桥梁水流稳定性和桥梁潮汐冲刷的3-水平(3-level)评估方法,可供我国参考。其实,目前我国也基本是这样做的。

单向流和潮流作用下,桥墩最大冲刷深度试验结果对比如表8-6-1所示。

单向流和潮流作用下,桥墩最大冲刷深度试验结果对比表　　　表8-6-1

桥梁	桥墩形式尺度(m)	水深(m)	最大流速(m/s)	泥沙中径d_{50}(mm)	迎流角(°)	单向流最大冲深(m)	潮流最大冲深(m)	折减系数
日本Akashi海峡大桥	40×70	40	4	50	0	12	10	0.83
					30	14	14	1
汕头妈屿跨海大桥	圆柱 φ18	27	3.8	0.008	0	15.8	12	0.76
						15.8	13.8	0.87
缅甸仰光丁茵大桥	沉井基础,远端形	6	2	0.11	0	20	10.5	0.48
			1.7			13.5	7.2	0.53
			1.4			9		
	桥墩	8	2.5	0.11	0	27	20	0.74
			2.2			22	16.5	0.75
			2.5	0.17	0	21	16.5	0.79
			2.2			17.5	13.5	0.77
钱塘江二桥	桩基础,方形墩	13.95	2.94	0.12	0	10.5	8.4	0.8
			3.49			10.3	9.5	0.92
			3.03	0.12	0	17.5	13.4	0.77
			2.52			10.1	8.2	0.81
苏通长江大桥	钢围堰 φ68	19	3.03	0.12	0	23.9	21	0.88
	钢沉井48×98			−0.16		20.9	15.6	0.75
	群桩承台48×112	24.3	3.28	0.12~0.16	0	26.4	21.9	0.83
						21.2	16.5	0.79

3. 潮汐水流桥墩局部冲刷深度计算

通过对不同桥墩冲刷公式的水力模型分析、海洋水文资料计算和模型试验结果对比等几方面的综合分析,表明桥墩局部冲刷65-2修正公式(6-4-3)物理模型合理、经我国和世界多国实测资料验证,而且,计算结果与模型试验结果最为接近。

推荐应用桥墩局部冲刷65-2修正公式(6-4-3),作为潮汐水流桥墩局部冲刷深度计算首选公式。其次可采用65-2公式或65-1修正公式做参考。各式的计算结果再乘以往复冲刷折减系数(参考表8-6-1),大约为0.8,即为潮汐水流桥墩局部冲刷深度估计值。

潮汐水流桥墩冲刷试验和实例,详见专著《跨海桥梁及滨海公路水文与防腐》(人民交通出版社,2012年)。

第七节　海轮航道通航标准

大型跨海桥梁,一般桥孔都设有通航海轮的航道,需要在桥位选择、桥孔布设、墩台形式、安全保障设施等方面,根据通航海轮的通航标准进行设计。修建在感潮河段或河口的桥梁,可能桥下还有内河通航,同时又有海轮通航,两种通航条件都应满足。

《海轮航道通航标准》(JTS 180-3—2018)和《内河通航标准》(GB 50139—2014)是我国通航桥梁设计的主要依据。跨越国际河流或过境河流的桥梁,涉及国家主权和两国不同要求,通航标准应由所涉及的国家协商解决。

一、通航海轮的桥位选择

通航海轮桥梁的桥位选择,除满足桥梁行车要求,力求桥梁与海域、河道水流、地质条件、海风状况等自然条件协调外,还必须满足海轮通航标准的要求。

桥位的选定要与航道的自然条件和远期开发规划相适应,要与港口的现状及远期发展总体布局规划相协调。桥位的选择必须满足桥下船舶通航安全、通畅的要求。

(1)桥位应选在航道顺直,海床、河床稳定,水深充裕,水流条件良好的航段上。

(2)桥位应远离航道弯道、滩险、分流口、汇流口、渡口,其安全距离不应小于代表船型总长的4倍;在航道弯道建桥,宜一孔跨越或相应加大净空宽度。跨越航道的桥梁与沿海港口作业区的安全距离不应小于码头代表船型总长的2倍,不满足2倍船长要求时应一跨通过通航水域。

(3)桥梁轴线的法线方向应与水流主流流向一致,必须斜交时,其偏角不宜超过5°;若超过5°,应加大通航净宽。内河桥以水流主流方向与桥梁轴线的法线方向之夹角计算加宽值,跨海桥以涨、落潮流主流方向与桥梁轴线的法线方向之夹角计算加宽值。

(4)航道上相邻两座桥梁的轴线间距应保证船舶安全通过,轴线间距不宜小于代表船型5min航程的距离。在非感潮河段通航海轮的航道上建设桥梁,应按现行国家标准《内河通航标准》(GB 50139)确定。

(5)在潮河段和海域通航海轮航道上建设桥梁可参照现行国家标准《内河通航标准》(GB 50139),必要时需经实船试验确定。

上述桥位选择的要求中,任何一点不具备,都不能保证桥下船舶安全、畅通地通行。因桥位选择不当,或通航净空不足,发生船舶碰撞桥梁的事故很多,造成航运损失、桥梁破坏和人身伤亡,后果严重。

航道弯道、滩险、汇流口、渡口是船舶驾驶困难的航段。弯道水流受重力和离心力作用,以螺旋流形式流动,水面高速流向凹岸,河底流向凸岸,河床凹岸冲刷,凸岸淤积。船舶弯道航行,舵角时刻改变,驾驶困难,易发生船撞。

滩险、汇流口、渡口也都是驾驶困难的地方。一般都不宜建桥。不得已在弯道上建桥,航道范围内应一孔跨越,航道内不应设桥墩。一孔跨越航道有困难时,则应适当增加通航孔净空宽度,缓解给通航带来的困难。

港口作业区和锚地,作业繁忙,锚地在风、流的作用下有可能走锚,这段水域也不宜建桥。

桥梁轴线的法线方向与水流主流方向尽量保持一致,也就是水流方向与桥墩侧面保持一致,船舶过桥时受到的侧面压力较小,则较安全。《公路桥涵设计通用规范》(JTG D60—2015)和《内河通航标准》(GB 50139—2014)都规定桥梁轴线的法线和水流流向的夹角不得超过5°。当桥梁布置有困难,夹角大于5°时,需要计算加宽净空宽度的数值,保证通航安全。潮汐河段涨潮流和落潮流存在一定的偏角,跨海桥应以涨、落潮流主流方向与桥梁轴线的法线方向之夹角来计算加宽值。

二、桥梁通航孔设置

(1)桥梁通航孔的尺度,应根据代表船型尺度、船舶航行密度、桥位自然条件、上下游航道、港口等设施的现状和发展规划诸因素综合考虑确定。

(2)在水运繁忙的宽阔水域,通航孔的布置应满足定线通航或多线通航的要求。在人工开挖的航道上或弯道上,通航孔的布置应采取一孔跨过通航水域。

(3)不宜一孔跨过的桥梁,可经论证选用单行或双向通航孔。选用单行或双向通航孔时,应以满足船舶安全通航为前提,设置两个或多个通航孔。

(4)通航孔的净空宽度,遵照《海轮航道通航标准》(JTS 180-3—2018)执行。

三、海轮最高通航水位

根据《海轮航道通航标准》(JTS 180-3—2018)条文,按以下要求处理:

设计最高通航水位是指跨越通航海轮航道的桥梁通航净空高度的起算水位。

(1)跨海桥梁的设计最高通航水位应采用当地历史最高潮位。

必要时经论证可采用年最高潮位频率分析5%的水位,该水位宜采用耿贝尔Ⅰ型极值分布律进行计算。

(2)跨越感潮河段通航海轮航道的桥梁设计最高通航水位按以下方法确定:

①当桥梁所处河段的多年月平均水位的年变幅大于或等于多年平均潮差时,设计最高通航水位采用年最高洪水位频率分析5%的水位,该水位宜采用皮尔逊Ⅲ型分布律进行计算。

②当桥梁所处河段的多年月平均水位的年变幅小于多年平均潮差时,设计最高通航水位应采用当地历史最高潮位;必要时经论证可采用年最高潮位频率分析5%的水位,该水位宜采用耿贝尔Ⅰ型极值分布律进行计算。

(3)非感潮河段通航海轮航道的桥梁设计最高通航水位,应依据批准的远期内河航道等级,按现行国家标准《内河通航标准》(GB 50139—2014)确定。

(4)在确定历史最高潮位和采用年最高潮位或年最高洪水位进行频率分析时,其样本系列应不少于20年。当样本系列不足20年时,应使用相邻且其相关性良好的水文站水位资料计算、分析确定。

四、通航净空高度

(1)桥梁通航净空高度,是指代表船型的船舶或船队安全通过桥孔的最小高度,起算面为设计最高通航水位。通航净空高度数值为代表船型空载水线以上至最高固定点高度与富余高度之和。

(2)富余高度是为保障桥下船舶行驶安全而设置的富余量。

《海轮航道通航标准》(JTS 180-3—2018)富余高度值可采用以下标准：

①在通航海轮的内河水域或有掩护作用的海域，取2m。

②在波浪较大的开敞海域，且建在重要航道上的桥梁，宜取4m。

③当桥位所在地区的平均海面有上升趋势时，其上升的量应另计入富余高度；平均海面上升的预测年限不应少于50年。

④富余高度中应不包括由桥梁结构挠度和基础沉降引起的通航净空高度减少量。

⑤复试航道主航道和辅航道的通航净空高度应分别根据各自的仪表船型确定。

习　题

1. 潮汐、潮流是怎样形成的？我国海域潮汐和风暴潮情况如何？
2. 如何进行设计潮位的推算？
3. 波浪要素包括哪些方面？如何确定设计波高？
4. 试述波浪对桥梁墩台的影响。怎样确定不同条件下波浪对桥梁墩台的作用力？
5. 跨海桥梁冲刷和跨河桥梁冲刷，有何不同？怎样确定？
6. 某海峡水文水力计算实测资料为：墩前行进水深 $h=48.0\text{m}$，冲刷层内泥沙平均粒径 $d=0.15\text{mm}$，墩前行进流速 $v=2.86\text{m/s}$，桥墩计算宽度 $B_1=90.39\text{m}$，墩形系数 $K_\zeta=0.92$，潮流冲刷折减系数取0.8，试分别采用65-2修正公式、65-2公式以及65-1修正公式计算桥墩局部清水冲刷最大深度(h_{b0})、平衡冲刷最大深度(h_b)及潮汐冲刷最大深度(h_{bt})。

第九章
桥位勘测和桥位选择

【学习目的与要求】

通过本章学习,学生能够了解桥位勘测设计的主要任务和工作内容;了解桥位选择应满足的基本要求;掌握各类河段上桥位选择的特点;了解特殊地区桥位选择的要点。

第一节 桥位勘测设计的内容

桥位(Bridge Site)也称桥址,直接的意思是桥梁中线(桥轴线)的位置。

桥位河段是指水流及河床变形受到桥梁影响的、位于桥梁上下游的河段。

桥位环境是指桥梁所在地区的河流、海域或其他水域的环境。

桥位方案应根据政治、经济、环境、技术等多方面的因素,进行综合比较来拟定和比选。桥位设计是将桥位河段上的桥梁、桥头引道及调治构造物等各项建筑物作为一个整体,根据桥位环境因素,进行总体布置和设计。桥位设计主要包括两方面内容:对桥位所在河流、海洋的环境进行勘察,对环境因素进行观测、搜集和分析;进而进行相应地桥梁水文分析计算及水力设计计算,确定桥长、桥高、墩台基础埋置深度。桥位设计在铁路工程中又称桥渡设计。桥渡(Bridge Crossing)更明显地含有跨河建筑物的概念。

桥位勘测阶段,进行桥位资料的搜集,通过现场勘察、测量、钻探等手段获得实地地形、地貌、水文、地质等自然环境资料,并现场选定桥位方案。桥位选择、桥孔设计、墩台冲刷、调治构造物及桥头引道的布设、计算、绘图等桥位设计工作,都是在桥位勘测过程中穿插进行的,桥位设计和桥位勘测是不可分的。

一、桥位勘测设计的主要任务

桥位勘测设计的主要任务是为桥位设计、桥型方案选择及墩台基础设计提供必要而可靠的基本资料;制订不同的桥位和接线方案,进行比选;制订不同桥位、不同接线方案相应的桥孔长度、桥梁高度、河床最低冲刷深度及引道、调治构造物的设计方案。

二、桥位勘测设计的主要工作

1.现场勘测前的技术准备工作

现场勘测前的技术准备工作,主要是向有关部门搜集必要的技术资料,包括以下几方面:

1)地形和测量资料

向测绘等有关部门搜集桥位和路线所在地区的地形图、航摄及卫星相片、三角点及导线点的坐标和方位角,水准点的位置、高程及其高程系统。

2)水文资料

桥位所在河流的水系图及上游支流水情,流域面积;桥位附近水文站历年实测最大流量及其相应水位、流速、糙率、水面比降、测流断面、含沙量以及水位与这些水文因素的关系曲线等;桥位河段河床及河岸的变迁资料。

3)气象资料

当地气象台(站)的历年最大风速、最多风向及频率;年内最高、最低气温;历年年降雨量,多年平均雨量,最大降雨天数,最大 1h、24h 降雨量;冰冻期,最大冻土深度等。

4)流冰、流木资料

桥位河段最高、最低流冰水位,封冻最高水位;冰厚、冰块最大尺寸;冰块的密度、速度,冰坝壅水高度以及涎流冰的资料;流木最大长度,漂流物类型等。

5)通航资料

通航等级,船舶、船队尺度,排筏尺度,发展规划;航道、航迹线图,最高、最低通航水位,通航净空,通航孔数等。

6)地质资料

区域地质、工程地质、地震等基本资料,附近地区既有工程的地质资料;沙石建材产地等。

7)其他资料

当地水利、铁路、公路、城建、规划、环保等部门的设计规划资料。另外,县志等地方志常可提供重要资料。

2.桥位勘测的外业工作

1)桥位选择

通过对上述各方面资料的研究,结合路线走向、城市(地区)规划的要求,进行现场勘察,选定两个以上桥位比较方案。这是桥位勘测的首要任务,详见本章第二节。

2)水文调查和测量

桥位河段的洪水痕迹、河床演变的调查测量;水文计算断面(形态断面)的选择和测量;河床或洪水比降的测量;调治构造物布设测量;补充搜集水文、气象、堤防等当地资料。

3)桥位测量

桥位测量主要包括桥位总平面图、桥位地形图、桥轴纵断面和引道测量。桥位平面控制网点应和路线控制点、国家三角点联测,按国家统一坐标系计算直角坐标。桥位高程控制应与路线控制高程联测或与国家及其他部门水准点联测。精度要求按《公路勘测规范》(JTG C10—2007)、《公路工程水文勘测设计规范》(JTG C30—2015)等执行。

桥位总平面图是以较小的比例尺测绘桥位较大范围的总图,应满足桥位比选、桥头引道、调治构造物和施工场地布置的需要,比例尺一般为1:2 000~1:20 000。有几个桥位方案时,应尽量将各桥位方案测绘在一张图内。一般河流比例尺采用1:2 000~1:5 000,较大河流可用1:5 000~1:10 000,较小河流可用1:1 000~1:2 000。一般最小测绘范围,山区河流上游测绘长度约为洪水泛滥宽度的2倍,下游约为1倍;顺桥轴方向为历史最高洪水位以上2~5m,或洪水泛滥线以外50m。平原区宽滩河流,上游测绘长度为桥长的3~5倍,下游为2~3倍;顺桥方向应满足桥头接线和施工场地布置的要求。图中还应包括控制导线网、三角网、控制点、水准点等。各方案的桥轴线、引道接线、水文计算断面、洪水位调查点、最高泛滥线、航标、流向等均应在图上标明。

桥位地形图比例尺一般为1:500~1:5 000,测绘范围应满足桥梁孔径、桥头引道和调治构造物设计的要求。一般上游测绘长度为桥长的2~3倍,下游为桥长的1~2倍,不稳定河流用大值;顺桥轴方向应测至最高洪水位(或设计水位)以上3~5m,或洪水泛滥线以外50m。对于受倒灌影响及宽滩、分汊、冲积漫流、泥石流、河网沼泽等地区的河段,应按实际情况确定测绘内容和范围。图中应包括平面、高程控制网点的位置和数据,绘出桥梁及其他建筑物的历史洪水点及泛滥线。

桥轴纵断面和引道测量,应与路线中线测量一次完成,根据路线及桥位勘测规范的要求进行。

4)桥位工程地质勘察

为了查明桥位范围内的地层、岩性、地质构造、不良地质现象、水文地质等工程地质条件,必须进行桥位工程地质勘察,探明桥梁墩台和调治构造物的地基覆盖层、基岩风化层的厚度,基岩的风化、破碎程度,软弱夹层及地下水的状态,测试岩土的物理力学特性,提供地基承载力和桩壁摩擦力的数据,并对边坡及地基稳定性、不良地质的危害程度、地下水对地基的影响等做出评价。

对于大桥、特大桥桥位工程地质勘察,应与设计阶段相适应,一般采用两阶段勘察,即初步设计勘察(初勘)和施工图阶段勘察(详勘)。这些工作都应根据《公路工程地质勘察规范》(JTG C20—2011)、《公路勘测规范》(JTG C10—2007)等规定进行。

最后完成的桥位地质勘察报告应包括上述各项工作的资料、评价和图表。主要图表有:桥位工程地质平面图、桥位工程地质纵断面图、桥位工程地质横断面图、钻孔地质柱状图等,如图9-1-1所示。

3. 桥位勘测设计的内业工作(不包括结构施工图设计)

1)水文资料整编和水文水力计算

绘制水位要素与水位观测图表;设计流量、设计流速、设计水位的推算;桥长、桥高、冲刷、壅水计算;绘制桥位中线、河段纵断面图;调治构造物水力、水文计算等。

2)测量资料整编

测量外业资料的整理、计算和绘图。

3)地质资料的整编

绘制外业资料的各种图表,编写工程地质勘察报告。

以上几个方面的桥位勘测工作都是围绕着桥位选择、桥位方案比选为中心进行的,为桥梁的初步设计和施工图设计提供依据。

第二节 桥位选择

桥位选择和桥位方案比选是桥位勘测设计的中心工作。桥位选择应从国民经济发展、生态环境保护和国防需要出发,在整体布局上应与铁路、水利、航运、城建、环境保护等方面相互配合;注意保护文物、环境和军事设施;同时,还要照顾群众利益,少占良田,少拆迁有价值的建筑物。桥位方案应从政治、经济、环境、技术上进行多方面比较;对于影响面大的桥位方案,尚应征求有关部门的意见,还应遵循《水法》、河流及海洋、生态环境等法规的有关规定。

公路桥梁设计和桥位选择都应根据所在公路的任务、功能和将来发展的需要,按照安全、适用、经济和美观的原则进行,力求做到公路及桥梁建筑物和当地生态环境的和谐与协调。

高速公路、一级公路上的各类桥梁(特大桥、大中桥及小桥涵)和二、三、四级公路上的小桥、涵洞的线形及其与公路的衔接,一般应符合路线布设的规定。二、三、四级公路上的特大桥,大、中桥桥位,原则上应服从路线走向,桥、路综合考虑,尽量选择在河道顺直、水流稳定、地质良好的地段上。当桥上线形为曲线时,其各项技术指标应符合路线布设的要求,与引道线形相配合。

桥位选择和桥位设计必须保证在交通正常运行的状态下,顺畅地通过设计洪水和凌汛,满足通航要求,并与附近地区环境保护及引道路基、路面排水、堤防设施等相配合。

保护自然生态环境是我国的基本国策,也是我国50年来建设经验的总结。公路及桥梁勘测设计时,应全面搜集、分析当地水文、地形、地质、植被等资料,尽量做到公路及桥梁建筑物和生态环境相协调,两者成为和谐的整体。这样,一方面保护了环境,另一方面,可避免或减少公路及桥梁的洪水和地质灾害。

一、桥位应满足水文、地形、地貌、地质、通航方面的要求

1. 水文

桥位应选在河道顺直、稳定、狭窄、河槽明显的河段,不宜选在不稳定的分汊、汇合、急弯和流冰、流木阻塞等河段;桥轴线宜与中、高水位的水流正交,若不可能,斜交角不宜大于5°;若斜交角大于5°时,桥孔长度、墩台冲刷都应考虑斜交的影响。

桥位选择必须考虑未来河床变形的影响。

2. 地形、地貌

桥位应尽量选在两岸有山嘴、高地等河岸稳定河段及两岸便于接线的开阔地段,应避开桥位上下游存在山嘴、沙滩、石梁等对水流有严重干扰的河段。

3. 地质

桥位应尽量选在基岩和坚硬土层外露或埋藏较浅、地质构造简单、地基稳定处,避开活动性断层、滑坡、泥石流、强岩溶等不良地质地段。

4. 通航

桥位一般应选在航道稳定、顺直、有足够水深的河段;桥轴线宜与通航水位的水流正交,若不可能,斜交角不宜大于5°;桥位应避开险滩、浅滩、急弯、卡口、汇流口、水工设施、港口作业区、船舶锚地等。

二、各类河段上的桥位选择

山区峡谷河段:桥孔不得压缩水流,尽量一孔跨过。

山区开阔河段:选在河槽稳定、流速缓和处。

平原顺直(微弯)河段:选在河槽和河床走向一致,河槽流量较大处(图9-2-1)。墩台基础深度应考虑边滩下移,置于同一深度。

平原弯曲(蜿蜒)河段:桥位应选在河湾逼近河岸处,较稳定的河湾中部,并选择河床和河槽方向接近平行处跨越,如图9-2-2所示。

图 9-2-1 平原顺直(微弯)河段的桥位

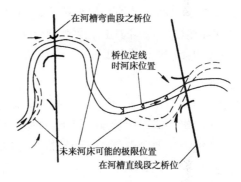

图 9-2-2 平原弯曲(蜿蜒)河段的桥位

平原分汊河段:桥位尽量避开河汊、分流点、汇流点;不得已时,选在分流点、汇流点上游,流向基本顺直河段。

平原游荡型河段:桥位应选在河岸有固定的土丘或岸坝的天然束窄处,如无法利用时,应结合治河工程,筑堤束水,稳定河道,如图9-2-3所示。

平原宽滩河段:桥位应选在顺直、微弯、滩地较高、滩槽洪水流向一致的稳定河段,河滩可以较大压缩。

山前区变迁型河段:桥位应与岸边正交,不考虑多变河汊的位置,必须设置导流、防护设施。若有可能,桥位选在上下游河道较窄、岸边稳定处为好,如图9-2-4所示。

倒灌河段:跨越支流的桥梁,桥位尽量避开大河倒灌的影响。受大河洪水倒灌影响时的桥孔设计,因桥前产生积水,在此期间支流发生洪水而干流洪水又急剧下降,此时桥前积水体积将使泄流加大。设计流量可按大河倒灌后急剧退水,同时支流出现设计流量时计算,桥高以调查或实测的倒灌水位控制。

潮汐河口河段:桥位应避开涌潮、滩岸多变的区段;潮汐河段上游段的桥位,可按一般情况处理;潮汐下游段、中间段的桥梁,桥孔长度可按一般情况下的长度加大5%~15%。

各类河段的桥位选择和桥孔布设可参考表 5-1-2。

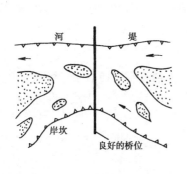

图 9-2-3　平原游荡型河段的桥位

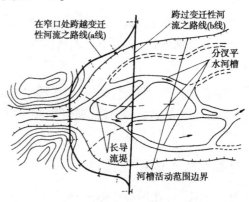

图 9-2-4　山前变迁型河段的桥位

三、特殊地区的桥位选择

1. 水库地区桥位选择

水库地区桥位选择应考虑因修建水库而引起的河流状态的变化及可能产生的各种不利因素;桥位位于水库上游回水影响范围以内时,应选在库面较窄、岸坡稳定、泥沙沉积较少的地段;在封冰地区,桥位不应选在回水末端容易形成冰坝、冰寒缝地段;在水库下游时,桥位应选在下游集中冲刷影响范围以外。

2. 泥石流地区桥位选择

在强烈泥石流地区,桥位选择应采取绕避的方案;当路线必须通过泥石流地区时,桥位应选在沟床稳定的流通区的直线段上,且桥轴线应与主流正交,不应选在沟床纵坡由陡变缓、断面突然收缩或扩散段以及弯道的转折处;路线通过泥石流堆积扇时,桥位宜避开扇腰、扇顶部位,宜选在扇缘及其尾部;路线应沿等高线定线,桥梁宜分散设置;如堆积扇受大河水流切割时,桥位选择应考虑切割发展,留有一定的余地;路线通过泥石流堆积扇群时,桥位宜选在各沟出山口处或横切各扇缘尾部。

3. 岩溶地区桥位选择

桥位尽量避开岩溶发育严重地区,在岩溶轻微处选择桥位;若必须在强岩溶地区设桥时,则应选在岩层比较完整,洞穴顶板较厚处;当路线通过岩溶地区构造破碎带时,桥位应避开破碎带,当无法避开时,应尽量使桥位垂直破碎带或以较小的斜交角通过;桥位应避开巨大洞室和大竖井;桥位不宜选在可溶岩层与非可溶岩层的接触带,应选在非可溶岩层上;桥位不宜选在岩溶丘陵压峰间谷地的漏斗、落水溶洞、溶泉、地下通道及暗河露头处;暗河范围内不宜建桥;岩溶塌陷区的桥位应选在覆盖层较厚、土层稳固、洞穴和地下水位稳定处;如塌陷范围小,可用单孔跨越。

4. 平原低洼(河网)地区桥位选择

桥位选择应根据桥梁所处地理环境和不同的水文条件确定。桥位应尽量绕避易形成内涝和大面积滞洪的地区,在不得已的情况下,尽量在滞洪区边缘地带通过为宜;在有防洪要求的河道上修桥,桥孔不宜压缩,应尽量减小桥前壅水,以保证堤防安全。对远期可能拓宽河槽的,桥长应考虑一定的预留量;梁底高程应高出远期规划的堤顶高程。通过的河渠尚应考虑通航的要求。

5. 倒灌河段桥位选择

跨越支流的桥梁,桥位尽量避开受大河倒灌影响的地区。受大河洪水倒灌影响时的桥孔设计,因桥前产生积水,在此期间支流发生洪水而干流洪水又急剧下降,此时桥前积水体积将使泄流加大。设计流量可按大河倒灌后急剧退水,同时支流出现设计流量时计算,桥高以调查或实测的倒灌水位控制。

6. 潮汐河段桥位选择

桥位应避开涌潮区段和滩岸、凹岸多变区段;潮汐河段上游段的桥位、桥孔设计可按天然状态下的设计方法进行;位于潮汐河段下游段和中间段的桥梁,桥孔长度可按天然状态下桥孔净长度,再加大5%至15%来考虑,但亦不小于多年平均低潮水位时的水面宽度;位于挡潮附近或围垦影响区段的桥孔设计,应考虑建闸或围垦前后历年河道及水文情况的变化,特别是关闸时水位局部突然壅高或降低及围垦后对水位变化的影响;如有封冻及流冰时,应考虑水流往复流动的作用,桥孔布设不应阻碍冰块的排泄。当有大型冰块浮动时,桥墩应有抗冰压或破冰措施。

四、跨越通航海轮航道桥梁的桥位选择

桥位应远离航道弯道、险滩、汇流口、渡口、港口作业区和船舶锚地,其距离应满足通航安全的要求。通航海轮的内河航道桥梁上游不得小于代表船型或控制性顶推船队长度4倍的大值,下游不得小于代表船型或控制性顶推船队长度2倍的大值;跨越海域的桥梁上、下游均为不得小于代表船型长度的4倍。通航10^4DWT及以上船舶航道上的桥梁,远离的距离可适当加大,不能远离时需经实船试验或模型试验论证确定。

第三节　桥位方案实例

桥位推荐方案必须在对各桥位方案进行全面、认真地比较后,才能选定。

首先,对于初步选择的2~3个桥位比较方案分别进行桥梁的平面、纵断面和横断面设计,拟定每个方案的桥长、桥高、墩台冲刷深度、分孔、上部结构及墩台基础形式和尺寸,调治构造物的布设,绘制桥梁纵断面、平面图,计算工程数量,编制概预算;然后,将各个桥位方案进行经济、技术、环境及全面社会效益等方面的比较,从该桥梁的任务和功能要求出发,根据安全、适用、经济、美观和环境保护的原则,选取最优者作为桥位推荐方案。在此基础上进一步进行桥梁施工图设计,最终完成桥梁设计任务。

桥位方案间的经济比较,应包括各项工程费、维修保养费、营运费,并考虑其对公路运输、地区经济发展等的影响。

桥梁是公路的组成部分,桥、路应密切配合,桥位选择应该使整个路线顺畅、短而平缓;使桥位具有良好的水文、地质和桥头引道技术条件;推荐桥位应对当地交通、农业、水利、城镇经济和居民生活等发展最为有利。

桥梁不仅是交通工程建筑物,而且还是一个地区、城市景观的重要组成部分。随着世界经济技术的发展和生活质量的提高,人们对桥梁的景观和美学的要求愈加重视。力求桥梁与地区的整体环境相协调,做到功能、技术和经济的统一,桥梁结构形式和谐,具有纯正、清爽、稳定的秩序感和韵律感。

山岭峡谷急流宜用一孔桥梁直接跨过。图9-3-1为新疆寨口桥为重力式桥台单孔拱桥,桥长85m,箱形拱,桥形与林木丛生的群山十分和谐。

新疆喀喇昆仑山山麓下游的莎车叶尔羌河大桥位于无明显河岸的山前变迁河段,1964年修建新桥时,将桥位选在被老桥长期压缩形成的下游束窄段,利用长导流堤来固定束窄段两岸(图5-1-11)。此桥洪水后河床地形动床模型照片见附录中图F-3。

图9-3-1　新疆寨口桥

【例9-3-1】 嘉陵江大桥

某国道公路通过秦岭,属山岭重丘区,在某县城跨越嘉陵江,县城附近按过境线二级公路标准设计。县城位于秦岭山脉嘉陵江上游的狭窄河谷地带,土地十分宝贵。街道沿狭窄河谷两岸的陡坡弯曲布设,建筑物拥挤,左岸山坡建筑群中宝成铁路沿河谷方向通过,形成了街道、铁路、国道、省道公路沿江并行的拥挤状况,交通阻塞十分严重。为公路选线和桥位选择测得比例尺为1:2 000的县城和河道地形图,进行了地质和水文调查,沿江两岸陡峭的山谷、束窄段和开阔段相间,岩石风化较严重;河床质为沙砾,基岩埋置深度为16~18m;桥位距嘉陵江源头约75km,桥位上游20km有一水文站,其间有多条支流汇入,与桥位流量相差较大,县城河段设有一水位观测断面,1981年8月18日曾发生历史从未出现过的特大洪水(称8·18洪水),县城该断面流量为3 350m³/s,频率无法确定。根据《公路工程技术标准》(JTG B01—2014)规定,二级路特大桥、大桥的设计洪水频率$P=1\%$,按该县水利部门资料分析,设计频率$P=1\%$的设计流量$Q_s=2\,050$m³/s。

该国道是我国东南沿海地区至西北地区的重要干线,对于该县城只是过境公路,交通量发展很快,且县城地方狭小,街道拥挤,交通阻塞已很严重,路线在这样局限地区内必须跨越嘉陵江,又要通过铁路,为此,公路通过县城提出了两个路线方案,即高线方案和低线方案,与之对应的是高桥和低桥两个桥位方案。

高桥桥位方案:桥梁轴线的法线与水流斜交30°,设计水位957.50m,河床比降为6.6‰,桥面距地面最高处20m,跨越210m的河槽和130m的河谷街道、建筑群及铁路干线,桥梁从较高的右岸直接跨越到左岸的山坡上,桥梁全长438.00m。上部结构为2联7孔30m部分预应力钢筋混凝土箱形梁,下部结构为双柱式桥墩,钻孔灌注桩基础,左岸为重力式桥台,右岸为埋入式桥台,如图9-3-2所示。

低桥桥位方案:桥轴法线与水流交角46°,桥面距地面最高处5.20m,跨越河槽210m,两岸与县城原有街道接线,桥梁全长220.10m,上部结构为13孔16m预应力钢筋混凝土空心板,下部结构为双柱式桥墩,钻孔灌注桩基础。

上述两方案比较,从该公路和桥梁的功能来看,高等级公路的国道应避开城镇中心,保证公路交通畅通和安全,尽量减少对城镇规划和建设的干扰。该县城地处深山河谷,街道、建筑和交通已十分拥挤,高桥方案跨越江面、江岸街道及建筑群和铁路干线,两岸直接与城郊建筑群上面的山坡接线,既能保证国道畅通及安全,又能避免对城市规划、建设的干扰,大大减少拆迁。桥轴法线与水流的交角,高桥较低桥为小,高桥桥下净空富裕,泄洪通畅,利于城市防汛和桥梁安全。另外,高桥对城市环境和景观也是有利的。

高桥方案较低桥方案桥梁的直接造价要高得多,但是,全面考虑到建设拆迁费、长期营运费和地方经济效益和社会效益,还是高桥方案作为推荐方案为宜。

【例9-3-2】 东明黄河公路大桥

根据106国道及中原油田基地的位置,经过对山东菏泽与河南濮阳之间黄河河段35km范围内的河道调查,选择了高村、莱园集、贾庄三处比较桥位。该河段两岸堤距为5~7km,沿河布置有各种防洪工程,河段有冲有淤,属淤积型河流,每年平均淤积高度为0.096m,河床比降0.125‰。主河道宽度稳定在800~1 000m范围内,主槽摆动在200~300m之间。

通过比较,选定莱园集为推荐桥位,其主桥桥孔布置如图9-3-3所示。优点为:堤距最小4.82km,桥长最短4.644km;河床稳定,上下游均有险工,北面有控导工程,主河槽宽度虽大于高村桥位,但避开了险工,可减少施工难度;与现有106国道连接的南北新接线较短,大桥建成后,将成为两岸地区干线公路网的枢纽;新桥位于开封和平阴两座黄河公路特大桥之间,布局合理,有利于渡河车辆的合理分流,也有利于黄河防汛和国防战备。

水文与工程地质:在桥位处黄河被距5km左右的黄河大堤夹持,河道属游荡型向弯曲型过渡河段,桥轴线为北西35°,与水流方向基本正交;桥位附近的高村水文站有42年的水文资料可供使用;桥位上游有高村险工,下游有贾庄险工,北高滩有半永久性控导工程,经30多年的整治,桥位河床及流势已基本稳定,桥位避开险工段,两岸高滩有利于施工。

两岸均为冲积平原,桥基土为堆积的第四系地层沉积,厚度在150m以上。根据地质钻探资料,50m以上为亚黏土、亚砂土相间,50m以下夹有坚硬黏土。

黄河水利委员会要求主河槽部分最大冲刷按25m计,边滩部分按5~10m计。

本河段为6度地震烈度区,设计地震烈度按7度设防。

设计技术标准:设计荷载为汽车—超20级,挂车—120;通航标准按四级航道净宽44m,净高8m,加预留河床淤高3.5m控制设计;黄河水利委员会要求设计洪水频率为1/300,设计流量为25 300m^3/s,设计水位68.70m(黄海高程),校核洪水频率为1/1 000,相应水位69.50m,上述水位均已考虑50年淤积高度。

【例9-3-3】 武汉长江大桥

1957年建成的新中国第一座长江大桥——武汉长江大桥,由公铁两用长江大桥一座、公路铁路汉江大桥各一座和多座引桥、跨线桥组成,"一桥飞架南北,天堑变通途",把武汉三镇连接成一个整体,成为我国南北交通的枢纽(图9-3-4)。桥位选在长江河道顺直、武昌蛇山和汉江龟山形成的较窄卡口处,与水流正交,铁路的两岸桥头接线布设在林木繁茂的龟山和蛇山上。这样处理做到了桥位河段稳定,正桥和引桥都最短,既能满足长江通航净空的要求,又避免了两岸高填土路基,同时,铁路在山林中通过城市中心地带,消除了对城市的噪声污染和对景观的干扰。

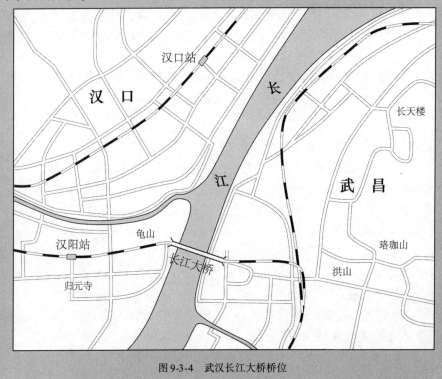

图 9-3-4　武汉长江大桥桥位

习　　题

1. 简述桥位勘测工作的基本内容。
2. 简述选择桥位时应考虑哪些方面的要求?
3. 试述各类河段上的桥位选择的特点。

第十章
小桥和涵洞孔径计算

【学习目的与要求】

通过本章学习,学生能够了解小桥和涵洞在公路构造物组成部分中的重要性,明确小桥和涵洞孔径计算的目的。了解小桥和涵洞勘测的主要内容和位置选择;掌握水流通过小桥、涵洞的图式;掌握小桥、涵洞孔径计算方法;了解涵洞进出口沟床加固处理方法。

公路在跨越河沟、溪谷和灌溉渠道时,需修建各种排水构造物,其中以小桥、涵洞居多。一般在平原区每公里1~3座,山区每公里3~5座。据统计,已建成公路中小桥和涵洞的工程投资占公路总投资的15%~20%,其投资总额为大、中桥的2~4倍。由此可见,小桥和涵洞是公路构造物的重要组成部分,其设计是否合理对整条公路的造价和使用质量都有很大的影响。

小桥和涵洞孔径大小应根据设计流量、河床特性及河床进出口加固类型所允许的平均流速等来确定。小桥和涵洞孔径计算的目的在于合理确定桥涵孔径的大小、河床加固的类型和尺寸、壅水高度、桥涵处路基和桥涵顶面的最低高程。

第一节　小桥和涵洞勘测

一、小桥和涵洞勘测的主要任务

小桥和涵洞勘测包括外业勘测和内业设计两部分。通过对公路沿线的地形、地质、水文、气象及农田水利设施等情况进行勘测和调查，为桥涵设计以及水力计算提供必要的资料和依据。

二、小桥和涵洞勘测的主要工作内容

1. 勘测前的准备工作

(1) 地形资料：收集公路沿线 1:10 000~1:50 000 的地质图，要求能获得必要的流域面积、主河沟平均纵坡度等资料。

(2) 地质资料：收集区域地质特征资料、地形图及土质类别。

(3) 水文资料：小桥和涵洞所在地附近水文站历年实测最大流量及其相应的洪水位或历史洪水位痕迹、沿河沟上下游河床变迁情况、水工构造物等资料。

(4) 气象资料：当地气象站年、月平均降雨量，暴雨强度和所持续时间，年内最高、最低气温，主导风向和风力等。

(5) 其他资料：若为改建或修复工程，尚需向原设计、施工和养护部门收集有关工程的测设、施工及竣工资料，了解该工程的使用、养护、水毁等情况，并征询小桥和涵洞改建的意见。

(6) 组织与配备完成该工程勘测任务的人员、仪器和工具等。

2. 小桥和涵洞位置的选择

小桥和涵洞位置的选择应以服从路线走向、保证排水顺畅和路基稳定、降低工程造价为原则。

1) 山岭及丘陵区小桥和涵洞位置的确定

(1) 一般应一沟一涵，间距不宜大于 300m。当汇水区很小时，两河沟相距很近，可改沟合并。但要注意开挖排水沟或加深、加宽边沟；做好旧河沟的堵塞、截水墙及路基加固工程。

(2) 涵位与路基排水系统密切配合，如在截水沟排水出口处应设置涵洞，以免水流冲刷路面和路基。

(3) 路线的转角较大（大于 90°），平曲线半径较小，进入弯道前的纵坡大于 4%，在弯道起(止)点附近应设置涵洞。

(4) 路线由陡坡段过渡到缓坡段，在此 200m 内又无其他涵洞时，在变坡点附近应设置涵洞。

2) 平原区小桥和涵洞位置的确定

(1) 根据天然排洪系统有利于农业灌溉设置小桥和涵洞，并避免桥涵出口对耕地造成冲蚀。

(2) 路线通过较长的低洼及泥沼地带时，在具有天然纵坡地段，可适当多设置涵洞，以防止排水不畅及长期积水。

(3) 路线靠近村庄时，宜设置涵洞，以便及时排除村内的地面积水。

(4) 小桥和涵洞位置应选择在河床地质良好、地基承载力较大的河段。

3. 小桥和涵洞测量

小桥和涵洞测量主要包括河沟横断面测量、河沟纵断面测量及河沟比降测量,并应测绘桥涵址平面图。

4. 小桥和涵洞类型选择

小桥和涵洞类型选择主要根据公路等级及性质,按照安全、适用、经济、就地取材、便于施工和养护等条件确定。小桥和涵洞构造形式的选择主要根据设计流量、路堤高度、河床纵坡、建筑材料的供应等确定。

桥涵孔径是根据设计流量以及小桥和涵洞所在河沟的断面形态,通过水力计算来确定的。

第二节 小桥孔径计算

一、水流通过小桥的图式

当桥孔压缩河槽时,水流受到桥头路堤和墩台的挤压,桥前水位抬高,产生壅水,桥下水面降低,出现收缩断面。

小桥桥下河槽一般都进行铺砌加固,不会受到水流冲刷。通过小桥桥下的水流图式与宽顶堰相似,按下游天然水深的大小可分为自由式出流与淹没式出流两种。

1. 自由式出流

小桥下游天然水深 $h_t < 1.3 h_k$ 时,桥下水流图式如图 10-2-1 所示,桥下水深为桥下河槽的临界水深 h_k。这种图式称为自由式出流。

2. 淹没式出流

小桥下游天然水深 $h_t \geq 1.3 h_k$ 时,桥下的临界水深被下游天然水深的水面所淹没,桥下水流图式如图 10-2-2 所示,桥下水深为天然水深 h_t。这种图式称为淹没式出流。

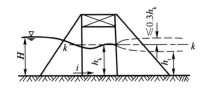

图 10-2-1 小桥的自由式出流图式

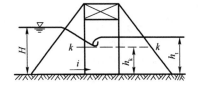

图 10-2-2 小桥的淹没式出流图式

二、小桥孔径计算

在孔径计算中,小桥与大、中桥有不同特点。大、中桥允许河床发生一定的冲刷,一般采用天然河槽平均流速作为设计流速。小桥一般不允许河底发生冲刷,可以根据河床加固铺砌的类型,选择适当的容许(不冲刷)平均流速作为设计流速。

一般采用试算法确定小桥孔径。先根据河床实际情况,拟定河床加固类型,确定桥下河床的容许(不冲刷)平均流速(可按表 10-2-1a 和表 10-2-1b 采用);再根据容许(不冲刷)平均流速与设计流量,通过计算确定孔径大小与壅水高度,并与允许的壅水高度进行比较,从而判断是否需调整孔径,直至达到允许的壅水高度。

石质土的容许(不冲刷)平均流速　　表 10-2-1a

顺序号	土的名称	水流平均深度(m)			
		0.4	1.0	2.0	3.0
		平均流速(m/s)			
1	砾岩、泥灰岩、页岩	2.0	2.5	3.0	3.5
2	多孔的石灰岩、紧密的砾岩、成层的石灰岩、石灰质砂岩、白云石质石灰岩	3.0	3.5	4.0	4.5
3	白云石质砂岩、紧密不分层的石灰岩、硅质石灰岩、大理石	4.0	5.0	6.0	6.5
4	花岗岩、辉绿岩、玄武岩、安山岩、石英岩、斑岩	15.0	18.0	20.0	22.0

注:1. 表列流速数值不可用内插法,当水流深度在表列水深值之间时,则流速应采用与实际水流深度最接近时的数值。
　　2. 当水流深度大于3.0m(在缺少特别观测与计算的情况下)时,容许流速采用表中水深为3.0m时的数值。

人工加固工程的容许(不冲刷)平均流速　　表 10-2-1b

顺序号	加固工程种类	水流平均水深(m)			
		0.4	1.0	2.0	3.0
		平均流速(m/s)			
1	平铺草皮(在坚实基底上) 叠铺草皮	0.9 1.5	1.2 1.8	1.3 2.0	1.4 2.2
2	用大圆石或片石堆积,当石块平均尺寸为 20~30cm 30~40cm 40~50cm 及以上	3.3 — —	3.6 4.1 —	4.0 4.3 4.6	4.3 4.6 4.9
3	在篱格内堆两层大石块,当石块平均尺寸为 20~30cm 30~40cm 40~50cm 及以上	4.0 — —	4.5 5.0 —	4.9 5.4 5.7	5.3 5.7 5.9
4	青苔上单层铺砌(青苔层厚度不小于5cm): ①用15cm 大小的圆石(或片石) ②用20cm 大小的圆石(或片石) ③用25cm 大小的圆石(或片石)	2.0 2.5 3.0	2.5 3.0 4.0	3.0 3.5 4.0	3.5 4.0 4.5
5	碎石(或砾石)上的单层铺砌(碎石层厚度不小于10cm): ①用15cm 大小的片石(或圆石) ②用20cm 大小的片石(或圆石) ③用25cm 大小的片石(或圆石)	2.5 3.0 3.5	3.5 3.5 4.0	4.0 4.0 4.5	4.0 4.5 5.0
6	单层细面粗凿石料铺砌在碎石(或砾石)上(碎石层厚度不小于10cm): ①用20cm 大小的石块 ②用25cm 大小的石块 ③用30cm 大小的石块	3.5 4.0 4.0	4.5 4.5 5.0	5.0 5.5 6.0	5.5 5.5 6.0
7	铺在碎石(或砾石)上的双层片石(或圆石): 下层用15cm 石块,上层用20cm 石块(碎层厚度不小于10cm)	3.5	4.5	5.0	5.5

续上表

顺序号	加固工程种类	水流平均水深(m)			
		0.4	1.0	2.0	3.0
		平均流速(m/s)			
8	铺在坚实基底上的枯枝铺面及枯枝铺褥(临时性加固工程用): ①铺面厚度 $\delta = 20 \sim 25$cm 时 ②铺面为其他厚度时	— 按上值乘以系数 $0.2\sqrt{\delta}$	2.0	2.5	—
9	柴排: ①铺面厚度 $\delta = 15$cm 时 ②铺面为其他厚度时	2.5 按上值乘以系数 $0.2\sqrt{\delta}$	3.0	3.5	—
10	石笼(尺寸不小于 $0.5m \times 0.5m \times 1.0m$)	4.0 及以下	5.0 及以下	5.5 及以下	6.0 及以下
11	在碎石层上用 M5 水泥砂浆砌双层片石,其石块尺寸不小于20cm	5.0	6.0	7.5	
12	M5 水泥砂浆砌石灰岩片石的圬工(石料极限强度不小于10MPa)	3.0	3.5	4.0	4.5
13	M5 水泥砂浆砌坚硬的粗凿片石圬工(石料极限强度不小于30MPa)	6.5	8.0	10.0	12.0
14	C20 混凝土护面加固 C15 混凝土护面加固 C10 混凝土护面加固	6.5 6.0 5.0	8.0 7.0 6.0	9.0 8.0 7.0	10.0 9.0 7.5
15	混凝土水槽表面光滑者: ①C20 混凝土 ②C15 混凝土 ③C10 混凝土	13.0 12.0 10.0	16.0 14.0 12.0	19.0 16.0 13.0	20.0 18.0 15.0
16	木料光面铺底,其层稳固及水流顺木纹者	8.0	10.0	12.0	14.0

注:表列流速数值不可用内插法,当水流深度在表列水深值之间时,流速数值采用接近于实际深度的流速。

根据已知的设计流量和拟定的河床容许流速,计算小桥孔径与桥前壅水高度,计算程序如下。

1. 判别桥下水流图式

1)确定河槽天然水深 h_t

河槽天然水深 h_t,可根据已知的设计流量及河槽特征,按明渠均匀流公式,用试算法确定。先假设一个水深 h,从河槽横断面图上求得过水面积 A 和水力半径 R,按下列公式计算相应的流量 Q:

$$Q = A \frac{1}{n} R^{2/3} i^{1/2} \quad (10\text{-}2\text{-}1)$$

若计算的 Q 值与设计流量相差一般不超过 $\pm 5\%$,应用计算机计算应不超过 $\pm 1\%$,则假定的水深可作为天然水深。否则,需要重新假定水深进行计算,直至符合要求为止。

2)确定桥下临界水深 h_k

桥下河槽的临界水深 h_k,可按临界水深公式求得:

$$\frac{A_k^3}{B_k} = \frac{\alpha Q_s^2}{g} \quad (10\text{-}2\text{-}2)$$

式中:A_k——桥下河槽临界水深对应的过水断面面积(m^2);

B_k——临界断面的水面宽度(m);

Q_s——设计流量(m^3/s);

α——流速分布系数,小桥取 $\alpha = 1.0$。

因此,任意形状断面的平均临界水深 $\bar{h}_k$ 为:

$$\bar{h}_k = \frac{A_k}{B_k} = \frac{Q_s^2}{A_k^2 g} = \frac{v_k^2}{g} \tag{10-2-3}$$

式中: $\bar{h}_k$ ——平均临界水深(m);

v_k ——临界流速(m/s),计算时可采用河床的容许(不冲刷)流速;

其他符号意义同前。

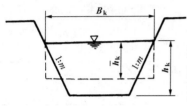

图 10-2-3 梯形断面临界水深的计算图式

对于矩形断面的桥孔,桥下临界水深等于平均临界水深,即 $h_k = \bar{h}_k$;对于宽浅的梯形断面,也可以取 $h_k \approx \bar{h}_k$;对于窄而深的梯形断面,临界水深 h_k 可按过水面积相等的关系近似求得(图 10-2-3)。

由图 10-2-3 可得:

$$B_k \bar{h}_k = (B_k - 2mh_k)h_k + mh_k^2$$

则

$$h_k = \frac{B_k - \sqrt{B_k^2 - 4mB_k \bar{h}_k}}{2m} \tag{10-2-4}$$

式中: m ——梯形断面边坡系数;

其他符号意义同前。

临界断面水面宽度 B_k 由式(10-2-2)得:

$$B_k = \frac{A_k^3 g}{Q_s^2} = \frac{Q_s g}{v_k^3} \tag{10-2-5}$$

3) 水流图式判别

当 $h_t < 1.3h_k$ 时,自由式出流;当 $h_t \geq 1.3h_k$ 时,淹没式出流。

2. 确定小桥孔径长度 L

1) 自由式出流

考虑桥台和桥墩侧向挤压水流使桥下过水面积减小的影响,计算需要的桥下水面宽度 B 时,应引进水流压缩系数 ε:

$$B = \frac{Q_s g}{\varepsilon v_k^3} + Nd \tag{10-2-6}$$

式中: B ——需要的桥下水面宽度(m);

ε ——水流压缩系数,按表 10-2-2 采用;

N ——桥墩个数;

d ——桥墩宽度(m);

其他符号意义同前。

水流压缩系数 ε 与流速系数 ϕ 表 10-2-2

桥台形状	ε	ϕ
单孔桥锥坡填土	0.90	0.90
单孔桥有八字翼墙	0.85	0.90
多孔桥或无锥坡或桥台伸出锥坡以外	0.80	0.85
拱脚淹没的拱桥	0.75	0.80

若桥孔断面为矩形,则孔径长度 $L=B$;

若桥孔断面为梯形(图 10-2-4),则孔径长度为:

$$L = B + 2m\Delta h \qquad (10\text{-}2\text{-}7)$$

式中:L——小桥的孔径长度(m);

　　m——桥台处锥坡的边坡系数;

　　Δh——小桥上部结构底面高出水面的高度(m);

　　其他符号意义同前。

2) 淹没式出流

下游天然水深 $h_t \geqslant 1.3 h_k$ 时,桥下河槽被下游水流淹没,桥下过水断面的水深为 h_t,则桥下过水断面平均宽度(即 $1/2 h_t$ 处)为:

$$B_0 = \frac{Q_s}{\varepsilon h_t v_{bc}} + Nd \qquad (10\text{-}2\text{-}8)$$

式中:B_0——桥下过水断面的平均宽度(m);

　　v_{bc}——河床的容许(不冲刷)流速(m/s),可按表 10-2-1 采用;

　　其他符号意义同前。

若桥孔断面为矩形,则孔径长度 $L=B_0$;

若桥孔断面为梯形(图 10-2-5),则孔径长度为:

$$L = B_0 + 2m\left(\frac{1}{2}h_t + \Delta h\right) \qquad (10\text{-}2\text{-}9)$$

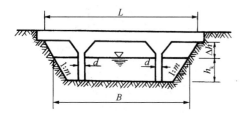

图 10-2-4 梯形桥孔断面(自由式出流)

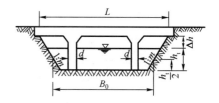

图 10-2-5 梯形桥孔断面(淹没式出流)

如果桥孔轴线与水流方向斜交,交角为 α,则斜交桥孔长度 L_α 为:

$$L_\alpha = \frac{L}{\cos\alpha} \qquad (10\text{-}2\text{-}10)$$

根据计算得到的孔径长度 L 选用标准跨径,两者相差应小于或等于 10%;否则,需根据确定采用的孔径长度反求桥下流速和临界水深,复核水流图式。

3. 确定桥前水深 H

桥前水深 H 根据能量方程来计算。

1）桥下为自由式出流时，桥前水深 H 按下式计算：

$$H = h_k + \frac{v_k^2}{2g\phi^2} - \frac{v_H^2}{2g} \tag{10-2-11}$$

式中：H——桥前水深(m)；

ϕ——流速系数，见表10-2-2；

v_H——水深为 H 的桥前断面的行近流速(m/s)，当 $v_H \leq 1.0$ m/s 时，式(10-2-11)中 $v_H^2/(2g)$ 项可略去不计，当 $v_H > 1.0$ m/s 时，因 v_H 随 H 而变，需用逐步渐近法求解；

其他符号意义同前。

2）桥下为淹没式出流时，桥前水深 H 按下式计算：

$$H = h_t + \frac{v^2}{2g\phi^2} - \frac{v_H^2}{2g} \tag{10-2-12}$$

式中：v——由采用的孔径长度计算的桥下流速(m/s)；

其他符号意义同前。

4. 确定路基和桥面最低高程

按图10-2-6可得：

$$\text{桥头路基最低高程} = \text{河床最低点高程} + H + \Delta \tag{10-2-13}$$

按图10-2-7可得：

$$\text{桥面最低高程} = \text{河床最低点高程} + H + J + D \tag{10-2-14}$$

式中：H——桥前水深(m)；

Δ——安全高度(m)，按《公路工程技术标准》(JTG B01—2014)规定，至少为0.5m；

J——桥下净空安全值(m)，见表5-3-6；

D——桥梁上部结构的建筑高度(m)。

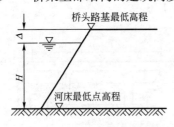

图 10-2-6 桥头路基最低高程示意图

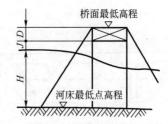

图 10-2-7 桥面最低高程示意图

第三节 涵洞孔径计算

涵洞与小桥相比，特点是孔径小、孔道长，河底往往具有较大的纵坡，涵前水深可以高于涵洞高度。

一、水流通过涵洞的水力图式

根据涵洞出水口是否被下游水面淹没，可分为自由式出流与淹没式出流两类。实际工程中绝大多数为自由式出流。

按涵洞进水口建筑形式不同与涵前水头高低，水流通过涵洞的水力图式可分为无压力式、半压力式、压力式三种。

1. 无压力式

当涵洞的进水口建筑为普通型（端墙式、八字式、平头式），而涵前水深 $H \leqslant 1.2h_T$ 时（h_T 为涵洞洞身净高），或者进水口建筑为流线型（喇叭形、抬高式），而涵前水深 $H \leqslant 1.4h_T$ 时，水流在进水口处受到侧向束窄，水面急剧下降，在洞口不远处形成一个收缩断面，水流流经全涵洞均保持自由水面，称为无压力式（明渠）水流状态，如图10-3-1和图10-3-2所示。公路上大多数涵洞，都采用无压力式。

图 10-3-1　无压力式涵洞水流（原西安公路学院，高冬光，1983年）

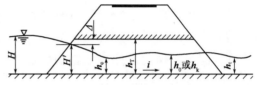

图 10-3-2　无压力式涵洞水力图式
H-涵前水深；H'-进口水深；h_c-收缩断面水深；h_T-涵洞洞身净高；h_0-正常水深；h_k-临界水深；h_t-下游水深；i-涵底纵坡

2. 半压力式

当涵洞的进水口建筑为普通型，且水流充满进口，涵前水深 $H > 1.2h_T$ 时（出水口不被淹没），但收缩断面以后在整个涵洞内都具有自由水面，称为半压力式水流状态（闸下出流），如图10-3-3所示。

当工程上采用半压力式涵洞时，涵底纵坡常用 $i \geqslant i_k$（临界坡度）。当 $i < i_k$ 时，收缩断面以后出现波状水跃，波动的水面与涵顶断续接触，使收缩断面顶部的压强断续出现真空，水流极不稳定，一般避免使用。

3. 压力式

当涵洞的进水口建筑为流线型，而涵前水深 $H > 1.4h_T$，且涵底纵坡 $i < i_w$（摩阻坡度），或者下游洞口被淹没时，则整个涵洞的断面都充满水流，称为压力式水流状态（有压管流），如图10-3-4和图10-3-5所示。

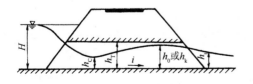

图 10-3-3　半压力式涵洞水力图式

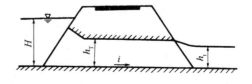

图 10-3-4　压力式涵洞自由式出流

涵洞的摩阻坡度 i_w 为恰好使水流重力克服水流摩阻力所需要的坡度，可按式（10-3-1）计算：

$$i_w = \frac{Q^2}{A^2 C^2 R} \quad (10\text{-}3\text{-}1)$$

式中：i_w——摩阻坡度；
Q——过涵流量（m^3/s）；
A——涵身断面全面积（m^2）；
C——谢才系数（$m^{1/2}/s$），$C = R^{1/6}/n$；
R——涵身断面的水力半径（m）。

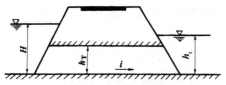

图 10-3-5 压力式涵洞淹没式出流

二、涵洞孔径计算

1. 无压力式涵洞

进行涵洞孔径的计算时，根据涵洞的实际工作条件，作了下列规定和假设：

(1) 无压力式涵洞进水口处，涵内的最高水面与涵洞顶之间要保持一个最小净空高度 Δ（图 10-3-2）。

《公路工程水文勘测设计规范》（JTG C30—2015）对无压力式涵洞净空高度的规定见表 10-3-1。

无压力式涵洞净空高度（m）　　　　　　　表 10-3-1

涵洞进口净高（m）	涵洞类型		
	管涵	拱涵	矩形涵
≤3	$\geq \frac{1}{4} h_T$	$\geq \frac{1}{4} h_T$	$\geq \frac{1}{6} h_T$
>3	≥0.75	≥0.75	≥0.5

(2) 从涵前水深 H 到进口水深 H' 的降落系数取 0.87，则：

$$H = \frac{H'}{0.87} = \frac{h_T - \Delta}{0.87} \quad (10\text{-}3\text{-}2)$$

(3) 收缩断面的水深 $h_c = 0.9 h_k$，涵前行近流速 $v_0 \approx 0$，即涵前水深 $H \approx H_0$。

(4) 涵洞出口处或收缩断面处的最大允许流速 v_{max} 规定为：

净跨径 $L_0 = 0.5 \sim 1.5m$ 的拱涵、盖板涵，$v_{max} = 4.5m/s$；$L_0 = 2.0 \sim 4.0m$ 的拱涵、盖板涵、圆管涵，$v_{max} = 6.0m/s$。

无压力式涵洞基本公式为：

$$Q = \varepsilon \phi A_k \sqrt{2g(H_0 - h_k)} \quad (10\text{-}3\text{-}3)$$

$$v_k = \frac{Q}{\varepsilon A_k} \quad (10\text{-}3\text{-}4)$$

$$H_0 = h_k + \frac{v_k^2}{2g\phi^2} \quad (10\text{-}3\text{-}5)$$

$$H = H_0 - \frac{v_0^2}{2g} \quad (10\text{-}3\text{-}6)$$

上述式中： Q——过涵流量(m^3/s)；

h_k、v_k、A_k——涵洞进口附近临界断面的水深(m)、流速(m/s)和过水面积(m^2)；

H——涵前水深(m)；

v_0——涵前行近流速(m/s)；

H_0——涵前总水头(m)；

ϕ——流速系数，对于箱涵、盖板涵，$\phi = 0.95$；对于拱涵、圆管涵，$\phi = 0.85$；

ε——压缩系数，$\varepsilon = 1/\sqrt{\alpha}$，其中 α 为流速分布系数，对于无升高管节的拱涵取 $\alpha = 1.1$，则 $\varepsilon = 0.96$，其他涵洞取 $\alpha = 1$，则 $\varepsilon = 1$；

g——重力加速度，取 $9.80 m/s^2$。

当涵底纵坡 $i > i_k$ 时，出水口水深 h_0 及流速 v_0 可按明渠均匀流公式进行计算。

$$Q = \frac{1}{n}AR^{2/3}i^{1/2} \quad (10\text{-}3\text{-}7)$$

$$v_0 = \frac{1}{n}R^{2/3}i^{1/2} \quad (10\text{-}3\text{-}8)$$

设计流量 Q_s、涵底纵坡 i、粗糙系数 n、涵洞净跨 L_0 均已知，而过水断面全面积 A 和水力半径 R 又是水深 h_0 的函数，因此可用式(10-3-7)以试算法确定 h_0，求得 h_0 后即可按式(10-3-8)计算出水口流速 v_0。

为了简化计算，可以利用表10-3-2。表中 L 为孔径，h_0 为出水口水深，n 为粗糙系数，K_0 为流量模数，W_0 为流速模数。

矩形无压涵洞的流量特性及流速特性　　　　　　　　表10-3-2

$L=1.0m$			$L=1.5m$			$L=2.0m$			$L=2.5m$			$L=3.0m$			$L=4.0m$		
h_0	nK_0	nW_0	h_0	nK_0	nW_0	h_0	nK_0	nW_0	h_0	nK_0	nW_0	h_0	nK_0	nW_0	h_0	nK_0	nW_0
0	0	0	0.10	0.030	0.198	0.10	0.040	0.201	0.10	0.051	0.204	0.20	0.188	0.313	0.20	0.256	0.320
0.10	0.019	0.0191	0.20	0.087	0.291	0.20	0.121	0.302	0.20	0.154	0.308	0.40	0.555	0.463	0.40	0.770	0.481
0.15	0.035	0.234	0.25	0.123	0.328	0.30	0.225	0.375	0.30	0.290	0.387	0.60	1.021	0.567	0.60	1.430	0.596
0.20	0.055	0.272	0.30	0.161	0.358	0.40	0.346	0.432	0.40	0.450	0.450	0.80	1.553	0.648	0.80	2.205	0.690
0.25	0.076	0.302	0.35	0.202	0.384	0.50	0.481	0.481	0.50	0.628	0.502	1.00	2.126	0.709	1.00	3.050	0.763
0.30	0.098	0.327	0.40	0.244	0.407	0.60	0.624	0.520	0.60	0.820	0.546	1.10	2.431	0.737	1.20	3.952	0.823
0.35	0.122	0.348	0.45	0.289	0.428	0.70	0.775	0.553	0.70	1.024	0.585	1.20	2.742	0.763	1.40	4.895	0.875
0.40	0.146	0.365	0.50	0.335	0.448	0.80	0.932	0.582	0.80	1.236	0.618	1.30	3.068	0.787	1.60	5.900	0.922

续上表

\multicolumn{3}{c}{$L=1.0$m}			\multicolumn{3}{c}{$L=1.5$m}			\multicolumn{3}{c}{$L=2.0$m}			\multicolumn{3}{c}{$L=2.5$m}			\multicolumn{3}{c}{$L=3.0$m}			\multicolumn{3}{c}{$L=4.0$m}		
h_0	nK_0	nW_0	h_0	nK_0	nW_0	h_0	nK_0	nW_0	h_0	nK_0	nW_0	h_0	nK_0	nW_0	h_0	nK_0	nW_0
0.45	0.172	0.383	0.55	0.384	0.465	0.90	1.091	0.606	0.90	1.458	0.648	1.40	3.378	0.804	1.80	6.930	0.962
0.50	0.198	0.396	0.60	0.431	0.480	1.00	1.259	0.629	1.00	1.685	0.675	1.50	3.712	0.825	2.00	7.980	0.998
0.55	0.224	0.407	0.65	0.481	0.493	1.10	1.429	0.649	1.10	1.921	0.699	1.60	4.030	0.840	2.20	9.055	1.030
0.60	0.251	0.419	0.70	0.532	0.506	1.20	1.598	0.666	1.20	2.152	0.718	1.70	4.405	0.864	2.40	10.150	1.058
0.65	0.279	0.430	0.75	0.584	0.519	1.25	1.687	0.675	1.30	2.405	0.740	1.80	4.703	0.872	2.60	11.230	1.081
0.70	0.306	0.438	0.80	0.635	0.530	1.30	1.780	0.685	1.40	2.649	0.757	1.90	5.050	0.886	2.70	11.800	1.094
0.75	0.335	0.447	0.85	0.690	0.541	1.35	1.865	0.691	1.50	2.900	0.774	2.00	5.395	0.899	2.80	12.360	1.103
0.80	0.363	0.455	0.90	0.743	0.550	1.40	1.954	0.698	1.60	3.161	0.790	2.10	5.750	0.913	2.90	12.940	1.115
0.85	0.392	0.461	0.95	0.799	0.560	1.45	2.038	0.703	1.70	3.405	0.802	2.20	6.100	0.925	3.00	13.510	1.126
0.90	0.421	0.468	1.00	0.851	0.567	1.50	2.128	0.710	1.80	3.665	0.815	2.30	6.460	0.937	3.10	14.070	1.134
0.95	0.450	0.474	1.05	0.906	0.575	1.55	2.220	0.716	1.90	3.926	0.827	2.40	6.811	0.946	3.20	14.630	1.144
1.00	0.481	0.481	1.10	0.961	0.582	1.60	2.312	0.722	2.00	4.192	0.838	2.50	7.168	0.950	3.30	15.210	1.152
			1.15	1.016	0.589	1.65	2.400	0.727	2.10	4.450	0.847	2.60	7.525	0.966	3.40	15.770	1.160
			1.20	1.072	0.596	1.70	2.489	0.732	2.20	4.725	0.859	2.70	7.876	0.973	3.50	16.390	1.170
			1.25	1.130	0.603	1.75	2.580	0.738	2.30	4.974	0.866	2.80	8.230	0.980	3.60	16.990	1.180
			1.30	1.185	0.608	1.80	2.678	0.744	2.40	5.250	0.875	2.90	8.600	0.988	3.70	17.600	1.190
			1.35	1.242	0.614	1.85	2.772	0.749	2.50	5.270	0.844	3.00	9.000	1.000	3.80	18.170	1.195
			1.40	1.301	0.620	1.90	2.862	0.754							3.90	18.700	1.200
			1.45	1.360	0.625	1.95	2.960	0.759							4.00	19.250	1.204
			1.50	1.415	0.630	2.00	3.050	0.763									

注：表中中间数值可以内插。

$$K_0 = \frac{Q}{\sqrt{i}} \quad (10\text{-}3\text{-}9)$$

$$W_0 = \frac{v}{\sqrt{i}} \quad (10\text{-}3\text{-}10)$$

实际工作中，涵洞的孔径多数按照标准图的水力计算资料采用。在编制这些计算资料时，就采用了上述基本公式、规定和假设。现摘录部分涵洞水力计算资料作为示例，如表10-3-3所示。

涵洞的水力计算资料(示例)   表 10-3-3

涵洞类型	直径 d 或净跨径 L_0 (m)	涵内水流状态	涵洞洞身净高 h_T (m)	进水口净高 h (m)	墩台高度 (m)	流量 (m³/s)	水深(m) 涵前水深 H	水深(m) 进水口水深 H'	水深(m) 临界水深 h_k	水深(m) 收缩断面水深 h_c	流速(m/s) 临界流速 v_k	流速(m/s) 收缩断面流速 v_c	坡度(‰) 临界坡度 i_k	坡度(‰) 出水口流速 $v_{max}=4.5$m/s 时的 i_{max}	坡度(‰) 出水口流速 $v_{max}=6.0$m/s 时的 i_{max}	说明
石盖板涵	0.50	无压	1.00			0.84	1.03		0.66	0.59	2.54	2.80	16	66		流速分布系数 $\alpha=1.0$；流速系数 $\phi=0.95$；粗糙系数 $n=0.016$；降落系数 $\beta=0.87$；最小净空高度 $\Delta=0.10$m
石盖板涵 无升高管节	0.75	无压	1.20			1.71	1.27		0.81	0.73	2.82	3.13	13	40		
石盖板涵 无升高管节	1.00	无压	1.50			3.28	1.61		1.03	0.93	3.18	3.53	11	28		
石盖板涵 无升高管节	1.25	无压	1.80			5.46	1.95		1.25	1.13	3.50	3.89	10	19		
石盖板涵 无升高管节	1.50	无压	2.00			7.75	2.18		1.40	1.26	3.70	4.11	9	15		
石盖板涵 有升高管节	0.75	无压	1.20	1.60		2.70	1.72	1.10	0.99		3.28	3.65	15	32		
石盖板涵 有升高管节	1.00	无压	1.50	2.00		5.12	2.18	1.39	1.25		3.68	4.09	13	21		
石盖板涵 有升高管节	1.25	无压	1.80	2.40		8.60	2.64	1.69	1.52		4.07	4.53	13	15		
石盖板涵 有升高管节	1.50	无压	2.00	2.70		12.30	2.97	1.90	1.71		4.31	4.80	11	12		
钢筋混凝土盖板涵 无升高管节	1.5	无压	1.60			5.3	1.72		1.50	1.08	0.97	3.25	3.61	8	19	流速分布系数 $\alpha=1.0$；流速系数：无升高管节 $\phi=0.85$；有升高管节 $\phi=0.95$；进水口高度 $h<2$m 时，最小净空高度 $\Delta=0.10$m；进水口高度 $h\geq2$m 时，最小净空高度 $\Delta=0.25$m
钢筋混凝土盖板涵 无升高管节	2.0	无压	1.80			8.5	1.95		1.70	1.23	1.11	3.47	3.86	7	13	
钢筋混凝土盖板涵 无升高管节	2.5	无压	2.00			11.2	2.02		1.75	1.27	1.14	3.52	3.92	6	11	
钢筋混凝土盖板涵 无升高管节	3.0	无压	2.20			15.7	2.24		1.95	1.41	1.27	3.70	4.13	5	9	
钢筋混凝土盖板涵 无升高管节	4.0	无压	2.40			24.0	2.48		2.15	1.56	1.40	3.90	4.33	5	7	
钢筋混凝土盖板涵 有升高管节	1.5	无压	1.60	2.00		7.1	2.01	1.75	1.32	1.19	3.60	4.01	9	15		
钢筋混凝土盖板涵 有升高管节	2.0	无压	1.80	2.40		12.9	2.47	2.15	1.62	1.46	3.98	4.42	8	10		
钢筋混凝土盖板涵 有升高管节	2.5	无压	2.00	2.70		19.7	2.82	2.45	1.85	1.67	4.27	4.71	7	8		
钢筋混凝土盖板涵 有升高管节	3.0	无压	2.20	2.90		26.6	3.05	2.65	1.80	1.80	4.43	4.92	6	6		
钢筋混凝土盖板涵 有升高管节	4.0	无压	2.40	3.00		37.3	3.16	2.75	2.07	1.86	4.50	5.00	5	5		
钢筋混凝土圆管涵	0.75	无压				0.74	0.90		0.52	0.47	2.20	2.50	6		91	流速系数 $\phi=0.85$；粗糙系数 $n=0.013$；半压力式涵洞的压缩收缩断面水深系数 $\varepsilon=0.6$；$h_c=\varepsilon d=0.6d$
钢筋混凝土圆管涵	1.00	无压				1.52	1.20		0.70	0.63	2.60	2.90	6		56	
钢筋混凝土圆管涵	1.25	无压				2.66	1.50		0.88	0.79	2.90	3.20	5		38	
钢筋混凝土圆管涵	1.50	无压				4.18	1.80		1.05	0.95	3.20	3.50	5		27	
钢筋混凝土圆管涵	0.75	半压				1.64	2.99		0.74	0.45	3.80	6.00	21		48	
钢筋混凝土圆管涵	1.00	半压				2.92	3.12		0.95	0.60	3.80	6.00	13		33	
钢筋混凝土圆管涵	1.25	半压				4.57	3.36		1.14	0.75	4.00	6.00	10		25	
钢筋混凝土圆管涵	1.50	半压				6.56	3.48		1.32	0.90	4.10	6.00	7		19	

续上表

涵洞类型	直径d或净跨径L_0(m)	涵内水流状态	涵洞洞身净高h_T(m)	进水口净高h(m)	墩台高度(m)	流量(m³/s)	水深(m) 涵前水深H	水深(m) 进口水深H'	水深(m) 临界水深h_k	水深(m) 收缩断面水深h_c	流速(m/s) 临界流速v_k	流速(m/s) 收缩断面流速v_c	坡度(‰) 临界坡度i_k	坡度(‰) 出水口流速$v_{max}=4.5$m/s 时的i_{max}	坡度(‰) 出水口流速$v_{max}=6.0$m/s 时的i_{max}	说明
石拱涵 无升高管节 ($\frac{f_0}{L_0}=\frac{1}{3}$)	1.0	无压	1.13	0.80		1.64	1.13	0.98	0.67	0.60	2.45	2.73	13	65		流速分布系数$\alpha=1.1$;流速系数$\phi=0.85$;粗糙系数$n=0.020$;涵洞洞身净高$h_T\leq1.0$m时,最小净空高度$\Delta=0.10$m;涵洞洞身净高$h_T=1.0\sim2.0$m时,最小净空高度$\Delta=0.15$m;涵洞洞身净高$h_T>2.0$m时,最小净空高度$\Delta=0.25$m
	1.5		1.70	1.20		4.84	1.78	1.55	1.05	0.95	3.06	3.38	11	30		
	2.0		2.17	1.50		8.96	2.21	1.92	1.31	1.18	3.42	3.80	10		21	
	2.5		2.83	2.00		17.43	2.97	2.58	1.76	1.58	3.96	4.41	10		13	
	3.0		3.50	2.50		29.43	3.74	3.25	2.21	1.99	4.44	4.93	9		20	
	4.0		4.33	3.00		55.07	4.69	4.08	2.77	2.49	4.97	5.53	8		13	

2. 半压力式涵洞

半压力式涵洞的水力计算,常以涵前断面和进口收缩断面作为计算断面,根据能量方程来推算流量和涵前水深。其基本公式为:

$$v_c = \phi \sqrt{2g(H - \varepsilon h_T)} \tag{10-3-11}$$

$$Q = \varepsilon A \phi \sqrt{2g(H - \varepsilon h_T)} \tag{10-3-12}$$

式中:v_c——收缩断面的流速(m/s);

Q——过涵流量(m³/s);

ε——半压力式涵洞的压缩系数,一般采用0.60;

ϕ——流速系数,流线型洞口为0.95,普通洞口为0.85;

H——涵前水深(m);

h_T——涵洞洞身净高(m);

A——涵身断面的全面积(m²);

g——重力加速度,取9.80m/s²。

3. 压力式涵洞

为了充分利用断面,达到缩小孔径的目的,压力式涵洞一般采用进水口升高式(流线型)的洞口建筑,使涵顶与水流线型基本一致。其基本公式为:

$$v = \phi \sqrt{2g[H - L(i_w - i) - h_T]} \tag{10-3-13}$$

$$Q = A\phi \sqrt{2g[H - L(i_w - i) - h_T]} \tag{10-3-14}$$

式中:v——涵内流速(m/s);

Q——过涵流量(m³/s);

ϕ——考虑进水口局部水头损失的流速系数,进水口升高式$\phi=0.95$,不升高式$\phi=0.85$;

H——涵前水深(m);
h_T——涵洞洞身净高(m);
A——涵洞洞身断面的全面积(m²);
L——涵洞的长度(m);
i_w——涵洞的摩阻坡度,按式(10-3-1)计算;
i——涵底纵坡;
g——重力加速度(m/s²),取 9.80m/s²。

涵洞处的路基最低高程应高出涵前水深 H 至少 50cm。

目前,为避免涵洞进口路基浸水和进出口流速及冲刷过大,一般不采用压力式涵洞。

第四节 小桥和涵洞的进出口处理

一、小桥和涵洞类型的选择

公路小桥和涵洞类型应根据路线等级,结合当地的地形、水文、材料、施工等条件,按照安全、适用、经济、就地取材、便于施工与养护的原则来选择。

1. 小桥和涵洞的选用

小桥和涵洞的选用,主要根据设计流量、路堤高度、河床纵坡以及建筑材料等确定。当跨越常年有水但流量较少,或季节性水流且漂浮物和上游泥沙运动较少,路堤高度能够满足壅水高度和宣泄设计流量的要求时,宜采用涵洞。当设计流量较大,或河道漂浮物和泥沙运动较多,或河沟地处陡峭深谷并填土过高时,都应采用小桥。

2. 涵洞类型的选择

涵洞由洞身、洞口、基础三个部分组成,如图 10-4-1 所示。洞身主要承受涵洞上填土的垂直与侧向的土压力以及荷载压力。洞口用以连接洞身与上下游水道,使水流能顺畅地通过洞身,并保证洞口周围的路基边坡免遭冲刷。基础把涵洞所受的荷载均匀地分布和传递到地基上,并使地基免受水流的直接冲刷。

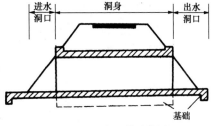

图 10-4-1 涵洞构造简图

根据涵洞洞身的构造形式不同,涵洞可分为圆管涵、拱涵、盖板涵和箱涵等。

1) 圆管涵

圆管涵孔径一般为 0.5~2.0m,最小填土厚度 50cm,受力情况良好,圬工数量小,造价较低。多孔时不宜超过三孔。

2) 盖板涵

由于盖板涵建筑高度较低,适于低路基地段使用,一般用作明涵。在盛产条石的地方,采用石盖板涵较经济,一般选用小跨径的明涵或暗涵。当跨径要求较大时,可采用钢筋混凝土盖板涵。

3）拱涵

一般超载潜力较大，砌筑技术易掌握，养护费用低，便于就地取材。

4）箱涵

箱涵适用于软土地基，但施工困难，造价较高，一般高速公路的通道多采用箱涵。

5）倒虹吸管

在路基填土不高、路线两侧水深高于路基高度，或在浅路堑处，可采用倒虹吸管。

3. 涵洞洞口形式的选择

涵洞洞口形式必须根据涵洞类型、河床及洞口附近的地形和地质条件、水流特征等合理选择。最常用的涵洞洞口形式有：八字翼墙式、锥形护坡式、一字墙护坡式、跌水井式、流线型洞口及斜交洞口式等，如图10-4-2所示。

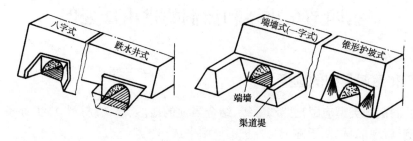

图10-4-2 涵洞洞口形式

1）八字翼墙式或锥形护坡式洞口

这种洞口形式适用于平坦顺直、河沟较宽、纵断面高差变化不大的河沟和孔径有一定压缩的情况。它们具有水力条件较好、工程量小、施工简单、经济等优点，因而是经常采用的洞口形式。当涵洞高度在5m以下时，八字翼墙式较锥形护坡式更为经济。

2）一字墙护坡式洞口

这种洞口形式具有构造简单、工程量小的特点，适用于边坡规则的人工渠道或在窄而深、河床纵断面变化不大的天然河沟上采用。

3）跌水井式洞口

在排出傍山较长距离内的边沟及截水沟的水时，由于进水口涵底低于边沟底，就需设边沟跌水井式洞口。这种形式的洞口还具有消能和沉淀泥沙的作用。

4）流线型洞口

将涵洞进水口端节升高，立面上形成流线型。当用于压力式涵洞时，可使涵内充满水；当用于无压力式涵洞时，可有效地提高涵洞的泄水能力。这种形式洞口多用于盖板涵和拱涵。

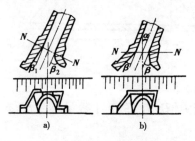

图10-4-3 斜交涵洞的洞口布置
a）斜交正做；b）斜交斜做

5）斜交涵洞洞口

当涵洞与路线斜交时，洞口布置常见的有两种方法，如图10-4-3所示。

（1）斜交正做洞口[图10-4-3a]：洞口断面 $N\text{-}N$ 与涵洞中心线相垂直，与路线中心线斜交。对圆管涵及斜度较大的拱涵，为了减少涵洞端部施工的困难，多采用这种涵洞洞口。

(2)斜交斜做洞口[图10-4-3b)]：洞口断面 N-N 与路线中心线平行，与涵洞中心线斜交。这种涵洞口比较美观，泄流条件较好，采用较多。

二、涵洞进出口沟床的处理

涵洞受水流冲刷而引起的破坏，大部分是由于涵洞进出口处理不当所致，并且出水口引起的水毁又较进水口为多，因此，必须做好涵洞进出口沟床的处理，以确保涵洞的安全与行车畅通。

涵洞进出口沟床的处理与涵洞本身设置的坡度和涵洞上下游河沟的纵坡有关，沟床加固防护类型应根据土质和流速而定。

1. 进水洞口沟床加固处理

1) 缓坡涵洞进水口沟床加固

(1) 在纵坡小于10%的顺直河沟上，涵洞常顺河沟纵坡设置，进水洞口一般在翼墙间采用干砌片石铺砌加固，如图10-4-4a)所示。对流速较小、孔径较大的多孔涵洞，可采用U形铺砌式，如图10-4-4b)所示。

(2) 当涵前天然河沟纵坡为10%～40%时，进口处开挖沟槽的纵坡可取1:4～1:10。除岩石地质外，新开挖的沟底、河槽侧向边坡以及路基边沟均需铺砌加固。由于涵洞沟底纵坡较大，水流在进口处产生水跃，应在进口前设置一段缓坡，其长度为1～2倍的涵洞孔径，如图10-4-5a)所示。当水流携带泥沙较多时，可在进口处设深约0.5m的沉沙池，既能沉淀泥沙，又可以起到消能的作用，如图10-4-5b)所示。

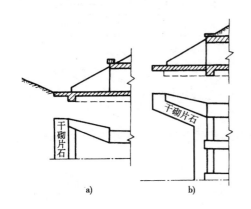

图10-4-4 缓坡涵洞进水口铺砌形式

a) 一般铺砌形式；b) U形铺砌形式

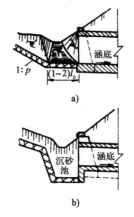

图10-4-5 缓坡涵洞进水口沟底及沟槽边坡加固

a) 缓坡涵前设置较陡纵坡；b) 缓坡涵前设沉沙池

2) 陡坡涵洞进水口沟床加固

(1) 当涵前河沟纵坡大于50%，且水流流速很大时，涵洞进口处需设置急流槽或跌水等消能设施。上游沟槽为非岩石土基时，开挖纵坡一般可取1:1～1:2，以确保沟床稳定。同时，当上游沟槽做成梯形断面时，应对沟壁进行铺砌加固，如图10-4-6a)所示；当上游沟槽做成矩形断面的急流槽时，两侧边墙厚度一般采用40cm，槽宽等于涵洞孔径，如图10-4-6b)所示。为了保证急流槽的稳定，槽底宜每隔150～200cm设置防滑墙一道。

（2）当涵洞及涵前均位于良好的岩石地基上，并且水流流量不大、涵前纵坡很陡时，上游开挖坡度可取 1∶1～1∶0.2 的陡坡，采用水流直接沿陡坡直泻入涵的形式，如图 10-4-6c) 所示。

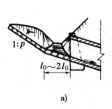 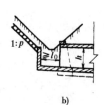 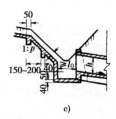 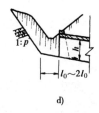

图 10-4-6　陡坡涵洞进水口类型（尺寸单位：cm）

a) 未设消能设施的陡坡涵；b) 梯形断面的上游沟槽和跌水；c) 矩形断面的上游沟槽和消力池；d) 急流槽直接插入陡坡涵

2. 沟床加固防护

涵洞出水口处的流速一般都大于河沟的天然流速，常使得出水洞口处产生水害。因此，为了保证涵洞下游沟床、路基边坡和农田等的安全，应对涵洞出水口处的沟床进行加固防护。

1) 缓坡涵洞（洞底坡度小于 5%）出水口的处理

（1）当河沟纵坡小于 5%，出水口流速不大，出水口可采用延长铺砌、加深截水墙的处理方法，如图 10-4-7a) 所示。

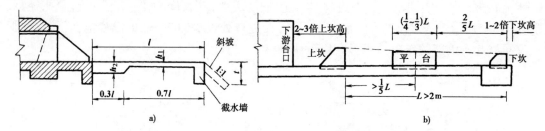

图 10-4-7　缓坡涵洞出水口形式

a) 延长铺砌、加深截水墙加固形式；b) 三级挑坎的一般布置形式

h_1-加固厚度；h_2-加固段厚度；l-铺砌加固长度；t-截水墙埋入的深度；L-上下坎间距

一般情况下，铺砌加固长度 l 与河床土质、洞口建筑端部的单宽流量 q 及下游水流状态有关，可参照表 10-4-1 选用。

涵洞出口沟床的加固长度（m）　　　　　　表 10-4-1

河床土质	加固长度 l	
	自由式出流	淹没式出流
亚黏土和亚砂土	$2.5q^{0.7}$	$1.7q^{0.7}$
重亚黏土和密实的亚黏土	$2.2q^{0.7}$	$1.4q^{0.7}$
卵石、砾石	$1.7q^{0.7}$	$1.1q^{0.7}$
大卵石	$1.1q^{0.7}$	$0.7q^{0.7}$

加固厚度 h_1 可根据出口流速、铺砌的类型及材料，按表 10-2-1b 确定。加厚段的厚度 h_2，根据涵洞出口的水深（一般采用临界水深 h_k）与加固段的水深按式（10-4-1）确定。加厚段的长度，约为全部加固长度的 30%，通常不小于 1.5m。截水墙埋入的深度 t，一般应等于或大于涵洞及翼墙基础底面的深度。

加厚段厚度 h_2 的计算公式为:

$$h_2 = \gamma \frac{h_k - h}{\gamma_s - \gamma} \tag{10-4-1}$$

式中: h_2——加厚段的厚度(m);

γ——水的重度(kN/m^3),取 $9.8kN/m^3$;

γ_s——石块(或混凝土)的重度,取 $26kN/m^3$;

h_k——涵洞出口处的临界水深(m);

h——加固段上的平均水深(m)。

(2)实践证明,在无压力式涵洞下游,为了减少水流冲刷和稳定河床,在涵洞出口处采用八字翼墙配以挑坎,可有效防止末端的冲刷。挑坎可采用块石或混凝土预制块砌筑。图 10-4-7b)为三级挑坎的一般布置形式。

2)陡坡涵洞(涵洞底坡大于5%)出水口的处理

当天然河沟的纵坡大于5%,涵洞出水洞口一般采用八字翼墙,同时应视地形、地质和水力条件,采用急流槽、跌水、消力池、消力槛或人工加糙等设施,以达到消能和降低流速的目的。图 10-4-8 所示为几种陡坡涵洞出水口布置形式。

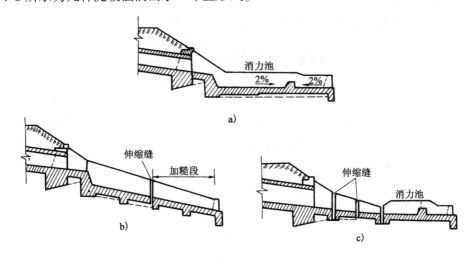

图 10-4-8 陡坡涵洞出水口布置形式
a)设有跌水和消力池的布置;b)设有跌水和急流槽的布置;c)设有急流槽和消力池的布置

第五节 山区小桥和涵洞进出口的水力计算

山区小桥和涵洞,河流纵坡比较大,水流速度高,为了保证路基和桥涵的稳定,常采用跌水或急流槽将水引入桥涵,或将桥涵出口的水引入下游河道中。

一、跌水的水力计算

当山坡较陡时,可在桥涵的上游或下游设置具有消能设施的跌水,使水流在该消能设施中产生淹没式水跃,消耗水流的动能,并将水流从急流转变为缓流。这样就可使水流安全通过桥涵或使水流平稳地进入下游沟渠。

跌水的构造及水流如图 10-5-1 所示。

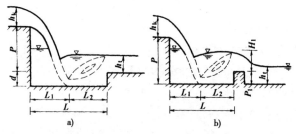

图 10-5-1　跌水的水流计算图式
a) 消力池计算图式；b) 消力槛计算图式
L_1-水流射流长度；L_2-水跃长度；d-消力池深度；P_1-消力槛高度；h_k-临界水深；h_t-下游水深；H_1-消力槛上的水深

跌水的计算一般要确定两个数值，即消力池的深度 d（或消力槛的高度 P_1）和消力池的长度 L。下面以过水断面为矩形的跌水为例，说明消力池的计算方法。

1) 初估一个消力池的下挖深度 d
2) 计算收缩断面的水深和流速

墙顶断面和收缩断面的能量方程为

$$(d+P) + h_k + \frac{\alpha v_k^2}{2g} = h_c + \frac{\alpha v_c^2}{2g} + \frac{\xi v_c^2}{2g}$$

由于小桥和涵洞附近的跌水不大，可简略计算，认为 $\alpha v_k^2/(2g) = 0.5 h_k$，其中 $h_k = \sqrt[3]{\alpha Q^2/(gB^2)}$；$h_c$ 和 v_c 都是未知数，可先假设 $h_c \approx h_k/2$，待求得 h_c 后再进一步修正；两断面之间的水流阻力很小，取 $\xi = 0$。将这些数值代入上式可得：

$$v_c = \sqrt{2g(d + P + 1.5 h_k - h_c)} \tag{10-5-1}$$

由上式可得：

$$h_c = \frac{Q}{B v_c} \tag{10-5-2}$$

3) 计算 h_c 的水跃共轭水深 h_c'

$$h_c' = \frac{h_c}{2}\left[\sqrt{1 + 8\left(\frac{h_k}{h_c}\right)^3} - 1\right] \tag{10-5-3}$$

4) 验算假定的池深是否合适

为了使消力池产生淹没水跃，通常采用：

$$h_t + d = 1.1 h_c' \tag{10-5-4}$$

若此式成立，则假定的池深 d 是合适的；若此式不成立，则应适当调整池深重新计算，直到等式成立为止，这时的 d 就是所要求的池深。

5) 计算水流的射流长度 L_1

$$L_1 = v_k \sqrt{\frac{2d + 2P + h_k}{g}} \tag{10-5-5}$$

6）计算水跃长度 L_2

消力池内的水跃是一路强迫形成的,它的长度比一般水路长度要短些,可用下式计算:

$$L_2 = 3(h'_c - h_c) \tag{10-5-6}$$

7）计算消力池的池长 L

$$L = L_1 + L_2 \tag{10-5-7}$$

8）水跃所需的铺砌长度 L_0

由于水流在发生水跃后仍存在剩余动能,需有一个静定缓和的过程,故池后加一段铺砌长度 L_0:

$$L_0 = (2.5 \sim 3.0)L_2 \tag{10-5-8}$$

二、急流槽的水力计算

急流槽的作用是将落差很大的水流从上游引至涵洞或将出口水流引至下游河道。急流槽是由进口部分、急流槽、消能设施和出口部分组成,如图10-5-2所示。

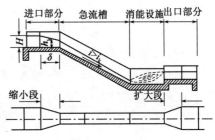

图10-5-2 急流槽

急流槽水力计算的目的是确定急流槽内的水深、流速,绘制陡坡段的水面曲线,确定急流槽末端消力池或消力槛的几何尺寸。急流槽的宽度一般与桥涵孔径大致相仿。

急流槽上游渠道的水流进入急流槽顶端的水深可近似定为临界水深 h_k,以后水面下降形成 b_2 型降水曲线。若急流槽很长,则末端可能出现均匀流水深。降水曲线范围的各断面水深可按分段求和法计算,然后按式(10-5-9)计算两断面之间的长度。完整的降水曲线长度 L 为 $L = \sum \Delta L$。

$$\Delta L = \frac{E_{s1} - E_{s2}}{i - \bar{J}} \tag{10-5-9}$$

式中：ΔL——每相邻两断面之间的水面曲线长度(m);

E_{s1}——前一断面的断面比能, $E_{s1} = h_1 + \alpha Q^2 / 2gA_1^2$;

E_{s2}——后一断面的断面比能, $E_{s2} = h_2 + \alpha Q^2 / 2gA_2^2$;

A_1、A_2——前、后两断面过水面积(m^2);

$\bar{J}$——前后两断面的平均摩阻坡度,按式(10-5-10)计算:

$$\bar{J} = \frac{\bar{v}^2}{\bar{C}^2 \bar{R}} \tag{10-5-10}$$

式中, $\bar{v} = \frac{v_1 + v_2}{2}$; $\bar{C} = \frac{C_1 + C_2}{2}$; $\bar{R} = \frac{R_1 + R_2}{2}$。$C_1$、$C_2$,$R_1$、$R_2$,$v_1$、$v_2$ 分别为前后两断面相应的谢才系数、水力半径和断面流速。

急流槽末端设置消力池或消力槛的尺寸,除 $L_0 = 0$ 外,其余与跌水完全相同。

第六节 计算实例

【例10-6-1】 小桥孔径计算。

某公路跨越一小河,设计流量 $Q_s = 22 \text{m}^3/\text{s}$,河床比降 $i = 0.009$,河槽粗糙系数 $n = 0.033$,设计水位 $H_s = 101.50\text{m}$,河槽横断面和设计流量下的水力因素计算见图10-6-1。桥位处路基设计高程为104.20m。试计算小桥孔径和相应的桥面最低高程。

解:(1)天然水力因素计算(图10-6-1)

设计流量 $Q_s = 22\text{m}^3/\text{s}$,设计水位 $H_s = 101.50\text{m}$,河槽最低点高程 $H_d = 100.50\text{m}$,天然最大水深 $h_t = 1.5\text{m}$。

河槽过水面积 $A = 7.47\text{m}^2$,河槽宽度 $B = 7.32\text{m}$,河槽平均水深 $h = 1.02\text{m}$,河槽流速 $v = 2.91\text{m/s}$。

(2)计算桥下临界水深

若小桥进出口取单孔、带锥坡,流速系数 $\phi = 0.90$,收缩系数 $\varepsilon = 0.90$。河床加固选用碎石层上铺砌厚度20cm的单层片石,根据表10-2-1b采用河床的容许(不冲刷)流速 $v = 3.50\text{m/s}$,桥下断面为矩形断面,桥下临界水深 h_k 为:

$$h_k = \frac{v_k^2}{g} = \frac{3.50^2}{9.8} = 1.25(\text{m})$$

$$1.3 h_k = 1.3 \times 1.25 = 1.63(\text{m}) > h_t = 1.50(\text{m})$$

则桥下水流为自由式出流。

(3)计算小桥孔径

$$L = B_x = \frac{g Q_s}{\varepsilon v_k^3} = \frac{9.80 \times 22}{0.90 \times 3.5^3} = 5.59(\text{m})$$

选用单孔标准跨径6.0m钢筋混凝土板桥,建筑高度 $D = 0.80\text{m}$,桥下净空安全值 $J = 0.50\text{m}$,净跨径取5.4m。

(4)计算桥前水深 H $\left(\text{略去} \dfrac{v_H^2}{2g} \text{项不计}\right)$

$$H = h_k + \frac{v_k^2}{2g\phi^2} = 1.25 + \frac{3.5^2}{2 \times 9.80 \times 0.90^2} = 2.02(\text{m})$$

(5)计算桥面最低高程

$$H_{\min} = H_d + H + J + D$$
$$= 100.50 + 2.02 + 0.50 + 0.80 = 103.82(\text{m})$$

以上计算是根据河槽加固形式推算小桥孔径,如图10-6-2中左半部所示。小桥孔径为6.0m,桥面最低高程为103.82m,低于桥位断面处路基设计高程,是允许的。

(6)根据路基设计高程,推算小桥孔径(图10-6-2中右半部分)

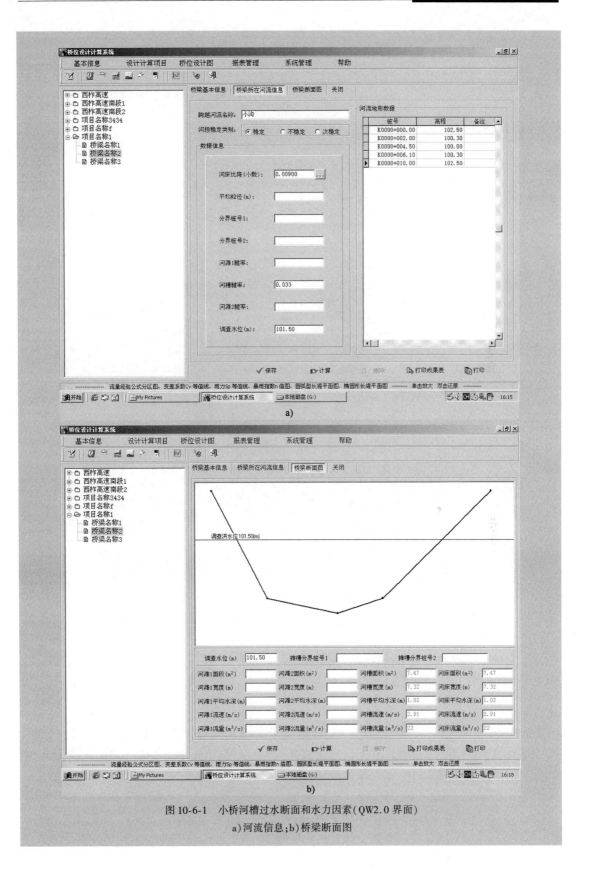

图 10-6-1　小桥河槽过水断面和水力因素(QW2.0 界面)
a)河流信息；b)桥梁断面图

图 10-6-2 小桥孔径计算(QW2.0 界面)

路基设计高程 104.20m,允许的最大桥前水深 H 为:

$$H = H_{min} - J - D - H_d = 104.20 - 0.50 - 0.80 - 100.50 = 2.40(m)$$

偏安全地略去桥前行近流速水头时,桥下临界水深 h_k 和临界流速 v_k 为

$$h_k = H\left(\frac{2\phi^2}{1+2\phi^2}\right) = 2.40\left(\frac{2 \times 0.90^2}{1+2 \times 0.90^2}\right) = 1.48(m)$$

$$v_k = \sqrt{gh_k} = \sqrt{9.80 \times 1.48} = 3.81(m/s)$$

小桥孔径

$$B_x = \frac{Q_s}{\sqrt{gh_k^3}} = \frac{22}{\sqrt{9.80 \times 1.48^3}} = 3.90(m)$$

(7)根据上列两种情况推算小桥孔径,比较结果后,建议取加固容许流速为 3.50m/s,小桥孔径 6.0m 小桥为宜。后一种情况,桥前水深 H 过大,查表 10-2-1b 可知,桥下加固容许流速不应小于 4.00m/s,小桥孔径取 4.00m,桥孔压缩水流严重,桥下游出口流速过急,出口加固要求很高,既不经济,也不安全。

【例 10-6-2】 设计流量 $Q_s = 8m^3/s$,因路基设计高程限制,涵前水深 H 不得超过 2.50m。根据当地情况,采用单层细面粗凿石料铺砌在碎石上,碎石层厚度不小于 10cm,进行洞底河床加固。试分别选用无压力式盖板涵、无压力式石拱涵和钢筋混凝土圆管涵,计算涵内临界水深 h_k、涵前水深 H 和相应的孔径 B_d。

解:应用桥位设计计算系统(QW2.0)进行计算(图 10-6-3)。

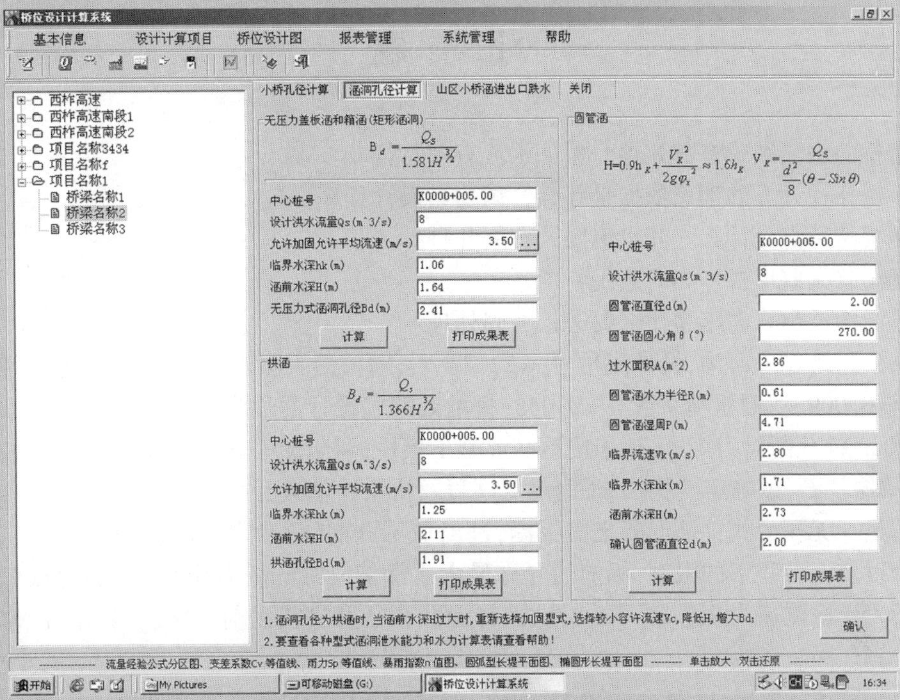

图 10-6-3 涵洞孔径计算（QW2.0 界面）

根据涵底加固类型和涵内水深，选定加固容许平均流速为 3.50m/s 算得：
(1) 无压力式盖板涵或箱涵
涵内临界水深
$$h_k = 1.06\text{m}$$
涵洞孔径
$$B_d = 2.41\text{m} \quad (\text{取 } 2.50\text{m 标准孔径})$$
涵前水深
$$H = 1.64\text{m} \quad (\text{小于 } 2.50\text{m})$$

(2) 无压力式拱涵
涵内临界水深
$$h_k = 1.25\text{m}$$
涵洞孔径
$$B_d = 1.91\text{m} \quad (\text{取 } 2.00\text{m 标准孔径})$$
涵前水深
$$H = 2.11\text{m} \quad (\text{小于 } 2.50\text{m})$$

(3) 无压力圆管涵
试取圆管涵直径 $d = 2.00\text{m}$。
当涵内临界水深 $h_k = 1.71\text{m}$，涵内过水断面圆心角为 270°，涵内临界流速 $v_k = 2.80\text{m/s}$，涵前水深 $H = 2.73\text{m}$，大于允许涵前水深 2.50m，故 1 孔 $d = 2.00\text{m}$ 圆管涵不宜采用。
建议采用 $B_d = 2.50\text{m}$ 盖板涵或 $B_d = 2.00\text{m}$ 石拱涵。

习 题

1. 小桥的水流图式有哪几种？桥下水流有何特征？
2. 小桥孔径计算的理论依据是什么？试述其设计程序。
3. 涵洞的特点是什么？其水流图式有哪几种？
4. 涵洞有哪些形式？如何选用？
5. 涵洞的进出口沟床为什么要进行加固处理？
6. 某公路跨越一河沟，设计流量 $Q_s = 22.7 \mathrm{m}^3/\mathrm{s}$，河槽的天然水深 $h_t = 1.2\mathrm{m}$，桥址附近的河床比降 $i = 0.009$，河槽粗糙系数 $n = 0.045$，桥址处路基设计高程为 $103.00\mathrm{m}$，河床最低点高程为 $100.00\mathrm{m}$，桥孔断面为矩形，拟采用钢筋混凝土板桥，河床加固选用碎石垫层，其上铺砌厚度 $20\mathrm{cm}$ 的单层片石，试确定其孔径、桥面最低高程及桥头路基最低高程。
7. 拟建一无压力式钢筋混凝土盖板涵，进出口不升高，已知设计流量 $Q_s = 7\mathrm{m}^3/\mathrm{s}$，因路基设计高程以及上游积水的限制，涵前的允许最大水深 $H = 2.5\mathrm{m}$，采用浆砌片石涵底铺砌，$n = 0.016$，最大允许流速为 $v_{\max} = 6.0\mathrm{m/s}$，试选择涵洞孔径并进行涵前水深、临界水深、临界坡度的水力计算。

附录
桥梁水工模型试验

一、桥梁水工模型试验的种类和意义

桥梁水工模型试验是以河流、海洋及其修建的桥梁等建筑物为原型,根据相似理论缩制成模型,放水进行的试验研究。它可预演未来,重演历史的各种原型洪水、潮汐、波浪及河床、海床冲淤变形等水力现象及其变化过程,观察和量测各项水力因素和河床变形,进行分析和研究。

桥梁水工模型试验是论证设计方案的合理性、安全性,预测未来可能发生事件的重要手段。对已建桥梁寻求合理防护,选择加固和改建方案也是一种有效手段。

桥梁水工模型的河床、海床,可做成固定的和可以被水流冲动的两种,前者称定床模型,后者称动床模型。凡是以研究水流为主,河床、海床变形不大且对所研究的问题无显著的影响时,一般用定床模型。如桥位(桥址)方案比选、调治构造物布设方案比较、解决山区河流桥梁壅水问题等,均可采用桥梁定床模型试验。试验中可测量流速、流向,计算流量分配,水中加入示踪剂可观察水流内部结构(面流、底流、旋涡、回流边界等),据此可推测河床变形的趋势。凡是以研究冲淤变形为主,则应采用动床模型。对桥梁墩台、导流堤及丁坝等建筑物冲刷的研究,建桥后河床、海床变形的研究等,都要采用动床模型试验。动床模型的河床用天然沙、煤屑、塑料沙等轻质沙制作。由于定床模型试验的相似条件较易实现,制作简单,结果可靠,所以,在可以达到试验目的的条件下,应尽量采用定床模型试验。

水工模型试验中,原型几何长度与对应的模型几何长度的比值叫作比尺。

无论定床模型和动床模型,均可按在空间三个方向(x、y、z 坐标轴或断面宽度、水流方向及水深)的长度比尺是否相同,分为正态模型和变态模型。三个方向长度比尺都相同的,称正态模型;三个方向长度比尺不相同的,称变态模型。在整体桥梁水工模型试验中,为避免模型水深过小,常采用竖向比尺较水平比尺为小的变态模型。

把受桥梁影响的整个河道、海域、桥梁及引道、调治构造物等整体构造物,按一定比尺缩制成的试验模型称为整体模型;研究二元流或局部水流及冲刷淤积变形问题时,截取某一断面或局部,按一定比尺缩制的模型,称为断面模型。断面模型尺度较小,常设置在玻璃水槽中进行观测。桥梁墩台局部冲刷的研究常用断面模型进行试验。

二、相似理论和模型设计

根据桥梁水工模型试验的目的选定模型类型,然后,按照相似理论和现场实测资料,进行水工模型设计。

模型试验的目的是以模型的水流及河床、海床变形来推算原型的水流及河床、海床变形,要求两者必须是相似的,即两者必须具有一种固定的比例关系,并能相互换算得到对应的水力因素。

模型和原型应该做到几何相似、运动相似和动力相似。

(一)相似理论

1. 几何相似

模型和原型的几何相似,即两者对应的线性长度都有同一比例,像照片的放大和缩小一样(图 F-1),若以 L_N 表示原型中任一长度,以 L_M 表示模型中的对应长度,则 λ_L 表示与模型对应长度的比值,称为模型的长度比尺。

$$\lambda_L = \frac{L_N}{L_M} \quad (F\text{-}1)$$

面积比尺 λ_A 和体积比尺 λ_W 为:

$$\lambda_A = \frac{A_N}{A_M} = \lambda_L^2 \quad (F\text{-}2)$$

$$\lambda_W = \frac{W_N}{W_M} = \lambda_L^3 \quad (F\text{-}3)$$

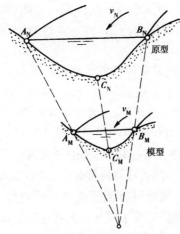

图 F-1 几何相似示意图

在试验场地和供水条件允许的条件下,力求采用较小的长度比尺,将模型做得大些。河工、水工局部模型可采用较小的长度比尺,如 10~100(1:10~1:100);对于整体模型则采用较大的长度比尺,如 100~300(1:100~1:300),甚至更大些。

2. 运动相似

模型水流和原型水流的运动状态必须相似,即两者对应点的速度、加速度的方向相同,大小具有同一比值。

λ_v、λ_a 和 λ_t 分别表示流速、加速度和时间比尺,则:

$$\lambda_v = \frac{v_N}{v_M} = \frac{\frac{L_N}{t_N}}{\frac{L_M}{t_M}} = \frac{\lambda_L}{\lambda_t} \tag{F-4}$$

$$\lambda_a = \frac{a_N}{a_M} = \frac{\frac{L_N}{t^2_N}}{\frac{L_M}{t^2_M}} = \frac{\lambda_L}{\lambda_t^2} \tag{F-5}$$

3. 动力相似

模型水流和原型水流受到的作用力相似,称动力相似。当模型水流和原型水流的惯性力与各种物理力的比例具有同一数值时,就实现了水流动力相似。在水工模型试验中难以做到所有物理力与原型完全相似,只能做到模型中对运动状态起决定作用的物理力与原型相似。

若 λ_F 和 λ_ρ 分别是力和密度的比尺,则惯性力比尺为:

$$\lambda_F = \frac{\rho_N W_N a_N}{\rho_M W_M a_M} = \lambda_\rho \lambda_L^3 \frac{\lambda_L}{\lambda_t^2} = \lambda_\rho \lambda_v^2 \lambda_L^2 \tag{F-6}$$

1) 重力相似定律

在桥梁、涵洞、导流堤和丁坝等建筑物附近较短的河段内,水流急剧变化,水流加速度及惯性力很大,在这种情况下,模型的边界阻力对流动的影响相对较小,可忽略不计。设计模型时,只考虑起主要作用的重力和惯性力的相似。

$$\lambda_F = \frac{F_N}{F_M} = \frac{\gamma_N W_N}{\gamma_M W_M} = \lambda_\gamma \lambda_L^3 \tag{F-7}$$

根据式(F-6)和式(F-7),因 $\lambda_\gamma = \lambda_g \lambda_\rho$,得:

$$\frac{\lambda_v^2}{\lambda_L \lambda_g} = 1 \tag{F-8}$$

可写成:

$$\frac{v_N^2}{gL_N} = \frac{v_M^2}{gL_M} = Fr \tag{F-9}$$

所以,对于重力和惯性力为主要作用力的水流,在边界条件相似的情况下,只要模型与原型水流的弗劳德数(Fr)相等,就实现了动力相似。

在正态模型重力相似条件下,各水力因素比尺为:

$$\lambda_v = \lambda_L^{1/2} \tag{F-10}$$

$$\lambda_Q = \lambda_L^{5/2} \tag{F-11}$$

$$\lambda_t = \lambda_L^{1/2} \tag{F-12}$$

2)阻力相似定律

研究较长河段的渐变流,边界阻力就成为主要作用力。边界阻力 $F = \tau_0 \chi L$,τ_0 是边界切应力,χ 是湿周,L 是流程长度。边界切应力 $\tau_0 = \gamma R J$,R 是水力半径,J 是水力坡度。则可导出阻力相似定律:

$$\frac{v_N^2}{gL_N J_N} = \frac{v_M^2}{gL_M J_N} \tag{F-13}$$

或

$$\frac{(Fr)_N}{J_N} = \frac{(Fr)_M}{J_M} \tag{F-14}$$

$$\frac{\lambda_v^2}{\lambda_L \lambda_J} = 1 \tag{F-15}$$

上式表明,模型和原型水流在边界条件相似的情况下,只要两者的弗劳德数和水力坡度都是相等的,就实现了动力相似。就是说,若模型和原型的边界条件是相似的,水力坡度又是相同的,按重力相似条件设计的模型就自然满足了阻力相似定律。

由式(F-15)得:

$$\lambda_v = \lambda_h^{1/2} \tag{F-16}$$

$$\lambda_Q = \lambda_L \lambda_h^{3/2} \tag{F-17}$$

(1)正态模型

根据谢才公式 $\lambda_c = (\lambda_L/\lambda_R)^{1/2} = 1$,即 $C_M = C_N$,正态模型与原型的谢才系数相同。又根据满宁公式得:

$$\lambda_n = \lambda_L^{1/6} \tag{F-18}$$

正态模型的糙率比尺为长度比尺的 1/6 次方。但是,这一要求在模型上是很难直接做到的。

(2)变态模型

根据谢才公式和满宁公式有:

$$\lambda_n = \frac{\lambda_R^{2/3}}{\lambda_L^{1/2}} \tag{F-19}$$

天然河流洪水水面宽度远大于水深,近似取湿周与水面宽度相等,则 $\lambda_R = \lambda_h$,可得:

$$\lambda_n = \frac{\lambda_h^{2/3}}{\lambda_L^{1/2}} \tag{F-20}$$

长度比尺 λ_L 和竖向比尺 λ_h 的比值,称为变率 Φ。一般变率 Φ 最好不要大于 4,最大则不应超过 10。

因为 $\Phi = \lambda_L/\lambda_h$,则可导出变率 Φ 与糙率比尺 λ_n 的关系为

$$\Phi = \frac{\lambda_L^{1/4}}{\lambda_n^{3/2}} \tag{F-21}$$

可知,在选定平面比尺 λ_L 后,取变率 Φ 越大,则糙率比尺 λ_n 就越小。

(二)动床模型相似条件

动床模型试验应做到泥沙起动条件相似、输沙量相似和输沙连续性条件(河床变形时间)相似。

1. 泥沙起动条件相似

泥沙起动条件相似是原型和模型的流速比尺 λ_v 和两者的泥沙起动流速比尺 λ_{v0} 相等,即:

$$\lambda_v = \lambda_{v0} \tag{F-22}$$

因为无黏性泥沙的起动流速一般式为:

$$v_0 = K\left(\frac{h}{d}\right)^y \left(\frac{\rho_s - \rho}{\rho} g d\right)^{1/2} \tag{F-23}$$

$$\lambda_{v0} = \left(\frac{\lambda_h}{\lambda_d}\right)^y (\lambda\rho_s - \rho\lambda_d)^{1/2}$$

$$\lambda_v = \left(\frac{\lambda_h}{\lambda_d}\right)^y (\lambda\rho_s - \rho\lambda_d)^{1/2}$$

式中:y——流速垂线分布指数,取值范围为 $1/4 \sim 1/7$,通常可用 $1/5$。

2. 输沙连续性条件相似

根据输沙连续性方程,可导出河床变形时间比尺 λ_{t2} 为:

$$\lambda_{t2} = \lambda_{\gamma 0} \frac{\lambda_L \lambda_h}{\lambda_{gs}} \tag{F-24}$$

式中:λ_{t2}——河床变形时间比尺;

$\lambda_{\gamma 0}$——河床质干重度比尺;

λ_{gs}——单宽输沙率比尺。

各项比尺的最后确定,仍应根据模型放水后,进行地形验证试验加以修正,以模型地形与原型地形相符合为准。

(三)模型和原型的水流流态必须相同

桥梁河道及海域水流都是属于雷诺数很大的阻力平方区的紊流,模型水流也应是阻力平方区的紊流,至少使模型水流的雷诺数 R_{em} 大于最小临界数雷诺数 R_{ec},R_{ec} 为 $500 \sim 4\,000$。

因为

$$R_{em} = \frac{v_M R_M}{\nu} = \frac{1}{\nu} \frac{v_N R_N}{\lambda_h^{1/2} \lambda_h} \geqslant R_{ec}$$

因

$$\lambda_h \leqslant \left(\frac{v_N R_N}{\nu R_{ec}}\right)^{2/3} \tag{F-25}$$

对于正态模型 $\lambda_h = \lambda_L$,则

$$\lambda_h = \left(\frac{v_N R_N}{\nu R_{ec}}\right)^{2/3} \tag{F-26}$$

式中:ν——水的运动黏度;

R_N——原型水力半径(m)。

(四)模型的水深和流速的最小值

为避免模型水流表面张力对试验结果的影响,模型中最小的试验水深不得小于 1.5cm,一

一般水深应大于3cm,表面流速应大于23cm/s。

(五)海洋水工模型试验

整体模型试验按重力相似准则设计,长度比尺不应大于150,当有水中结构、船舶模型时,长度比尺不应大于80。

交通部《波浪模型试验规程》(JTJ/T 234—2001)规定:在整体模型试验中,模拟得到的规则波波高 H 不应小于2cm,波周期 T 不应小于0.5s,不规则波波高 T_S 不应小于2cm,谱峰值周期 T_P 不应小于0.8s。波长大于15cm。

满足规范的上述要求,即可达到在重力相似条件下,考虑黏滞力和表面张力的影响。

研究波浪、波浪与水流、波浪与风、波浪与水流和风及构造物相互作用时,模型设计应用重力相似(弗劳德相似)准则,其频率比尺 $\lambda_f = \lambda^{-1/2}$,单宽流量比尺 $\lambda_{Q/b} = \lambda^{3/2}$,能量比尺为 $\lambda_E = \lambda^4$。

数学模型和物理模型复合应用,是当今海洋工程模型试验发展的新技术。

三、桥梁水工模型试验实例

桥梁水工模型试验是研究和验证洪水通过条件下,桥位河段水流状态和河床、海床变形的重要手段。

图F-2是多座桥梁跨越一条平原弯曲河段的桥梁水工整体定床模型试验照片。试验的主要目的是观测研究通过这一河段的四条公路设置的多座桥涵对泄洪的影响,流速和流量的分布,桥梁壅水高度和影响范围等,采用整体定床模型进行研究。

图F-3是新疆叶尔羌大桥动床模型试验模拟洪水后河床地形照片。试验表明,左岸(莎车岸)自上游约500m处开始形成一条沿导流堤坡脚的沿岸股流,形成的深沟扩展到桥下1~5孔;靠近右岸(泽普岸)的上游水流有向桥梁中间几孔集中的趋势,在第7~12孔(自右岸算起)的桥下河床冲出明显的深槽。应注意观测上述各孔的桥墩冲刷。另外,桥梁上游左岸约500m和右岸约250m处附近,存在水流对导流堤坡脚的集中冲刷,应注意防护。

图F-2 桥梁水工整体定床模型试验照片

图F-3 新疆叶尔羌大桥动床模型试验照片
(原西安公路学院,高冬光,1999年)

图 F-4 是西安草滩渭河大桥整体模型试验的洪水流线照片。试验照片表明了两个桥位方案（照片中的细白线为一个方案的桥轴线，粗白线为另一方案的桥轴线）的桥轴线与流线的方向。试验可知粗白线表示的桥位方案与流向垂直，且桥长要短得多。

图 F-5 是桥台或丁坝冲刷模型试验照片。应用动床模型试验可以进行建筑物的冲刷、河床变形与水流之间关系的研究。试验可以测出冲刷深度、冲刷范围、泥沙被漩涡挟带到下游回流区堆积的情况，寻求水流与冲刷之间的定量关系。冲刷坑泥沙地形可清楚地看到回流与主流分界线的位置。

 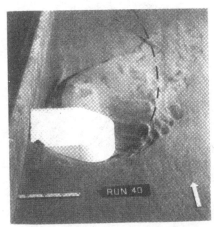

图 F-4　西安草滩渭河大桥定床水工模型试验洪水流线照片（原西安公路学院，高冬光，1985 年）

图 F-5　桥台或丁坝冲刷模型试验照片（原西安公路学院，1993 年）

下面以安徽省怀宁县怀宁大桥水工模型试验为例，简要说明桥梁整体水工模型试验的设计方法。

(一)桥位河段与桥梁概况

该桥于 1972 年建成（图 F-6），桥南端与县城相连，桥位上游北岸有一山嘴，挑流作用明显，上游南岸是较高的河滩，有居民点和围田；桥轴线跨越河湾，并通过两个高地，河流上建有三座桥梁（一河三桥），北桥为 4 孔 36m 双曲拱桥，中桥为 7 孔净跨 20m 钢筋混凝土 T 形梁桥，南桥为 4 孔 15m 石拱桥。北桥和中桥墩台基础埋置较深，置于坚实泥质沙砾岩上；南桥地基较差，勘测设计时水流较小，墩台埋置深度较浅。

由于山嘴挑流影响和河湾的发展，逐渐由北岸逼向南岸，南桥和桥头大堤有被洪水冲毁的危险，威胁县城和大量农田。同时，北桥桥孔淤塞严重，北桥及其河道有被淤塞废弃的趋势。

(二)模型试验的目的和要求

(1)观察桥位河段水流现象，测量水位、流速、计算流量以及三者在三座桥桥孔内的数值分布；观察水流的面流、底流的方向，研究河湾及桥位河段的水流内部结构和淤塞原因。

(2)拟定在桥位上游南岸河槽内修建丁坝，将水流挑向北岸，逐年冲走北桥河道的泥沙，通过模型试验选择挑流最佳的建坝位置、坝形和尺寸。

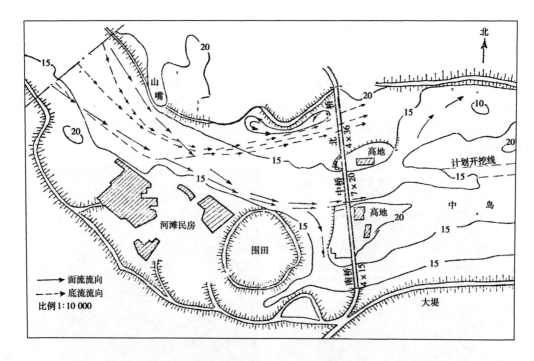

图 F-6 怀宁大桥试验河段地形图

(三)现场资料

1. 地形资料

地形图和河床横断面图是制作模型依据的基本资料。测绘范围、精度和比例应根据试验要求和模型制作需要来确定。本桥测绘了上游 1.8km、下游 0.7km 两岸泛滥宽度以内的地形图(地形、地物),比例尺为 1:2 000。测图范围内布设三角网,作为平面和高程控制,算出各控制点直角坐标。制作模型需要在模型上沿河槽 30~50cm 有一个控制断面,相应地在现场必须选择反映地形变化的河床横断面进行测绘,断面位置由断面控制桩的坐标来确定,并绘在地形图上。地形图的高程与国家水准点相连接。

2. 水文资料

桥位上游 1 200m 处设有水文站,有 1953 年以来的实测水位和流量资料。1975 年和 1977 年洪水较大,1975 年流量为 3 800m³/s,1977 年为 2 530m³/s。桥位河段沿程洪痕清晰,是验证试验校核和修正模型糙率的主要根据。详细测量了各调查洪水痕迹的高程和平面位置。

3. 河床地质资料

河床表层覆盖为细沙,下为黏土层,再下为坚实泥质沙砾岩。表层细沙的中值粒径 $d_{50} = 0.38$mm,平均粒径 $\bar{d} = 0.43$mm。

(四)模型设计

根据试验的任务和技术条件,以整体定床水工模型试验为主,测出水流结构。在此基础上辅以局部动床(北桥淤积部分)试验,观察和推测河道冲淤变形趋势,以及不同丁坝位置和长度的挑流效果。

由于河床宽度较水深大很多,因而采用变态模型。

试验河段长2.5km,该河段内地形、地物复杂,平面属河湾段,研究整个河段的水流运动,沿程水流阻力不可忽视,应按阻力相似定律进行模型设计。

1. 根据试验场地大小和试验设备的供水能力确定模型比尺

试验场内设置模型区段的长度为17m,宽度为6m,最大供水能力约为90L/s;桥位试验河段长度2500m,宽度900m。初步拟定水平比尺 λ_L 为250,然后按初拟的 λ_L 和地形图的比例,在透明纸上绘出设置模型区段边界方框图,将方框图覆盖在地形图上,校核按初拟 λ_L 设计的模型,试验场地是否容纳得下,并移动方框选择模型在场地内最合适的布设位置。经校核表明取 $\lambda_L=250$ 合适。若拟定水深比尺 $\lambda_h=50$,根据式(F-17),流量比尺 $\lambda_Q=\lambda_L\lambda_h^{3/2}=250\times50^{3/2}=88\,400$;若原型最大流量 $Q_N=4\,000\text{m}^3/\text{s}$,相应模型的最大流量 $Q_m=Q_N/\lambda_Q=45.2\text{L/s}$,不超过试验场的最大供水流量。根据式(F-20),得糙率比尺 $\lambda_n=\lambda_h^{2/3}/\lambda_L^{1/2}=50^{2/3}/250^{1/2}=0.86$;根据式(F-21),得变率为 $\Phi=\lambda_L^{1/4}\lambda_h^{3/2}=250^{1/4}0.86^{3/2}\approx5$。所以,设计比尺 $\lambda_L=250$,$\lambda_h=50$,$\Phi=5$ 是完全可取的。根据式(F-16),流速比尺 $\lambda_v=\lambda_h^{1/2}=50^{1/2}=7.07$,时间比尺 $\lambda_t=\lambda_L/\lambda_v=250/7.07=35.36$,水力坡度比尺 $\lambda_J=\lambda_h/\lambda_L=50/250=0.2$。

2. 模型流态必须为充分的紊流,要求最小试验流量时的模型水流雷诺数大于临界雷诺数

试验中采用1977年流量为最小流量,相应的天然平均水深 $h_N=4.06\text{m}$,天然平均流速 $v_N=1.37\text{m/s}$,取 $R_N\approx4.06\text{m}$,$R_{ec}=4\,000$,水的运动黏度 $\nu=0.01\text{cm}^2/\text{s}=0.000\,000\,1\text{m}^2/\text{s}$(当20℃时)。按式(F-25)可得:

$$\lambda_h \leqslant \left(\frac{v_N R_N}{\nu R_{ec}}\right)^{2/3} = \left(\frac{1.37\times4.06}{0.000\,000\,1\times4\,000}\right)^{2/3} = 125$$

所以,采用 $\lambda_h=50$ 可满足 $\lambda_h\leqslant125$ 的要求,即使在最小流量时,模型水流仍是充分的紊流。

3. 进行北桥桥孔上下游局部动床试验时,为定性地观察河床冲淤变化,按下列经验公式选用模型沙的平均粒径

$$R_M \geqslant (0.05\sim0.125)\frac{d}{J} \tag{F-27}$$

式中:R_M——模型的水力半径(m);
d——模型沙的平均粒径(m);
J——模型的水面坡度(以小数计)。

根据本试验设备情况和上式要求,模型沙平均粒径取为0.39mm。

(五)验证试验

由以上拟定的模型比尺,根据地形和河床横断面资料算出模型的各种尺寸,并在试验场进行模型放样和施工制作。但是,模型河床的水力粗糙度是难以直接根据糙率比尺 λ_n 做成的。一般在缩小水深比尺的变态模型中,都需要加糙才能达到阻力相似需要的模型表面糙率。这必须通过模型验证试验,进行模型表面糙率修正来实现。

本试验在模型制作完成后,将 1975 年、1977 年各调查洪水位标志在模型上,再按两次洪水流量放水,观测水面位置与调查洪水位点是否符合。若模型水位低于调查洪水位点,表明模型糙率偏小,流速偏大,水深过小,应当加糙。可在模型河段上按一定距离排列大小基本相同的小石子,用水泥浆黏在模型河床表面,再放水观察,直至模型水面与沿程各调查洪水位点相符合为止。直到这时才能认为模型设计和制作达到了比尺设计的要求,才能开始进行正式试验。

由试验完成后 30 年来的实践表明,该试验成果基本符合实际情况,达到了预期的效果。

参 考 文 献

[1] 河北省交通规划设计院.公路工程水文勘测设计规范:JTG C30—2015[S].北京:人民交通出版社股份有限公司,2015.
[2] 中交第一航务工程勘察设计院有限公司.港口与航道水文规范:JTS 145—2015[S].北京:人民交通出版社股份有限公司,2015.
[3] 高冬光.桥涵水文[M].5版.北京:人民交通出版社股份有限公司,2016.
[4] 高冬光.桥位设计(公路桥涵设计手册)[M].2版.北京:人民交通出版社,2011.
[5] 高冬光.跨海桥梁和滨海公路水文与防腐[M].北京:人民交通出版社,2012.
[6] 高冬光.公路与桥梁水毁防治[M].北京:人民交通出版社,2002.
[7] 张学令,高冬光,景天然.桥涵水文[M].2版.北京:人民交通出版社,1985.
[8] 高冬光,田伟平,王亚玲.桥位勘测设计[M].北京:人民交通出版社,2001.
[9] 陆浩,高冬光.桥梁水力学[M].北京:人民交通出版社,1991.
[10] 铁道部第三勘测设计院.铁路桥涵设计手册(桥渡水文)[M].北京:中国铁道出版社,1993.
[11] 钱宁,万兆惠.泥沙运动力学[M].北京:科学出版社,1983.
[12] 钱宁,张仁,周志德.河床演变学[M].北京:科学出版社,1989.
[13] 南京水利科学研究院,中国水利水电科学研究院.水工模型试验[M].3版.北京:水利电力出版社,1985.
[14] 高冬光.桥位设计计算系统(QW1.0)用户手册[M].甘肃紫光智能交通与控制技术有限公司,西安软通科技有限公司,2002.
[15] U. S. Department of Trasportation. Federal highway administration. Highways in the River Environment. January 1987.
[16] 樊凡.桥梁美学[M].北京:人民交通出版社,1987.
[17] 陈艾荣,盛勇,钱锋.桥梁造型[M].北京:人民交通出版社,2004.
[18] 王涛,尹宝树,陈兆林.海洋工程[M].济南:山东教育出版社,2004.
[19] 谭维炎,张维然.水文统计常用图表[M].北京:水利出版社,1982.
[20] 室田明.河川工学[M].东京:技报堂出版社,1990.
[21] Frederick Gottemoelle. Bridgescape,the art of designing bridges[M]. New York:John Wiley & Sons, 1998.
[22] Howard H. Chang. Fluvial Processes in River Engineering[J]. Channels,1992.
[23] 王亚玲.水力学[M].2版.北京:人民交通出版社股份有限公司,2015.